改訂版

聞く・考える・話す
留学生のための
初級にほんご会話

小池真理　中川道子　宮崎聡子　平塚真理

スリーエーネットワーク

© 2007 by KOIKE Mari, NAKAGAWA Michiko, MIYAZAKI Satoko and HIRATSUKA Mari

All rights reserved. No part of this publication may be reproduced, stored in a retrieval system, or transmitted in any form or by any means, electronic, mechanical, photocopying, recording, or otherwise, without the prior written permission of the Publisher.

Published by 3A Corporation.
Trusty Kojimachi Bldg., 2F, 4, Kojimachi 3-Chome, Chiyoda-ku, Tokyo 102-0083, Japan

ISBN978-4-88319-786-6 C0081

First published 2007
Revised Edition 2019
Printed in Japan

はじめに

　『聞く・考える・話す　留学生のための初級にほんご会話』は、初級の学習者を対象に円滑にコミュニケーションできる能力を養成することを目的として、2007年に初版が出版されました。最初の学習段階からできるだけ実際の会話場面に近い状況を設定し、実際と同様の思考プロセスで会話を進められることを目指したテキストです。そのため、学習者自身が「考える」ことを重視した活動を多く取り入れました。「考える」ことを通して日本語の表現や日本語でのコミュニケーションに対する理解を深め、学習者自身の既有の知識とネットワークを作り、応用力、自己モニター能力、観察力の養成につなげられることを願って作成しました。

　発刊以来、多くの先生方、学習者の皆様に使っていただいておりますが、この度改訂版を出版することになりました。基本的な考え方や目標は変わっていませんが、全体を見直し、時代の流れに合った場面に変更したこと、そして、各課に「違う場面で」という練習会話を追加したことが大きな変更点です。追加した練習会話は、既習者のよりレベルアップしたいというニーズに応えるために、場面を増やし、多くの表現や文型、より自然な会話表現を入れて、練習の幅を広げられるように加筆しました。また、会話等の音声は、スリーエーネットワークのウェブサイトより聞けるようになりました。さらに、語彙リスト（英語、中国語、韓国語、ベトナム語訳付き）や音声スクリプト、教師用ガイド（各課の留意点、文型リスト）も紙媒体ではなく、同ウェブサイトよりダウンロードする形になりました。

　2007年以来10年以上も皆様に使用していただき改訂版を出すことができましたのも、この教材の考え方の基礎となった『Conversation for you』という教材があったからこそです。共に作成した小林ミナ氏（早稲田大学）、原田明子氏にここで改めて感謝の意を表したいと思います。同様に、この本の初版を担当してくださった藤井晶子氏（現福山大学）、初版時から素敵なイラストを描いてくださっているイラストレーターの内山洋見氏にも心よりお礼申し上げます。最後になりましたが、今回の改訂版の発行に当たり、スリーエーネットワークの溝口さやか氏、松本昂大氏には細かく丁寧に原稿をチェックしていただき、様々なご提案をいただきました。心から感謝申し上げます。

2019年3月　筆者一同

目次 Contents 目录 목차 Mục lục

このテキストをお使いになる先生方へ To the Teachers Using This Textbook　致使用本书的教师们
이 교재를 사용하시는 선생님들에게　Kính gửi tới các thày cô giáo sẽ sử dụng giáo trình này!　(6)

このテキストをお使いになる学習者の皆様へ (11)
To the Learners Using This Textbook (13)
致使用本书的学习者们 (15)
이 교재를 사용하시는 학습자 여러분에게 (17)
Thân gửi tới các bạn học viên sẽ sử dụng giáo trình này! (19)

登場人物 Main Characters　登场人物　등장 인물　Các nhân vật chính xuất hiện trong giáo trình (21)

1　**自己紹介をする**　Introducing yourself　自我介绍　자기소개　Giới thiệu bản thân　1

2　**聞き返す**　Asking someone to repeat something　反复询问　되묻기　Hỏi lại　15

3　**場所を聞く**　Asking where places and things are　询问场所　장소 묻기　Hỏi về địa điểm　25

4　**注文する**　Ordering food　点餐　주문하기　Gọi đồ　37

5　**チケット売り場で買う**　Buying tickets　在售票处买票
매표소에서 구입하기　Mua tại quầy bán vé　47

6　**誘う・断る**　Inviting people to do things and turning down invitations　邀请・拒绝
권유하기・거절하기　Mời rủ/Từ chối　57

7　**あいさつをする・尋ねる**　Greeting people and asking things　问候・询问
인사하기・질문하기　Chào hỏi　69

8　**会話を続ける**　Continuing a conversation　继续会话
대화를 계속하기　Tiếp tục cuộc hội thoại　81

9　**忘れ物を問い合わせる**　Making inquiries about a lost article　询问丢失物品
분실물 문의하기　Hỏi về đồ bỏ quên　95

10　**事情を説明する・頼む**　Explaining things and asking favors　说明情况・请求帮助
사정 설명하기・부탁하기　Giải thích về sự tình/Nhờ vả　105

11　**謙遜する・褒める**　Showing modesty and paying compliments　谦虚・称赞
겸손하게 말하기・칭찬하기　Khiêm tốn/Khen ngợi　115

12　**謝る**　Apologizing　道歉　사과하기　Xin lỗi　125

13　**苦情を言う**　Complaining　提出不满意见　불평을 말하기　Phàn nàn　135

14　**独り言を言う・申し出る・電話をかける**
Saying things to onself, offering to do things and making telephone calls　自言自语・提议・打电话
혼잣말 하기・자청하기・전화 걸기　Nói một mình/Đề xuất/Gọi điện thoại　145

15　**親しい友だちと話す**　Talking with close friends　和请亲密朋友交谈
친한 친구와 이야기하기　Nói chuyện với bạn thân　157

16	許可を求める	Asking for permission　请求许可　승낙 받기　Xin phép	167
17	お見舞いに行く	Visiting a sick/injured person　探望问候 병문안 가기　Đi thăm người ốm	177
18	申し込みをする	Making an application　申请　신청하기　Đăng ký	189
19	頼む・頼まれる	Asking and being asked a favor　委托・被委托 부탁하기・부탁 받기　Nhờ/Bị nhờ	197
20	アドバイスを求める	Asking for advice　征求建议　조언 구하기　Xin lời khuyên	209

付表	Appendix　附表　부록　Bảng phụ lục đính kèm	219
索引	Index　索引　색인　Phụ lục tra từ	222

こんなときは1　**喫茶店・レストラン・ファーストフード店での会話**　45
Coffee shop/restaurant/fast-food place conversations
在咖啡店、餐厅、快餐店的会话　커피숍・레스토랑・패스트푸드점에서의 회화
Hội thoại trong quán giải khát, nhà hàng, cửa hàng bán đồ ăn nhanh

こんなときは2　**コンビニでの会話**　79
Conversation at a convenience store　在便利店里的会话
편의점에서의 회화　Hội thoại trong cửa hàng tiện lợi

こんなときは3　**電話での会話1**　156
－電話でランチタイムを確認する－
Telephone conversation 1 – Confirming lunchtime opening hours by phone –
电话交谈1 – 打电话确认午餐时间 –　전화에서의 회화 1 – 전화로 런치타임을 확인하다 –
Nói chuyện qua điện thoại1 – Xác nhận thời gian ăn trưa qua điện thoại –

こんなときは4　**電話での会話2**　176
－アルバイト情報誌の求人広告を見て、問い合わせの電話をする－
Telephone conversation 2 – Phoning about a part-time job advertised in a magazine –　电话交谈2 – 看了临时工信息杂志的招聘广告之后，打电话去询问 –
전화에서의 회화 2 – 아르바이트 정보지의 구인 광고를 보고 문의 전화를 하다 –
Nói chuyện qua điện thoại 2 – Xem quảng cáo tìm người trên trang thông tin việc làm thêm, gọi điện thoại liên hệ –

別冊　**ロールプレイカード**　Role-play cards　角色分担卡　롤플레이(역할극) 카드　Phụ lục phân vai

　　　　イラストカード　Illustration cards　插图卡　일러스트 카드　Phụ lục tranh minh họa

このテキストをお使いになる先生方へ

1．特徴

　このテキストは、初級学習者向けの会話テキストです。場面や機能に応じた表現や談話構成を学習すると同時に、会話の当事者として、相手の発話を聞き、適切な応答を考えて、話す能力を養成するためのテキストです。

　会話は他の人とのコミュニケーションのために行います。ですから、このテキストは、できるだけ実際のコミュニケーション場面に近い形で練習することを目指しています。実際の会話では、最初から会話の全体像がわかっていることはありません。また、会話をしている二人の発話の順番や内容が決まっているわけではありません。このテキストでは最初に会話が行われる場面や状況が絵で示してあります。学習者は絵を見て状況を認識し、実際の会話と同様の思考プロセスで、会話の当事者として会話を進める練習ができます。

　このテキストは、20課構成になっています。そして、「こんなときは」という学習者が実際に経験すると思われる場面の会話があります。また、各課には、日本語を初めて習う学習者向けの練習に加え、「応用練習」や「違う場面で」という既習者向けの練習会話があります。これらは、より自然で多様な文型や表現が入っていますので、既習の学習者にとっても充実した学習ができるようになっています。1課の内容を全てしなければならないというわけではありませんから、学習者のレベルに応じて、学習する内容、学習進度を変えてください。

2．目的

　このテキストの大きな目的の1つは、「考えて学ぶ」ということです。第1に、与えられた状況下において話し手として、自身の既習の知識でどのように表現するかを考えます。これは、学ぶべき文法があって、それをどのように使うか考えるのではなく、ある状況下でどのような表現が使用可能かを考えるため、状況に応じて表現を選択すること、種々の表現が使用可能であることを認識するのに有効です。さらに既習の知識を駆使して表現することにより、応用力を高めます。第2に、自身が話しかけられたとき、聞き手としてどのように応答するかを考えます。これは、相手の発話を聞いて適切に応答する能力を高めます。第3に、未習の表現であっても文脈の中でどのような意味、機能を持つかを考えます。これは、他の人の日本語使用を観察することを促し、文脈から未習の表現の意味を推測する力を高めます。第4に、誤用例／不適切例を見て、何が誤用／不適切なのか、なぜ誤用／不適切なのか、さらにどのような表現が正用／適切なのかを考えます。これは、日本語の運用方法や日本語でのコミュニケーション方法をより深く理解するために、また自己モニター能力を高めるために有効です。

　つまり、「考える」ことにより、日本語でのコミュニケーション方法を理解して、実際の社会において自身の日本語知識を応用し、円滑にコミュニケーションができるようになること、さらに、自分の発話を自己モニターし、他の人の日本語運用を観察して意味を推測する能力を養成することを目的としています。

3．各課の構成と目的
各課は以下のようになっています。

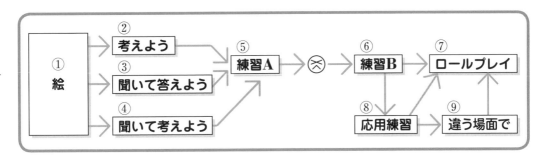

①の絵で場面や状況が示してあり、②「考えよう」、③「聞いて答えよう」あるいは④「聞いて考えよう」のいずれかで始まります。「考えよう」、「聞いて答えよう」、「聞いて考えよう」の練習は、課によってはないものもあります。⑤「練習A」から⑨「違う場面で」までとNOTES（重要表現の説明）は全て各課にあります。各課は、「絵」で場面や状況を把握させ、⑦「ロールプレイ」まで行わせることにより、このテキストが目指すことが達成されますので、必ずロールプレイまで進めてください。各課は⑦「ロールプレイ」までが90分で進められるようになっていますが、学習者の人数、日本語レベル、目的などにより適宜進度や時間を調整してください。⑧「応用練習」及び⑨「違う場面で」は未習者には難しいため、既習者や余裕のある学習者向けとして使用してください。

以下、各練習について概略を記します。

①絵
各課の冒頭にあり、学習者がどんな状況にいるかをイメージさせるものです。まず、絵で場面を示し、必要に応じて説明を加え、学習者が状況を具体的にイメージできるようにします。学習者が状況をイメージできたら、「考えよう」や「聞いて答えよう」、「聞いて考えよう」に進みます。

また、既習者ならこの状況下でロールプレイをさせたり、会話を紙に書かせたりして、先に会話を考えさせることもできます。

②考えよう
イメージした場面や状況の中で、どのような表現を使用して発話するかを考えさせるものです。知っている語彙や文型を駆使して状況に応じた表現を考えること、様々な表現が使用可能なことを実感させるのが目的です。学習者は考えることにより、この状況の中で会話の当事者となります。学習者は、誤用の表現や不適切な表現を提示することがありますが、すぐに否定せず、学習者自身に正用か誤用か、適切か不適切かを考えさせます。なぜ誤用／不適切かを理解することが重要です。

③聞いて答えよう
イメージした場面や状況で話しかけられたとき、どのように応答するかを考えさせるものです。つまり聞き手の立場としての練習です。これも様々な応答表現が使用可能な

ことを実感させ、柔軟な発想をさせることが目的です。学習者が提示した表現は全て学習者自身に正用か誤用か、適切か不適切か考えさせます。音声を聞かせて行ってください。

④聞いて考えよう

この練習には3つのタイプがあります。1つは、ある文脈の中で異なる2種の発話を聞かせて、その違いを考えさせ、新しい表現の意味や機能を考えさせるものです。もう1つは、会話相手がある発話のあとにどのような発話を続けるかを予測させるものです。さらにもう1つは、ある状況下での会話の流れの中で次にどのような発話をするかを考えさせるものです。いずれも教師はできるだけ解答を言わずに、学習者から引き出すようにします。これも音声を聞かせて行ってください。

⑤練習A

学習項目の表現を使った置き換え練習です。学習項目の表現とは、各課の状況でコミュニケーションする際に必要となる重要な表現として設定したものです。その学習項目の表現と運用方法の定着を目指し、スムーズに言えるようにさせる練習です。相手や状況により言い方や使える表現が異なる場合もありますので、それを意識させます。学習項目はゴシック体で表してあります。選択肢を適切な形にして置き換える場合のみ、その方法がわかるように例が示してあります。

⑥練習B

主に①絵の状況下での会話例で、基本的な談話構成になっています。これは、会話の始め方と終わり方、流れ、表現の運用方法、応答の方法などを参考にするための会話であり、1つの例として挙げてあります。したがって、会話全部を暗記するためのものではないことを学習者に理解させておきます。ペア練習をさせてから、与えられた状況下で会話例にとらわれずに自由に会話練習をさせます。

⑦ロールプレイ

使用するロールプレイカードの番号が書いてありますので、別冊にあるその番号のロールプレイカードを使用して実施します。イラストカードが必要な場合は、ロールプレイカードの番号とともに別冊にあるイラストカードの番号も書いてあります。1つのロールプレイには、AとBの2枚のカードがあり、それぞれ発話者自身の状況しか書いてありません。つまり、お互いにどのような状況かわからない状態でロールプレイをさせるもので、実際のコミュニケーション場面に近い練習となっています。なお、ロールプレイカードにも使用するイラストカード番号が記してあります。

学習者には自分が話すことばかりに注目するのではなく、相手の発話をよく聞いて応答し、コミュニケーションすることを意識させます。相手の言ったことがわからないときは、聞き返しをさせることも必要です。ロールプレイ中は教師や他の学習者が手助けせず、2人だけで終わらせるようにします。ロールプレイが終わったら、見ている学習者あるいはロールプレイをした学習者自身にいいところとよくないところを考えさせると、内省や観察を促すことにつながります。

⑧応用練習
　少し難しい文型や表現が含まれているため、既習者や余裕のある学習者向けの練習です。⑥練習Bと同じ状況でより自然な話し方の会話、あるいは⑥練習Bと同様の状況で会話の相手や場所が異なる会話になっています。

⑨違う場面で
　応用練習とは別の場面で、より自然で多様な文型・表現が入った会話です。少し難しくなっているため、既習者向けの練習です。

⑩ NOTES
　各課の最後にNOTESとして、重要表現の意味、運用方法の説明がまとめて書いてあります。練習AやCf.などの中で「▶ NOTES 」のように記してあるものは、NOTESに説明があることを示しています。学習者といっしょに見てもいいですし、教師が口頭で説明して、学習者に自宅で読むように伝えてもいいです。

⑪囲みの語彙・表現
　いくつかの課には四角で囲んだ語彙や表現があります。これは、その課の場面や状況に関連して覚えておくと役に立つ語彙や表現です。

⑫関連語彙
　いくつかの課には、⑨「違う場面で」の練習会話のあとに「関連語彙」があります。その課を練習する際、必要になる可能性のある語彙を挙げました。覚えなければならない語彙ではなく、各学習者が自分に必要だと思う語彙を覚えるためのものです。

⑬こんなときは
　学習者が日常の生活で経験すると思われる場面の会話例を示しました。1から4まであり、複数の短い会話が含まれているものもあります。実践的な会話ですので、学習者の状況に合わせて授業内で活用してください。

4．凡例
1）☹：誤用・不適切例
　学習者が起こしやすい誤用あるいはコミュニケーション上不適切な会話が示されています。どこが誤用／不適切か、どうして誤用／不適切か、さらに正しい会話、適切な会話はどのようなものか、学習者に考えさせます。

2）☺：正用・適切例
　NOTESのあとに「☹：誤用・不適切例」に対応した正用・適切例が書いてあります。他にも適切な表現がある場合もありますが、一例として載せてあります。なお、「誤用／不適切例」と「正用／適切例」では、応答が異なっている場合があります。これは、相手の発話に応じて応答するという考え方からそのような形になっています。

3) **Cf.**

　置き換え練習には入っていないが、使用できると便利な表現、あるいは、直前に出て来た表現と比べながら、知っておいてもらいたい表現が示してあります。

4) ▶

　「参照してください」という意味です。例えば以下のようになります。
- ▶ NOTES 1　NOTES 1を見てください、という意味です。
- ▶ 巻末A2　巻末のA2（付表2）を見てください、という意味です。
- ▶ 関連語彙　NOTESの前の関連語彙を見てください、という意味です。

5) ↑ ↗：文末イントネーション

　「↑」は質問文等の文末の上昇イントネーションを表し、「↗」はイントネーションが下がると異なった発話意図として伝わるため、下降にならないほうがいい文末イントネーションを表しています。

6) 【　】

　これは練習Aの置き換え練習の部分にあり、学習者自身のことを話すという指示です。例えば、【名前】は学習者自身の名前を使用して練習させます。他に国、学部、所属などがあります。

7) ?

　これは練習Aの置き換え練習の部分にあります。これが書いてあるところは、学習者自身にその状況に応じて考えた語彙、表現、文型を使用させて、自由に発話させる練習です。

8) 🔊

　音声があることを示します。番号はトラック番号です。なお、音声には（　）で囲まれた部分は収録されていません。

5．別冊

　ロールプレイで使用するロールプレイカードとイラストカードが入っています。

6．補助教材

　このテキストには、以下のURLのウェブサイトに教師用ガイド（各課の留意点・学習項目、文型リスト）、会話等音声、音声スクリプト、語彙リスト（英語・中国語・韓国語・ベトナム語訳付き）があります。

　https://www.3anet.co.jp/np/books/4057/

このテキストをお使いになる学習者の皆様へ

　このテキストは、本のタイトルにもあるように文型や表現を覚えて話すだけではなく、「考えて」学習します。何を考えるのかと言うと、ある場面や状況でどのように話すのか、言いたいことをどのように伝えるのか、また話しかけられたらどう答えるのかなどを考えます。ある場面や状況で使用できる表現は1つではありません。そこで、状況や文脈を皆さんが持っている知識や常識から判断し、既習の文型や表現を使用してどのように表現できるかを考えます。そして、どのような表現が適切なのか、または不適切なのか、どうして不適切なのかを考えます。それにより、日本語の運用方法や状況に応じた表現の選択、日本語でのコミュニケーション方法などを理解することができるようになります。

　会話というのは、相手の発話を聞き、それを理解して、適切な応答ができるように表現を選び、話すという複雑な過程を一瞬にして行わなければなりません。ですから、普段の練習のときから、この過程を踏むこと、そして一瞬で判断するために頭の中にいろいろなネットワークを作っていくことが重要です。会話はコミュニケーションですから、相手が話した日本語がわからないときは、恥ずかしがらずに聞き返して会話を続けてください。このテキストを通して学習者の皆様が日本語で自信を持ってコミュニケーションできるようになることを願っています。

　なお、会話等の音声は以下のウェブサイトにありますので、聞いてください。また、各課の脚注語には訳が書いてありませんが、索引と以下のウェブサイトに訳（英語、中国語、韓国語、ベトナム語）があります。ウェブサイトの語彙訳は、各国語別で課ごとに提出順に記載されていますので、利用してください。

https://www.3anet.co.jp/np/books/4057/

各課の構成

　各課は基本的に①絵、②「考えよう」、③「聞いて答えよう」、④「聞いて考えよう」、⑤練習A、⊗（誤用／不適切例）、⑥練習B、⑦ロールプレイ、⑧応用練習、⑨「違う場面で」、⑩NOTES、☺（正用／適切例）からなっています。ただし、②「考えよう」、③「聞いて答えよう」、④「聞いて考えよう」は各課に全てあるわけではありません。

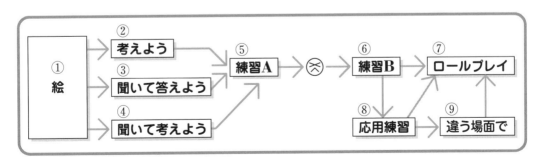

(11)

各課は全て最初に①絵で場面や状況が示してあって、②「考えよう」または③「聞いて答えよう」、④「聞いて考えよう」のいずれかで始まります。②「考えよう」は話し手の立場、③「聞いて答えよう」は聞き手の立場でどのように話すかを考える練習です。④「聞いて考えよう」は、文脈から未習表現の意味や相手の発話を推測する練習です。⑤練習Aは置き換え練習です。⑥練習B、⑧応用練習、⑨「違う場面で」には会話例があります。これらの会話は、会話の流れ、表現の運用方法、応答の方法などを参考にしてもらうために挙げた一例で、モデル会話として全部暗記することを目的としているわけではありません。置き換えて練習するためのものではありませんので、会話例にとらわれずに自由に練習してください。⑦ロールプレイは、ロールプレイカードに書かれた状況下で2人で会話する練習です。最後まで2人だけでコミュニケーションをしてください。⑩NOTESはその課での重要表現の解説ですから、必ず読んでください。なお、⑧応用練習と⑨「違う場面で」は少し難しい表現を使用した会話になっていますので、余裕のある方はチャレンジしてみてください。

To the Learners Using This Textbook

As is shown by the title, this textbook is designed not only to enable the learner to practice speaking by memorizing phrases and sentence patterns but also to study by "thinking." You need to think how to talk in a specific situation; how to communicate what you want to say; and how to respond when you are spoken to. There is more than one expression that can be used in a specific situation. So, you need to judge the situation and context using the knowledge and common sense you have, and then consider how to express yourself using the sentence patterns and expressions you have studied. You need to think, therefore, which one is appropriate or which one is not and why. By so doing, you will be able to select an expression according to the situation and how Japanese is used and understand how to communicate in Japanese.

In a conversation you must handle a very complicated process in a moment: you listen to and understand what your partner is saying; choose appropriate words and phrases to respond; and utter them. Therefore it is important to practice the process on a routine basis and to make various networks in your head for instant understanding and utterances. Since conversation is communication, when you don't understand what the other person says in Japanese, please don't be embarrassed or shy, but keep the conversation going by asking what the person said. With this textbook we hope you will be able to communicate in Japanese with more confidence.

An audio recording of the conversations in this book can be heard at the following Web site. Also, while there is no translation of the footnotes for each lesson, a translation of these and the index (in English, Chinese, Korean and Vietnamese) can also be found at the following Web site. As the vocabulary translated on the Web site is presented in each language in the same order as it appears in each chapter, please use this.

https://www.3anet.co.jp/np/books/4057/

Organization of Lessons

Each lesson basically consists of ①絵 (a picture), ②「考えよう」(Let's think), ③「聞いて答えよう」(Listen and answer), ④「聞いて考えよう」(Listen and think), ⑤練習A (Exercise A), ⊗(error/inappropriate examples), ⑥練習B (Exercise B), ⑦ロールプレイ (Role-play), ⑧応用練習 (Application exercise)⑨「違う場面で」(In a different situation), and ⑩NOTES, ☺(appropriate examples). Note that there are some lessons which do not have ②「考えよう」, ③「聞いて答えよう」or ④「聞いて考えよう」.

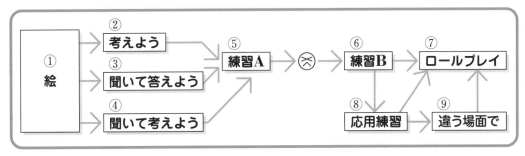

At the beginning of each lesson ①絵 shows the scene or situation of the following conversation. ②「考えよう」or either ③「聞いて答えよう」or ④「聞いて考えよう」is the first section of the lesson. ②「考えよう」is an exercise from the speaker's position and ③「聞いて答えよう」from the listener's. ④「聞いて考えよう」is an exercise in which the learner practices deducing the meaning of expressions he/she has never learned before and what his/her partner is saying from the context. ⑤練習 A is a substitution drill. ⑥練習 B, ⑧応用練習 and ⑨「違う場面で」include conversation examples. These conversations are just examples for the learner's reference, showing the flow of the conversation, how to use the expressions and how to reply, and are not meant to be conversation models for memorization. Also, as these are not substitution drills, please practice freely without focusing on the example conversations. ⑦ロールプレイ is a conversation practice exercise for two people. The situation is written on role-play cards. Only the two people in the role-play should communicate until the end of the exercise. Be sure to read ⑩ NOTES, which explain important items of each lesson. The conversations in ⑧応用練習 and ⑨「違う場面で」have more difficult expressions in them. Please attempt these if you have the time.

致使用本书的学习者们：

　　正如书名所示，本书不仅只是用来背诵记忆各种句型、表现，同时还需要在学习中进行"思考"。说到要思考什么的话，那就是去思考在某个场景、某种状况下，要如何开始会话，如何把想说的话表达出来，还有碰到日本人搭话时，应该如何回答等等。在同一场景、同一状况下，可以使用的表现并不只有一个。因此，我们要思考的是，根据情况和上下文的意思，利用自己所拥有的知识、常识加以判断，如何使用已经学过的句型、表现，来进行表达。要想一想什么样的表现恰当、什么样的表现不恰当、为什么不恰当。通过这样的思考，就能够逐渐学会如何选择与日语使用方法和状况相应的表现，了解用日语进行交流的方法等。

　　会话是一个复杂的过程，先要听取对方的话，对其加以理解，然后再选择适当的表现予以回答。并且这些都必须在瞬间完成。所以，从平时开始就根据这一过程进行练习，同时为了能够瞬间做出判断，在大脑中建立各种各样的连网是非常重要的。会话是交流，因此如果没有听懂对方所说的日语时，就要再问一遍，把会话继续下去，不要不好意思。期望通过本书，学习者们能变得满怀自信地使用日语进行交流。

　　另外，以下网站登载有会话等的语音，请收听。再者，各课脚注所出词汇书中没有翻译，但索引和以下网站登载有翻译（英语、中文、韩语、越南语），可以查看。网站登载的词汇翻译是按语种，按课文顺序排列的，欢迎大家利用。

https://www.3anet.co.jp/np/books/4057/

每课的构成

　　每课基本上均由以下各部分构成：①图　②「考えよう」　③「聞いて答えよう」④「聞いて考えよう」⑤練習A、⊗（误用・不恰当用例）⑥練習B　⑦ロールプレイ（分角色进行会话）⑧応用練習　⑨「違う場面で」⑩ NOTES、☺（恰当用例）。其中②「考えよう」③「聞いて答えよう」④「聞いて考えよう」部分并非每课都有。

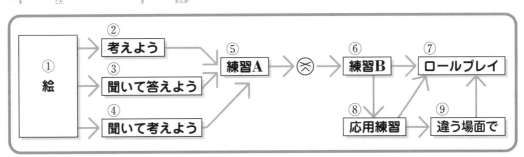

(15)

每课都是先以①图来显示场景、状况，然后从②「考えよう」、或者③「聞いて答えよう」、或者④「聞いて考えよう」开始。②「考えよう」是从说话人的角度，③「聞いて答えよう」是从听话人的角度来思考会话内容的练习。④「聞いて考えよう」是从上下文的意思来推测尚未学习过的表现的意思和对方的发言的练习。⑤練習A 是替换练习。⑥練習B ⑧応用練習 ⑨「違う場面で」均有会话用例。列举这些会话是为了让大家将其作为参考，来了解会话的展开、表现的运用以及应答的方法等，其目的并非是要大家将它作为会话范文来背诵，也不是要将它用作替换练习。因此会话练习时要放开，不要受限于这些会话用例。另外，⑦ロールプレイ是两个人按角色分担卡所写的内容进行会话的练习。请只两个人一直交流到最后。⑩ NOTES 是各课中的一些重要用法的解释，请务必一读。⑧応用練習和⑨「違う場面で」是使用了一些较难表现的会话，所以希望时间充足、精力充沛的学习者一定加以挑战。

이 교재를 사용하시는 학습자 여러분에게

　이 교재는 책 제목에 나타나 있듯이 단지 문형이나 표현을 외우고 말하는 것이 아니라 '생각하면서' 학습하는 교재입니다. 무엇을 생각하는가 하면, 어떤 장면이나 상황에서 어떻게 말할 것인지, 하고 싶은 말을 어떻게 전할 것인지, 또한 누군가가 말을 건네 왔을 때 어떻게 대답할 것인지 등을 생각하는 것입니다. 어떤 장면이나 상황에서 사용할 수 있는 표현은 단지 한 가지가 아닙니다. 따라서 그 상황과 문맥을 여러분의 지식이나 상식을 통해서 파악하고, 이미 배운 문형과 표현을 사용하여 어떻게 표현할 수 있을지 생각해 볼 필요가 있습니다. 그리고 어떤 표현이 적절하고 부적절한지, 그것이 왜 부적절한지도 생각해야 합니다. 그렇게 함으로써 일본어의 운용 방법과 상황에 맞는 표현 선택, 일본어에 의한 커뮤니케이션 방법 등을 이해할 수 있게 될 것입니다.

　회화에서는 상대의 말을 듣고 이해하고, 적절한 대답이 될 수 있도록 표현을 선택하여 말하는 복잡한 과정을 한 순간에 실행해야 합니다. 그래서 평소 연습할 때부터 이 과정을 밟아서 한 순간에 판단할 수 있도록 머릿속에 여러 가지 네트워크를 만들어 가는 것이 중요합니다. 회화는 커뮤니케이션이므로 상대가 말한 일본어를 모를 때는 부끄러워하지 말고 되물어 보면서 회화를 계속해야 합니다. 이 교재를 통하여 학습자 여러분이 자신감을 가지고 일본어로 커뮤니케이션을 할 수 있게 되기를 바랍니다.

　또한 회화 등의 음성은 아래 웹사이트에 있으니 청취 바랍니다. 각 과의 각주에 실린 어휘의 번역(영어, 중국어, 한국어, 베트남어)은 색인과 아래 웹사이트에 있습니다. 어휘 번역은 언어별로 각 과 제시 순서대로 실려 있으니 이용 바랍니다.

　https://www.3anet.co.jp/np/books/4057/

각 과의 구성

　각 과는 기본적으로 ① 그림, ②「考えよう」, ③「聞いて答えよう」, ④「聞いて考えよう」, ⑤ 練習 A, ⊗(틀린 용법/부적절한 예), ⑥ 練習 B, ⑦ ロールプレイ(역할극), ⑧ 応用練習, ⑨「違う場面で」, ⑩ NOTES, ☺(옳은 용법, 적절한 예)로 구성되어 있습니다. 단, ②「考えよう」, ③「聞いて答えよう」, ④「聞いて考えよう」는 일부 과에만 수록되어 있습니다.

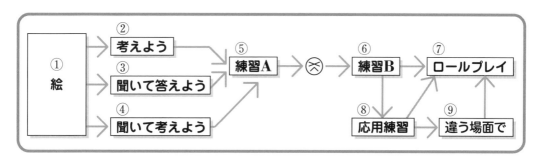

모든 과는 먼저 ① 그림으로 장면이나 상황을 설명한 후 ②「考えよう」또는 ③「聞いて答えよう」, ④「聞いて考えよう」중 하나로 시작됩니다. ②「考えよう」는 화자의 입장, ③「聞いて答えよう」는 청자의 입장에서 어떻게 말할 것인가를 생각하는 연습입니다. ④「聞いて考えよう」는 문맥을 통해서 모르는 표현의 의미와 상대가 하려는 말을 추측하는 연습입니다. ⑤ 練習 A 는 치환 연습입니다. ⑥ 練習 B, ⑧ 応用練習, ⑨「違う場面で」에는 회화 예가 실려 있습니다. 이 회화는 회화의 흐름, 표현의 운용 방법, 응답의 방법 등을 참고할 수 있도록 제시한 예시로, 대화 모형으로서 전체를 암기하는 것을 목표로 하는 것은 아닙니다. 치환 연습을 하기 위한 회화도 아니므로, 회화의 한 예로 생각하고 자유롭게 연습하시기 바랍니다. ⑦ ロールプレイ는 롤플레이 카드에 적혀 있는 상황에 맞게 둘이서 회화하는 연습입니다. 모두 단 둘이서 커뮤니케이션을 하도록 하십시오. ⑩ NOTES 는 그 과의 중요 표현의 해설이므로 반드시 읽어 주십시오. 또한 ⑧ 応用練習과 ⑨「違う場面で」의 회화에서는 약간 어려운 표현을 사용하고 있으므로 여유가 있는 분들은 도전해 보십시오.

Thân gửi tới các bạn học viên sẽ sử dụng giáo trình này !

Cuốn giáo trình này không chỉ hướng tới việc yêu cầu học viên ghi nhớ và nói theo các cấu trúc ngữ pháp và các hành động lời nói mà chúng tôi muốn học viên học theo lối "suy nghĩ" đúng như tiêu đề của cuốn giáo trình này. Nghĩa là, học viên sẽ phải suy nghĩ xem sẽ phải nói như thế nào trong từng bối cảnh và tình huống cụ thể nào đó, phải truyền tải những điều mình muốn nói như thế nào hoặc khi được bắt chuyện thì phải ứng đáp ra làm sao, v.v.. Cách diễn đạt có thể sử dụng trong một ngữ cảnh hay tình huống nào đó không phải chỉ có một. Chính vì thế, ta cần phải nhận định tình huống hay mạch văn bằng các kiến thức hoặc các tri thức trong cuộc sống thường ngày mà ta có để suy xét xem sẽ sử dụng các cấu trúc ngữ pháp hay hành động lời nói đã học như thế nào khi diễn đạt. Chúng tôi muốn người học sẽ phải suy nghĩ được rằng cách nói như thế nào thì phù hợp hoặc không phù hợp và tại sao lại không phù hợp. Từ đó, học viên sẽ có thể hiểu được phương pháp vận dụng tiếng Nhật, biết cách chọn lựa cách nói phù hợp với tình huống và hiểu được phương pháp giao tiếp bằng tiếng Nhật, v.v..

Hội thoại là việc chúng ta phải thực hiện trong thời gian chớp nhoáng một quá trình phức tạp bao gồm từ việc lắng nghe đối phương nói, lý giải nó và lựa chọn câu ứng đáp phù hợp. Vì vậy, việc thực hành quá trình này ngay từ những phần luyện tập hàng ngày và việc tạo ra nhiều mối liên hệ trong đầu để có thể ra phán đoán và quyết định trong thời gian chớp nhoáng là vô cùng quan trọng. Hội thoại chính là giao tiếp, vì vậy khi không hiểu tiếng Nhật mà đối phương nói thì hãy đừng ngại ngùng mà hỏi lại để tiếp tục cuộc hội thoại. Thông qua cuốn giáo trình này, chúng tôi mong muốn các bạn học viên có thể tự tin giao tiếp được bằng tiếng Nhật.

Ngoài ra, các bạn hãy nghe ghi âm của các đoạn hội thoại được tải trên trang Web dưới đây. Thêm nữa, phần dịch sẽ không được trình bày ở phần chú thích của từng bài mà ở phần phụ lục hoặc đăng ở trang Web bên dưới (tiếng Anh, tiếng Trung, tiếng Hàn, tiếng Việt). Phần dịch từ vựng ở trang Web được ghi theo thứ tự các thứ tiếng nên rất mong các bạn tích cực sử dụng.

https://www.3anet.co.jp/np/books/4057/

Cấu trúc từng bài

Ở mỗi bài về cơ bản sẽ bao gồm ① Tranh vẽ, ②「考えよう」, ③「聞いて答えよう」, ④「聞いて考えよう」, ⑤ 練習 A, ✖ (Những ví dụ về cách dùng từ sai, không phù hợp), ⑥ 練習 B, ⑦ ロールプレイ, ⑧ 応用練習, ⑨「違う場面で」, ⑩ NOTES, ☺ (ví dụ về cách dùng đúng/thích hợp). Tuy nhiên, ②「考えよう」③「聞いて答えよう」, ④「聞いて考えよう」không phải là ở bài nào cũng có.

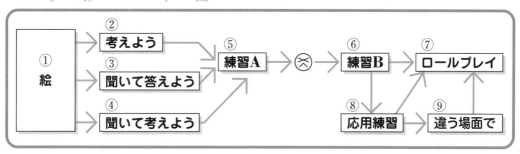

Tất cả các bài đều được bắt đầu bằng việc giới thiệu tình huống hoặc ①ngữ cảnh thông qua tranh vẽ, rồi sau đó sẽ đi vào bài học bằng một trong các phần ②"考えよう" (Hãy suy nghĩ) hoặc ③"聞いて答えよう" (Hãy nghe và trả lời), ④"聞いて考えよう" (Hãy nghe và suy nghĩ). ②"考えよう" là phần luyện tập yêu cầu người học đứng vào vị trí của người nói, ③"聞いて答えよう" sẽ yêu cầu người học đứng vào vị trí của người nghe để suy nghĩ xem sẽ phải nói như thế nào. ④"聞いて考えよう" là phần giúp người học luyện suy đoán nội dung ý nghĩa của những hành động lời nói mới chưa học hay câu chuyện của người nói từ mạch câu chuyện. ⑤ 練習A làphần luyện thay cụm từ. ⑥ 練習 B, ⑧応用練習, ⑨"違う場面" sẽ có các hội thoại mẫu. Ở mỗi hội thoại này sẽ có một ví dụ để các bạn tham khảo về trình tự hội thoại, phương pháp sử dụng lời nói, phương pháp trả lời chứ không hẳn chỉ có mục đích để người học phải thuộc lòng đoạn hội thoại mẫu đó. Vì các bài luyện không phải chỉ có thay thế từ là xong nên bạn có thể thoải mái tự do luyện tập, đừng bó buộc mình vào các đoạn hội thoại mẫu đó. ⑦ ロールプレイ là luyện tập hội thoại hai người với nhau theo các tình huống được ghi trong ロールプレイカード. Mong các bạn hãy nói chuyện hai người với nhau đến hết . ⑩ NOTES là phần giải thích những hành động lời nói quan trọng trong bài đó nên các bạn nhất định hãy đọc nó. Ngoài ra, ⑧ 応用練習, ⑨ "違う場面" là những mẫu hội thoại sử dụng những cách nói hơi khó một chút nên nếu còn dư sức, bạn hãy thử cố gắng nhé!

登場人物
とうじょうじんぶつ

アレン・リーバークウィル

カナダからの留学生

日本語の研修生

研究生

工学部電子工学

友だち

リー

中国からの留学生

日本語の研修生

農学部

ナタリー

ブラジルからの留学生

日本語の研修生

経済学部

中田
なかた

日本人の大学生

文学部

小川
おがわ

日本人の大学生

工学部

先輩

キム

韓国からの留学生

大学院生

工学研究科

高木
たかぎ

日本人の大学院生

同じ研究室の先輩

工学研究科

先生

森 先生
もり せんせい

日本語の先生

山本 先生
やまもと せんせい

指導教員

工学部の教授

Main Characters

アレン・
リーバークウィル

Student from Canada
Japanese language trainee
Research student
Electronic engineering
Department of Engineering

Seniors

キム

Student from Korea
Graduate student
Graduate engineering course

高木
たかぎ
Japanese graduate student
Senior in the same department
Graduate engineering course

Friends

リー

Student from China
Japanese language trainee
Department of Agriculture

ナタリー

Student from Brazil
Japanese language trainee
Department of Economics

中田
なか た
Japanese student
Department of Literature

小川
お がわ
Japanese student
Department of Engineering

Teachers

森 先生
もり せんせい
Japanese teacher

山本 先生
やまもと せんせい
Supervisor
Professor of the Department of Engineering

登场人物

**アレン・
リーバークウィル**

从加拿大来的留学生
日语的研修生
研究生
工学系电子工学

朋友

リー

从中国来的留学生
日语的研修生
农学系

ナタリー

从巴西来的留学生
日语的研修生
经济学系

学长

キム

从韩国来的留学生
大学院生
工学研究科

中田
なかた

日本大学生
文学系

小川
おがわ

日本大学生
工学系

高木
たかぎ

日本大学院的学生
一个研究室的前辈
工学研究科

老师

森 先生
もり せんせい

日语老师

山本 先生
やまもと せんせい

指导老师
工学系的教授

등장 인물

**アレン・
リーバークウィル**
캐나다 유학생
일본어 연수생
대학원 연구생
공학부 전자공학

친구

リー
중국 유학생
일본어 연수생
농학부

ナタリー
브라질 유학생
일본어 연수생
경제학부

中田
なかた
일본인 대학생
문학부

小川
おがわ
일본인 대학생
공학부

선배

キム
한국 유학생
대학원생
공학 연구과

高木
たかぎ
일본인 대학원생
같은 연구실 선배
공학 연구과

선생님

森 先生
もり せんせい
일본어 교사

山本 先生
やまもと せんせい
지도 교원
공학부 교수

Các nhân vật chính xuất hiện trong giáo trình

アレン・
リーバークウィル

Du học sinh đến từ Canada
Thực tập sinh tiếng Nhật
Nghiên cứu sinh
Chuyên ngành Điện tử, Khoa Công nghệ

Các bạn

リー

Du học sinh đến từ Trung Quốc
Thực tập sinh tiếng Nhật
Khoa Nông nghiệp

ナタリー

Du học sinh đến từ Braxin
Thực tập sinh tiếng Nhật
Khoa Kinh tế

Người học khóa trên

キム

Du học sinh đến từ Hàn Quốc
Sinh viên sau đại học
Khoa Nghiên cứu công nghệ

中田
なかた

Sinh viên đại học
Khoa Văn

小川
おがわ

Sinh viên đại học
Khoa Công nghệ

高木
たかぎ

Sinh viên sau đại học, người Nhật
Người học khóa trên cùng Phòng nghiên cứu
Khoa Nghiên cứu công nghệ

Thày cô giáo

森 先生
もり せんせい

Giáo viên tiếng Nhật

山本 先生
やまもと せんせい

Giáo viên hướng dẫn
Giáo sư Khoa Công nghệ

自己紹介をする

Introducing yourself　自我介绍
자기소개　Giới thiệu bản thân

留学生歓迎パーティーで：
At a welcome party for overseas students
在留学生欢迎会上　유학생 환영 파티에서
Tại bữa tiệc chào đón du học sinh

聞いて答えよう1　🔊 1

あなたは、地域の留学生歓迎パーティーに参加しています。そこで日本人の女性があなたに話しかけました。あなたは何と答えますか。

You are attending a local welcome party for overseas students. A Japanese woman speaks to you. How do you respond?
你正在参加一个区域留学生欢迎会。在欢迎会上，一位日本女性向你搭话。你该回答什么呢?
여러분은 지역의 유학생 환영 파티에 참가하고 있습니다. 거기에서 일본인 여성이 여러분에게 말을 걸었습니다. 여러분은 뭐라고 대답합니까?
Bạn đang tham gia bữa tiệc chào đón du học sinh. Tại đó, người phụ nữ Nhật bắt chuyện với bạn. Bạn sẽ trả lời như thế nào?

1)

2)

練習 A-1
れんしゅう

1. 中田　：はじめまして。
   なかた
   アレン：はじめまして。
   中田　：①中田です。
   なかた　　なかた
   アレン：②アレン・リーバークウィルです。

   ▶ NOTES 1

   1) ①【名前¹】　②【名前】
        なまえ　　　 なまえ

2. 中田　：こんにちは²。はじめまして。
   なかた
   アレン：はじめまして。
   中田　：中田です。
   なかた　なかた
   アレン：①アレン・リーバークウィルです。②カナダ³の③留学生⁴です。
                                            りゅうがくせい

   1) ①【名前】　　②【国⁵】　　　　　③留学生
        なまえ　　　　 くに　　　　　　　 りゅうがくせい
   2) ①【名前】　　②【学部⁶／所属⁷】　③学生⁸
        なまえ　　　　 がくぶ　しょぞく　　 がくせい
   3) ①【名前】　　②【大学⁹】　　　　③【身分¹⁰】
        なまえ　　　　 だいがく　　　　　 みぶん

   ▶ 関連語彙

Cf. アレン　　　：はじめまして。
    　　　　　　　アレン・リーバークウィルと申します。
    　　　　　　　　　　　　　　　　　　　　　　　もう
    山本先生¹¹：はじめまして。山本です。
    やまもとせんせい　　　　　　　　やまもと

   ▶ NOTES 2

聞いて答えよう2 🔊 2
きいて こたえよう

あなたは初めて会った人と話しています。あなたは何と答えますか。
　　　　 はじ　あ　ひと　はな　　　　　　　　　　　なん　こた

You are talking with a person whom you have just met. How do you respond?
你跟初次见面的人在谈话。你该回答什么呢?
여러분은 처음 만난 사람과 이야기하고 있습니다. 여러분은 뭐라고 대답합니까?
Bạn đang nói chuyện với người lần đầu tiên gặp mặt. Bạn sẽ trả lời như thế nào?

---

1 名前　2 こんにちは　3 カナダ　4 留学生　5 国　6 学部　7 所属　8 学生　9 大学
  なまえ　　　　　　　　　　　　　　　りゅうがくせい　くに　がくぶ　しょぞく　がくせい　だいがく
10 身分　11 先生
   みぶん　　 せんせい

練習 A-2

1. 中田　　：どうぞよろしく（お願いします）。
   アレン：どうぞよろしく（お願いします）。

   ▶ NOTES 3

2. 山本先生：よろしく。
   アレン　　：どうぞよろしくお願いします。

※1
   山本先生：よろしく。
   アレン　　：どうぞよろしく。

練習 B-1 🔊 3

以下の会話を練習してから1）、2）の状況で会話をしてください。

After practicing the conversation below, make conversations for situations 1) and 2).
练习以下会话，然后按1）、2）的状况进行会话。
아래의 회화를 연습한 후 1), 2) 와 같은 상황에서 이야기를 해 보십시오.
Hãy tập nói theo hội thoại dưới đây và sau đó hội thoại theo tình huống 1), 2).

アレン：はじめまして。
中田　：はじめまして。中田です。
アレン：アレン・リーバークウィルです。カナダの留学生です。
中田　：わたし¹は、若葉大学の学生です。どうぞよろしくお願いします。
アレン：わたしも²若葉大学の学生です。どうぞよろしくお願いします。

1）あなたは日本語の教室で初めて同じクラスの人に会いました。

　You meet a classmate for the first time in your Japanese language class.
　你在日语教室初次见到你的同班同学。　여러분은 일본어 교실에서 처음 클래스메이트를 만났습니다.
　Lần đầu tiên bạn gặp người bạn cùng lớp trong lớp học tiếng Nhật.

2）あなたは留学生歓迎パーティーで初めて日本語の先生に会いました。

　You meet a Japanese language teacher for the first time at a welcome party for overseas students.
　你在留学生欢迎会上初次见到你的日语老师。　여러분은 유학생 환영 파티에서 처음 일본어 선생님을 만났습니다.
　Lần đầu tiên bạn gặp giáo viên tiếng Nhật trong bữa tiệc chào đón du học sinh.

---

1 わたし　**2** も

3

聞いて答えよう3 🔊 4

初めて会った日本人と話しています。あなたは何と答えますか。
You are talking with a person whom you have just met. How do you respond to her?
你在跟初次见面的日本人说话。你该回答什么呢？
처음 만난 일본인과 이야기하고 있습니다. 여러분은 뭐라고 대답합니까?
Bạn đang nói chuyện với một người Nhật mà lần đầu tiên gặp mặt. Bạn sẽ trả lời như thế nào?

1)
2)

練習 A-3

1. 中田　：お国は↑
   アレン：カナダです。
   中田　：あ、そうですか。
   ▶ NOTES 4
   ▶ NOTES 5

   1)【国】

2. 森先生：学部は↑
   アレン：工学部[1]です。
   森先生：ああ、そうですか。

   1)【学部】
   ▶ 関連語彙

   Cf. アレン：専門[2]は↑
   高木　：工学[3]です。
   アレン：ああ、そうですか。

   🔊 5
   アレン：専門は↑
   高木　：工学です。
   アレン：ああ、そうですか↑

---

[1] 工学部　[2] 専門　[3] 工学

聞いて答えよう4 🔊 6

あなたはアレンです。初めて会ったキムさんと話しています。あなたはキムさんに何と答えますか。

You are Allen. You are talking with Ms. Kim whom you have just met. How do you respond to what Ms. Kim says? 你是阿伦，在跟初次见面的小金说话。你该回答金同学什么呢?
여러분은 앨런입니다. 처음 만난 김 씨와 이야기하고 있습니다. 여러분은 김 씨에게 뭐라고 대답합니까?
Bạn là Allen. Bạn đang nói chuyện với chị Kim là người lần đầu tiên bạn gặp. Bạn sẽ trả lời chị Kim như thế nào?

練習 A-4

アレン：キムさん¹の①お国は↑
キム　：②韓国²です。
アレン：あ、そうですか。
キム　：アレンさんは↑
アレン：③カナダです。
キム　：そうですか。

▶ NOTES 6

1) ①お国　②【国】　③【国】
2) ①学部　②【学部】　③【学部】

---

1 ～さん　**2** 韓国

練習 B-2 🔊 7
れんしゅう

以下の会話を練習してから1)、2)の状況で会話をしてください。
いか　かいわ　れんしゅう　　　　　　　　じょうきょう　かいわ

> アレン：はじめまして。
>
> 中田　：はじめまして。中田です。
> なかた　　　　　　　　　なかた
>
> アレン：アレン・リーバークウィルです。カナダの留学生です。
> 　　　　　　　　　　　　　　　　　　　　　　りゅうがくせい
>
> 中田　：あ、そうですか。わたしは、若葉大学の学生です。
> なかた　　　　　　　　　　　　　わかばだいがく　がくせい
>
> アレン：あ、わたしも若葉大学の学生です。中田さん、学部は↑
> 　　　　　　　　　わかばだいがく　がくせい　　なかた　　　がくぶ
>
> 中田　：文学部[1]です。
> なかた　ぶんがくぶ
>
> アレン：ああ、そうですか。
>
> 中田　：アレンさんは↑
> なかた
>
> アレン：工学部です。
> 　　　　こうがくぶ
>
> 中田　：そうですか。どうぞよろしくお願いします。
> なかた　　　　　　　　　　　　　　　　ねが
>
> アレン：よろしくお願いします。
> 　　　　　　　　　　ねが

1）あなたは留学生歓迎パーティーで初めて留学生に会いました。
　　　　　　りゅうがくせいかんげい　　　　　　はじ　りゅうがくせい　あ

　　You meet a foreign student for the first time at a welcome party for overseas students.
　　你在留学生欢迎会上初次见到了留学生。　여러분은 유학생 환영 파티에서 처음 유학생을 만났습니다.
　　Tại bữa tiệc chào đón du học sinh, lần đầu tiên bạn gặp một bạn du học sinh.

2）あなたは研究室で初めて先輩に会いました。
　　　　　　けんきゅうしつ　はじ　せんぱい　あ

　　You meet a senior student for the first time in the study room.　你在研究室初次见到了学长。
　　여러분은 연구실에서 처음 선배를 만났습니다.
　　Tại phòng nghiên cứu, lần đầu tiên bạn gặp một anh/chị khóa trước.

ロールプレイ

ロールプレイカード 1-1　1-2

1　文学部
　　ぶんがくぶ

練習 B-3 🔊 8
れんしゅう

以下の会話を練習してから1)、2)の状況で会話をしてください。
いか　かいわ　れんしゅう　　　　　　　　じょうきょう　かいわ

大学の日本語クラスのみんなの前で自己紹介をします。
だいがく　にほんご　　　　　　　まえ　じこしょうかい

You introduce yourself in front of your classmates in your university Japanese class.
在大学日语班的同学面前做自我介绍。
대학교 일본어 수업 시간에 모든 사람들 앞에서 자기소개를 합니다.
Tự giới thiệu bản thân trước mọi người trong lớp học tiếng Nhật ở trường đại học.

> アレン：はじめまして。わたしはアレン・リーバークウィル（です／）と申します。
> 　　　　　　　　　　　　　　　　　　　　　　　　　　　　　　　　　　　もう
> カナダから来ました¹。学部は工学部です。
> 　　　　　き　　　　　　　がくぶ　こうがくぶ
> 専門は電子工学²です。どうぞよろしくお願いします。
> せんもん　でんしこうがく　　　　　　　　　　ねが

1) あなたは日本語のクラスで初めてクラスメートに会いました。
　　　　　　にほんご　　　　　はじ　　　　　　　　　　あ

　You meet your classmates in your Japanese class for the first time.
　你在日语班初次见到了班里的同学。　여러분은 일본어 클래스에서 클래스메이트를 처음 만났습니다.
　Tại lớp học tiếng Nhật, lần đầu tiên bạn gặp bạn cùng lớp.

2) あなたは地域の留学生歓迎パーティーで初めてみんなに会いました。
　　　　　　ちいき　りゅうがくせいかんげい　　　　　　はじ　　　　　　あ

　You meet everyone for the first time at a local welcome party for overseas students.
　你在区域留学生欢迎会上初次见到了大家。　여러분은 지역의 유학생 환영 파티에서 모든 사람들을 처음 만났습니다.
　Tại bữa tiệc chào đón du học sinh của địa phương, lần đầu tiên bạn gặp tất cả mọi người.

　　　　　　あいさつ表現：Greetings　寒暄用语　인사 표현　Các câu chào hỏi
　　　　　　　　　ひょうげん

おはようございます	：Good morning. 早上好。 안녕하세요. Xin chào. (buổi sáng)
こんにちは	：Good afternoon. 你好。 안녕하세요. Xin chào. (buổi trưa)
こんばんは	：Good evening. 晚上好。 안녕하세요. Xin chào. (buổi tối)
ありがとうございます	：Thank you. 谢谢。 감사합니다. / 고맙습니다. Xin cám ơn.
すみません	：I am sorry. Excuse me. 对不起。劳驾。 죄송합니다. / 미안합니다. Xin lỗi. (khi muốn hỏi điều gì hay khi mắc lỗi)
失礼します しつれい	：Goodbye. (to a senior person) 再见。告辞。(用于年长者) 안녕히 가세요. / 안녕히 계세요. Tôi xin phép được về trước.
じゃ、また	：See you. (to friends) 那，再见。(用于朋友之间) 또 만나. Hẹn gặp lại.

---

1 〜から来ました　**2** 電子工学
　　　　き　　　　　　　　でんしこうがく

応用練習 🔊 9

アレンさんは留学生歓迎パーティーで先輩のキムさんと話しています。そこに日本語の森先生が来ました。

Allen is talking with senior student Ms. Kim at the welcome party. His Japanese teacher, Ms. Mori, comes up to him.

在留学生欢迎会上，阿伦和高年级的小金在说话。正在这个时候，日语老师森老师走了过来。

앨런 씨는 유학생 환영 파티에서 선배인 김 씨와 이야기를 하고 있습니다. 거기에 일본어 선생님인 모리 선생님이 왔습니다.

Allen đang nói chuyện với chị Kim, người khóa trên tại bữa tiệc chào đón du học sinh. Đúng lúc đó, cô Mori, giáo viên tiếng Nhật, đi đến.

アレン：こんにちは。森先生。
森先生：あ、こんにちは。アレンさん。
アレン：先生、こちら¹は韓国の留学生のキムさんです。
キム　：はじめまして。キムと申します。
アレン：キムさん、こちらはわたしの日本語²の先生です。
森先生：森です。はじめまして。キムさんは、いつ³日本⁴に来ました⁵か ↑
キム　：去年⁶の４月⁷です。
森先生：ああ、そうですか。学部は ↑
キム　：工学部です。
森先生：そうですか。
キム　：どうぞよろしくお願いします。
森先生：よろしくお願いします。

1) あなたの日本語の先生に友だちを紹介します。
    Introduce your friend to your Japanese teacher.　　向日语老师介绍你的朋友。
    여러분의 일본어 선생님께 친구를 소개합니다.　　Giới thiệu bạn bè với giáo viên dạy tiếng Nhật của mình.

2) あなたの日本人の友だちに日本語クラスの友だちを紹介します。
    Introduce a friend from your Japanese class to your Japanese friend.　　向你的日本朋友介绍日语班的同学。
    여러분의 일본인 친구에게 일본어 클래스의 친구를 소개합니다.
    Bạn giới thiệu bạn học cùng lớp tiếng Nhật với bạn bè là người Nhật của bạn.

---

1 こちら　**2** 日本語　**3** いつ　**4** 日本　**5** 来ます　**6** 去年　**7** 4月

違う場面で 🔊 10

アレンさんは教室で初めてクラスメートに会いました。

With a classmate in class　阿伦在教室里初次见到了班里的同学。
앨런 씨는 교실에서 처음 클래스메이트를 만났습니다.　Tại lớp học, Allen lần đầu tiên gặp bạn cùng lớp.

> ナタリー：はじめまして。
> アレン　：はじめまして、アレンです。
> ナタリー：アレンさんですか。わたしはナタリーです。
> アレン　：そうですか。ナタリーさんはどこ¹から来ましたか↑
> ナタリー：ブラジル²から来ました。アレンさんは↑
> アレン　：カナダです。
> ナタリー：ああ、カナダですか。いつ日本に来ましたか↑
> アレン　：今年³4月に来ました。ナタリーさんは↑
> ナタリー：わたしも今年の4月に来ました。
> アレン　：そうですか。ナタリーさん、趣味⁴は何ですか⁵↑
> ナタリー：アニメ⁶です。
> アレン　：わたしもアニメが好き⁷です。
> ナタリー：ああ、そうですか。よろしくお願いします。
> アレン　：よろしくお願いします。

1 どこ　**2** ブラジル　**3** 今年　**4** 趣味　**5** 何ですか　**6** アニメ　**7** 好き[な]

1 自己紹介をする

● 関連語彙(かんれんごい)　Related vocabulary　有关词汇　관련 어휘　Từ vựng liên quan

身分(みぶん)： Status　身份　신분　địa vị

大学生(だいがくせい)	university student	大学生	대학생	sinh viên
交換留学生(こうかんりゅうがくせい)	exchange student	交换留学生	교환 유학생	du học sinh theo diện trao đổi
研究生(けんきゅうせい)	research student	旁听生	연구생	nghiên cứu sinh
研究員(けんきゅういん)	research staff	研究员	연구원	nhân viên nghiên cứu
大学院生(だいがくいんせい)	graduate student	研究生	대학원생	sinh viên cao học
研修生(けんしゅうせい)	trainee	研修生	연수생	tu nghiệp sinh, thực tập sinh

学部(がくぶ)： Departments　科系　학부　khoa

文学部(ぶんがくぶ)	Department of Literature	文学系	문학부	khoa văn
法学部(ほうがくぶ)	Department of Law	法学系	법학부	khoa luật
商学部(しょうがくぶ)	Department of Commercial Science	商学系	상학부	khoa thương mại
経済学部(けいざいがくぶ)	Department of Economics	经济学系	경제학부	khoa kinh tế
教育学部(きょういくがくぶ)	Department of Education	教育学系	교육학부	khoa sư phạm
外国語学部(がいこくごがくぶ)	Department of Foreign Languages	外语系	외국어학부	khoa ngoại ngữ
芸術学部(げいじゅつがくぶ)	Department of Arts	艺术系	예술학부	khoa nghệ thuật
農学部(のうがくぶ)	Department of Agriculture	农学系	농학부	khoa nông nghiệp
工学部(こうがくぶ)	Department of Engineering	工学系	공학부	khoa công nghiệp, khoa kỹ thuật
理学部(りがくぶ)	Faculty of Science	理学系	이학부	khoa khoa học tự nhiên
医学部(いがくぶ)	Faculty of Medicine	医学系	의학부	khoa y
歯学部(しがくぶ)	Department of Dentistry	牙医学系	치과학부	nha khoa
薬学部(やくがくぶ)	Department of Pharmacy	药学系	약학부	khoa dược
獣医学部(じゅういがくぶ)	Faculty of Veterinary Medicine	兽医学系	수의학부	khoa thú y
水産学部(すいさんがくぶ)	Department of Fisheries	水产学系	수산학부	khoa thủy sản
経営学部(けいえいがくぶ)	Department of Business Administration	经营学系	경영학부	khoa kinh doanh
理工学部(りこうがくぶ)	Department of Science and Engineering	理工学系	이공학부	khoa kỹ thuật và khoa học tự nhiên
情報工学部(じょうほうこうがくぶ)	Department of Information Engineering	信息工程学系	정보공학부	Khoa Công nghệ thông tin

NOTES

1. はじめまして

「はじめまして」は、「初めてお会いします」の意味です。初めて会った人と会話を始めるときに使うあいさつ表現です。自己紹介を始めるときにも使います。

「はじめまして」literally means that this is the first time to meet you. It is an expression used when beginning a conversation with a person you've just met, and also before introducing yourself.

「はじめまして」是"初次见面"的意思。是用在跟第一次见面的人开始会话时的寒暄用语。也可以用于自我介绍的开头。

「はじめまして」는「처음 뵙겠습니다」라는 의미입니다. 처음 만난 사람과 대화를 시작할 때 사용하는 인사 표현입니다. 자기소개를 시작할 때도 사용합니다.

"はじめまして" có nghĩa là "Lần đầu tiên tôi được gặp anh/chị". Đây là một cách chào hỏi được dùng khi bạn bắt đầu nói chuyện với người mới gặp lần đầu. Cách nói này cũng được sử dụng cách nói này khi bắt đầu giới thiệu về bản thân.

2. アレン・リーバークウィルと申します

相手が話し手の名前を知らない場合に、話し手が自分の名前を言うときの丁寧な言い方です。相手が知り合いで自分の名前を知っている場合は、使いません。

This is a polite way of telling someone your name. When the listener knows you and your name, you would not use this expression.

这是谈话对方不知道说话人姓名的情况，说话人说自己名字时的礼貌用法。在对方是熟人，已经知道自己名字时不可以使用。

상대가 화자의 이름을 모르는 경우에 화자가 자신의 이름을 말할 때의 정중한 말투입니다. 그러나 상대가 아는 사람이고 자신의 이름을 알고 있는 경우에는 사용하지 않습니다.

Đây là cách nói lịch sự của khi người nói muốn giới thiệu tên mình trong trường hợp người nói chuyện với bạn chưa biết tên của bạn. Nhưng nếu người nghe đã biết tên của bạn rồi thì không dùng cách nói này.

3. （どうぞ）よろしく（お願いします）

自己紹介のときは、「（あなたといい関係を築きたいので）わたしとの関係をよくしてください」という意味です。自己紹介の最後によく使うあいさつ表現です。「お願いします」の意味は、何かを「頼みます」という意味です。

When using this expression in introducing oneself, it means "Please treat me well, as I'd like to form a good relationship with you." This is an expression commonly used after introducing oneself. 「お願いします」means "I ask for something."

用于自我介绍时，具有"（因为想跟你建立良好关系）请跟我保持友好关系吧"的意思。这个说法常常用在自我介绍的最后。「お願いします」的意思是"拜托"。

자기소개를 할 때는「（당신과 좋은 관계를 맺고 싶기 때문에）나와 사이좋게 지내 주십시오」라는 의미로 사용합니다. 자기소개의 마지막에 자주 사용하는 인사 표현입니다.「お願いします」는 무언가를「부탁합니다」라는 의미입니다.

Câu này được sử dụng khi tự giới thiệu về bản thân với nét nghĩa là "Hãy tạo dựng mối quan hệ tốt với tôi nhé (vì bạn muốn xây dựng với người nghe một mối quan hệ tốt). Câu này được sử dụng rất nhiều sau khi bạn hoàn thành phần giới thiệu bản thân. Nghĩa của "おねがいします" là "nhờ vả" một cái gì đó.

```
どうぞよろしくお願いします。              丁寧な表現      polite expression    礼貌用法
              ねが                    ていねい ひょうげん              정중한 표현    Cách nói lịch sự
       よろしくお願いします。
              ねが                    くだけた表現     casual expression   随便用法
 どうぞよろしく。                        ひょうげん              스스럼없는 표현  Cách nói suồng sã
       よろしく。
```

4. お国は ↑
くに

「お国はどちらですか」の「どちらですか」を省略した表現です。「お国」は、「国」の丁寧な言い方です。話し手自身について話すとき、「(わたしの) お国」とは言いません。

This is an abbreviation of the phrase「お国はどちらですか (Which country are you from?)」.「お国」is a polite way of saying「国」when referring to the person you are talking to. Therefore, it is not used when talking about yourself.

是「お国はどちらですか (你的国家是哪儿?)」省略了「どちらですか」后的用法。「お国」是「国」的礼貌说法。说话人在说自己的时候，不说「(わたしの) お国」。

「お国はどちらですか (출신국은 어디입니까?)」의「どちらですか」를 생략한 표현입니다.「お国」는「国」의 정중한 말투입니다. 화자 자신에 대해서 말할 때「(わたしの) お国」라고는 말하지 않습니다.

Đây là cách nói đã lược bỏ cụm "どちらですか" của câu "お国はどちらです". "お国" là cách nói lịch sự của "国". Khi nói về bản thân người nói, sẽ không sử dụng "(わたしの) お国".

5. そうですか

新しい情報を聞いて、わかったときに使います。この「か」は、質問ではなく納得を示すので、文末のイントネーションは上がりません。イントネーションが上がる (↑) と、相手の発話に対して疑問があることを表します。

This is used to express your understanding of new information. It is not a question and therefore not said with rising intonation (↑). Rising intonation after the sentence-ending particle「か」would imply that you don't necessarily believe what the person has told you.

用于听到新信息后，表示理解。句末的「か」不是表示疑问，而是表示领会、理解。所以句末的声调不上扬。如果句末声调上扬 (↑)，则表示对于对方的发言有所怀疑。

새로운 정보를 듣고 그 내용을 파악했을 때 사용합니다. 이「か」는 질문이 아니라 납득했다는 것을 나타내기 때문에, 문말의 억양은 올라가지 않습니다. 억양이 올라가면 (↑), 상대가 말한 내용에 대해서 의문을 느끼고 있다는 것을 나타냅니다.

Sử dụng khi bạn nghe một thông tin mới và đã hiểu nó. "か" ở đây không phải là câu hỏi mà là biểu bị ý nghĩa đã hiểu, đã được thuyết phục nên chính vì thế ngữ điệu không lên giọng ở cuối câu. Nếu bạn lên giọng ở cuối câu (↑), nó sẽ trở thành câu biểu thị sự ngờ vực đối với câu chuyện của người nói chuyện với mình.

6. アレンさんは ↑

自分が聞かれた質問と同じ質問を相手にするときに、相手の名前に「は」を付け、イントネーションを上げて聞きます。

This is used to ask someone the same question that they have just asked you, by saying the person's name followed by the particle「は」with rising intonation.

就自己被询问的问题反问对方时，要在对方名字后加上「は」，提高句末声调提问。

자신이 받은 질문과 같은 질문을 상대에게 할 때 상대의 이름에「は」를 붙여서 억양을 올려서 묻습니다.

Khi bạn muốn hỏi đối phương câu hỏi giống như bạn đã bị hỏi, bạn thêm "は" vào sau tên của đối phương và lên giọng ở cuối câu để hỏi.

1 自己紹介をする

1. 山本先生：よろしく。
   アレン　：(どうぞ) よろしくお願いします。

2. アレン：専門は ↑　　🔊5
   高木　：工学です。
   アレン：ああ、そうですか。

2 聞き返す
ききかえす

Asking someone to repeat something　反复询问
되묻기　Hỏi lại

食堂で：At a cafeteria
しょくどう　在食堂
식당에서
Tại nhà ăn

考えよう 1
かんが

あなたは中田さんと食堂へ昼ご飯を食べに行きました。おいしそうな食べ物がありますが、あなたはそれが何かわかりません。友だちの中田さんに聞いてください。

You have gone to a cafeteria to have lunch with Ms. Nakata. You find a dish that looks delicious, but you don't know what it is. Ask Ms. Nakata what it is.

你和中田去食堂吃午饭。有个看上去很可口的食物，可是你不知道那是什么。请问一下你的朋友中田。

여러분은 나카타씨와 식당으로 점심을 먹으러 갔습니다. 맛있어 보이는 음식이 있습니다만, 여러분은 그 음식이 무엇인지 모릅니다. 친구인 나카타씨에게 물으십시오.

Bạn và Nakata đi đến nhà ăn để ăn trưa. Có đồ ăn trông có vẻ ngon nhưng bạn không biết đó là món gì. Hãy hỏi bạn Nakata.

聞いて答えよう 1　🔊 11
きこた

1) 中田さんは何と言いましたか。何と言ったかわかりますか。
なかた　なん　い　なん　い

　　What does Ms. Nakata say? Do you understand what she says?
　　中田说了什么？你明白她说了什么吗？　나카타 씨는 뭐라고 말했습니까? 뭐라고 했는지 알겠습니까?
　　Nakata đã nói những gì? Bạn có hiểu Nakata đã nói gì không?

2) 中田さんが何と言ったかわからないとき、あなたは何と言って聞き返しますか。
なかた　なん　い　なん　い　きかえ

　　If you cannot understand what she says, how do you ask her to say it again?
　　你不明白中田的话时，你该说什么请她再说一次呢？　나카타씨가 뭐라고 했는지 모를 때 여러분은 뭐라고 되묻습니까?
　　Khi bạn không hiểu Nakata nói gì, bạn sẽ nói như thế nào để hỏi lại?

練習 A-1
<small>れんしゅう</small>

1. アレン：中田さん、これ¹は何ですか ↑
   中田　：おやこどんぶり²です。
   アレン：すみません、もう一度お願いします。
   中田　：おやこどんぶりです。

   ▶ NOTES 1, 2

   1) 牛どん³ 　　2) てんぷらうどん⁴

2. アレン：中田さん、これは何ですか ↑
   中田　：おやこどんぶりです。
   アレン：すいません、もう一度言ってください。
   中田　：おやこどんぶりです。

   ▶ NOTES 1, 2

   1) 牛どん　　2) ?

Cf. 1) アレン：これは何ですか ↑
   中田　：おやこどんぶりです。
   アレン：すいません、ゆっくり⁵お願いします。
   中田　：お、や、こ、ど、ん、ぶ、り、です。

2) アレン：リーさん、学部は ↑
   リー　：農学部です。
   アレン：すいません、英語で⁶お願いします。
   リー　：Agriculture です。

※1　アレン：すみません。もう一度ください。
　　 中田　：おやこどんぶりです。

---

1 これ　2 おやこどんぶり　3 牛どん　4 てんぷらうどん　5 ゆっくり　6 英語で

聞いて答えよう2 🔊 12

事務の人があなたの名前を聞きました。あなたが名前を言ったとき、事務の人は何か言いました。あなたは何と答えますか。

A person from the office asks your name. When you tell her your name, she says something. How do you respond?

办事员询问你的名字。你回答你的名字时，办事员说了什么。你该回答什么呢?

사무실 직원이 여러분의 이름을 물었습니다. 여러분이 이름을 말했을 때 사무실 직원이 무언가 말했습니다. 여러분은 뭐라고 대답합니까?

Người văn phòng hỏi tên của bạn. Khi bạn nói tên của mình, người văn phòng đã nói gì? Bạn sẽ trả lời như thế nào?

練習 A-2

1. 事務の人¹ ：すみません、お名前は↗
   アレン ：アレン・リーバークウィルです。
   事務の人 ：アレン、リーバー↗
   アレン ：リーバークウィルです。
   事務の人 ：ああ、リーバークウィルさんですか。
   アレン ：はい、そうです。

   ▶ NOTES 3
   ▶ NOTES 4

   1)【あなた²の名前】

2. アレン：これは何ですか↗
   中田 ：おやこどんぶりです。
   アレン：おやこ↗
   中田 ：お、や、こ、ど、ん、ぶ、りです。
   アレン：ああ、おやこどんぶりですか。
   中田 ：ええ、そうです。

   ▶ NOTES 4

   1) つきみうどん³   2)

---

1 事務の人　**2** あなた　**3** つきみうどん

考えよう2

あなたは、中田さんに聞いて、「おやこどんぶり」という料理の名前がわかりました。でも、それがどんなものかわかりません。あなたは中田さんにどう聞きますか。

Ms. Nakata tells you the dish is called "Oyakodonburi," but you don't know what the dish is. How do you ask her?

你问了中田后，知道了「おやこどんぶり」这个菜名。可是你不知道它是什么菜。你该怎么问中田呢？

여러분은 나카타씨한테 들어서 「おやこどんぶり」라는 요리의 이름을 알았습니다. 그렇지만 그것이 어떤 요리인지 모릅니다. 여러분은 나카타씨에게 어떻게 묻습니까?

Bạn đã hỏi Nakata và biết được tên của món có tên gọi là Oyakodonburi. Thế nhưng, bạn không biết đó là món gì? Bạn sẽ hỏi Nakata thế nào?

練習 A-3

中田　：①おやこどんぶりです。
アレン：①おやこどんぶりは何ですか ↑
中田　：②鶏肉[1]と卵[2]とご飯[3]です。
アレン：ああ、そうですか。

1) ①牛どん　　②牛肉[4]と野菜[5]とご飯
2) ①化粧室[6]　②トイレ[7]

㊁

アレン：スマホは何ですか ↑
中田　：スマートフォン[8]です。
アレン：あ、そうです。

---

1 鶏肉　**2** 卵　**3** ご飯　**4** 牛肉　**5** 野菜　**6** 化粧室　**7** トイレ　**8** スマートフォン

練習B 🔊 13
れんしゅう

以下の会話を練習してから1）、2）の状況で会話をしてください。
いか　かいわ　れんしゅう　　　　　　　　　　　　じょうきょう　かいわ

After practicing the conversation below, make conversations for situations 1) and 2).
练习以下会话，然后按1）、2）的状况进行会话。
아래의 회화를 연습한 후 1), 2)와 같은 상황에서 이야기를 해 보십시오.
Hãy tập nói theo hội thoại dưới đây và sau đó hội thoại theo tình huống 1), 2).

アレン：中田さん、これは何ですか ↑
　　　　なかた　　　　　　　　なん

中田　：おやこどんぶりです。
なかた

アレン：おやこ ↗

中田　：お、や、こ、ど、ん、ぶ、り です。
なかた

アレン：あ、そうですか。おやこどんぶりは何ですか ↑
　　　　　　　　　　　　　　　　　　　　　なん

中田　：鶏肉と卵とご飯です。
なかた　とりにく　たまご　はん

アレン：ああ、そうですか。

－食堂で－
　しょくどう

1）この食べ物が何か聞きます。
　　　　た　もの　なに　き

　　Ask what the food is.
　　问一问这是什么食物。
　　이 음식이 무엇인지 묻습니다.
　　Hỏi đồ ăn này là gì.

2）テーブルの上のものが何か聞きます。
　　　　　　　　うえ　　　　　なに　き

　　Ask what is on the table.
　　问一问桌子上的东西是什么。
　　테이블 위의 물건이 무엇인지 묻습니다.
　　Hỏi đồ ở trên bàn là cái gì.

```
                    食べ物 : Foods  食物  음식  Thực phẩm
                     た もの

鶏肉(チキン)        : chicken   鸡肉   닭고기   thịt gà
 とりにく
豚肉(ポーク)        : pork      猪肉   돼지고기  thịt lợn
 ぶたにく
牛肉(ビーフ)        : beef      牛肉   소고기   thịt bò
 ぎゅうにく
羊の肉(ラム)       : lamb      羊肉   양고기   thịt cừu
 ひつじ にく
果物(フルーツ)      : fruit     水果   과일     hoa quả
 くだもの
野菜(ベジタブル)   : vegetables 蔬菜  야채    rau
 やさい
魚       : fish  鱼  생선  cá              卵    : egg   鸡蛋  계란  trứng
 さかな                                     たまご
豆       : bean  豆  콩   đỗ              パン   : bread  面包  빵   bánh mỳ
 まめ
ご飯     : cooked rice  米饭  밥  cơm      めん   : noodles 面  면  mỳ sợi
  はん
```

ロールプレイ

ロールプレイカード 2-1 2-2 ／ イラストカード 1. メニュー 2. 写真
                                                            しゃしん

応用練習 🔊 14
   おう よう れん しゅう

アレン：中田さん、これは何ですか↑
　　　　なかた　　　　　なん
中田　：おやこどんぶりです。
なかた
アレン：おやこ↗
中田　：おやこどんぶりです。
なかた
アレン：すみません、ゆっくりお願いします。
　　　　　　　　　　　　　　　ねが
中田　：お、や、こ、ど、ん、ぶ、りです。
なかた
アレン：ああ、そうですか。おやこどんぶりは何ですか↑
　　　　　　　　　　　　　　　　　　　　　　　なん
中田　：おやこは「親¹」と「子²」です。親は鶏肉で、子は卵です。
なかた　　　　　　おや　　　こ　　　　おや とりにく　こ たまご
　　　　ご飯の上³に鶏肉と卵と野菜があります⁴。
　　　　はん うえ　とりにく たまご やさい
アレン：へえ⁵、そうですか。おもしろい⁶ですね。

---

1 親 2 子 3 上 4 あります 5 へえ 6 おもしろい
  おや こ   うえ

違う場面で 🔊 15

教室で中田さんはお弁当を食べています。
Ms. Nakata is eating a boxed lunch in the classroom.　中田在教室里吃盒饭。
교실에서 나카타 씨는 도시락을 먹고 있습니다.　Tại phòng học, Nakata đang ăn cơm hộp

アレン：中田さん、こんにちは。
中田　：こんにちは、アレンさん。
アレン：あ、おいしそうですね[1]。
中田　：これですか↑
アレン：はい[2]。それ[3]は何ですか↑
中田　：これは、オムライス[4]です。
アレン：オンライスですか↑
中田　：いいえ、オムライスです。
アレン：オムライスですね↗　それは卵ですか↑
中田　：はい。中[5]にご飯と鶏肉と野菜があります。
アレン：ああ、そうですか。おいしい[6]ですか↑
中田　：はい、とても[7]おいしいです。

---

1 おいしそうですね　**2** はい　**3** それ　**4** オムライス　**5** 中　**6** おいしい　**7** とても

NOTES

1. すみません／すいません、もう一度(いちど)お願(ねが)いします

相手に悪くて、自分の気持ちが済まないときに使います。ここでは、もう一度言ってもらうことに対して済まないと思う気持ちを表しています。「すみません sumimasen」の「m」が脱落して「すいません suimasen」と言うことが多いです。

This is used to express that you are sorry to the listener. Here it is used to express that you are sorry for asking someone to repeat something they have just said. It is often said without 'm' of「すみません Sumimasen」as in「すいません suimasen」.

给对方添麻烦，觉得过意不去时使用。在本文中，表达了请对方再说一次，自己觉得过意不去的心情。「すみません sumimasen」的「m」脱落，多说成「すいません suimasen」。

상대에게 죄송하게 되어서 자신이 미안하다고 느끼고 있을 때 사용합니다. 여기에서는 한 번 더 말해 달라는 것에 대해서 미안하다는 마음을 나타내고 있습니다. 「すみません sumimasen」의「m」이 탈락해서「すいません suimasen」이라고 말하는 경우가 많습니다.

Câu này sử dụng khi bạn thấy có lỗi với đối phương. Ở đây, nó được dùng để biểu thị tâm trạng không nên không phải đối với việc bạn nhờ đối phương nói lại một lần nữa. Chữ "m" trong "すみません sumimasen" nhiều khi bị bỏ đi thành "すいません suimasen".

2. すみません、もう一度(いちど)お願(ねが)いします／もう一度(いちど)言(い)ってください

「もう一度お願いします」の意味は、「もう一度してください」です。何かをもう一度してほしいとき、いつでも使うことができます。ここでは、「もう一度お願いします」と「もう一度言ってください」は同じ意味です。

The phrase「もう一度お願いします」means "Please do something again." You can use this phrase when you want someone to do something again. Here,「もう一度お願いします」means the same as「もう一度言ってください」.

「もう一度お願いします」的意思是"请再做一次"。可随时用于希望对方再做一次什么时。在本文中，「もう一度お願いします」和「もう一度言ってください」的意思相同。

「もう一度お願いします」의 의미는「한 번 더 해 주세요」입니다. 무언가를 한 번 더 해 주기를 바랄 때 언제나 사용할 수 있습니다. 여기에서「もう一度お願いします」와「もう一度言ってください」는 같은 의미입니다.

"もう一度お願いします" có nghĩa là "Xin hãy làm lại một lần nữa". Khi bạn muốn ai đó làm lại cái gì một lần nữa, bất cứ khi nào bạn cũng có thể sử dụng mẫu câu này. Ở đây, "もう一度お願いします" và "もう一度言ってください" có ý nghĩa giống như nhau.

3. アレン、リーバー ↗

相手が言ったことが一部しか聞き取れなかった場合、聞き取れた部分だけを繰り返すことで、相手にもう一度言ってほしいことを示します。

In cases where you only caught a part of what someone has said to you, there is a simple way to ask them to repeat what they said. You can do this by saying the part that you understood back to them.

在只听懂了对方一部分谈话时，重复听懂了的部分，用以表示希望对方再说一次之意。

상대가 말한 것을 일부밖에 못 들었을 경우, 들은 부분만을 반복해서 상대에게 한 번 더 말해 주기를 바라는 것을 나타냅니다.

Trong trường hợp bạn chỉ nghe được một phần đối phương nói, bạn chỉ cần nhắc lại phần đã nghe được là biểu thị được ý muốn đối phương nói lại cho bạn thêm một lần nữa.

4. はい、そうです／ええ、そうです

「N₁ですか」という納得を表す相手の発話に対して、それを肯定するときに使います。「はい」だけでもいいですが、より明確な表現です。否定するときは、「いいえ」または「いいえ、N₂です」と言います。

Either of these phrases may be used to express agreement with 「N₁ですか」, which is used to express understanding. 「はい」 by itself may also be used; however, responding with a complete sentence is a clearer way of responding to the person's utterance. When you want to express disagreement with what they have said, you can respond by saying 「いいえ」 or 「いいえ、N₂です」 where 'N₂' is correct.

用于肯定表示领会、理解意思的「N₁ですか」这个对方的问话时。也可以只使用「はい」，但这是比「はい」更明确的回答。否定的时候说「いいえ」或者「いいえ、N₂です」。

「N₁ですか」라는 납득을 나타내는 상대의 말에 대해서 그것을 긍정할 때 사용합니다.「はい」만으로도 좋지만, 보다 정확한 표현 입니다. 부정할 때는「いいえ」또는「いいえ、N₂です」라고 말합니다.

Sử dụng khi bạn khẳng định điều đối phương nói "N₁ですか" với ý thuyết phục. Bạn chỉ nói "はい" cũng được nhưng cách nói trên thể hiện ý khẳng định rõ ràng hơn. Khi phủ định hay không đồng ý có thể nói "いいえ" hoặc "いいえ、N₂です".

例）
- 中田：おやこどんぶりです。
- アレン：ああ、あやごどんぶりですか。
- 中田：いいえ、おやこどんぶりです。

☺1
- アレン：すみません。もう一度お願いします／言ってください。
- 中田：おやこどんぶりです。

☺2
- アレン：スマホは何ですか↑
- 中田：スマートフォンです。
- アレン：あ、そうですか。

場所を聞く
ばしょ き

Asking where places and things are 询问场所
장소 묻기　Hỏi về địa điểm

駅で：At the station
えき
在车站
역에서
Tại nhà ga

聞いて答えよう1　🔊 16
き こた

あなたは駅を歩いています。日本人があなたに話しかけました。あなたは何と答えますか。
えき ある　　　　　　にほんじん　　　　　　はな　　　　　　　　　　なん こた

When you are walking at the station, a Japanese woman speaks to you. How do you respond?
你在车站里走着。一位日本人向你搭话。你该回答什么呢？
여러분은 역을 걷고 있습니다. 일본인이 여러분에게 말을 걸었습니다. 여러분은 뭐라고 대답합니까?
Bạn đang đi bộ trong nhà ga. Một người Nhật bắt chuyện với bạn. Bạn sẽ trả lời thế nào?

1）

2）

3）

25

練習 A-1

　日本人：すみません／あのう／あのう、すみません。　▶ NOTES 1
　アレン：はい。

1) 何ですか ↑
2) はい、何ですか ↑
3) 何でしょうか。
4) はい、何でしょうか。

▶ NOTES 2

聞いて答えよう 2 🔊 17

あなたは、道で日本人に「図書館はどこですか」と聞きました。その人の答えを聞いて、次にあなたは何と言いますか。

On the street, you ask a Japanese, "Where is the library?" Listen to her reply. How do you respond?
你在路上问一位日本人 "图书馆在哪儿？"。听了那个人的回答后，下面你该说什么呢？
여러분은 길에서 일본인에게「도서관은 어디에 있습니까？」라고 물었습니다. 그 사람의 대답을 들은 다음 여러분은 뭐라고 말합니까？
Bạn đã hỏi một người Nhật ở trên đường là " Thư viện ở đâu ạ?". Nghe câu trả lời của người đó và tiếp theo bạn sẽ nói gì?

1)
2)

練習 A-2

　アレン：あのう、すみません。①図書館¹はどこですか ↑
　日本人：②さあ……。　▶ NOTES 3
　アレン：そうですか。すみません。　▶ NOTES 4

1) ①郵便局²はどこですか　　②さあ、わかりません³
2) ①コンビニ⁴はどこにありますか　②すみません、わかりません
3) ①若葉銀行⁵はどこですか　②若葉銀行……、ああ……、わかりません

※　アレン：専門の先生はどなた⁶ですか ↑
　　キム　：さあ……。

---

1 図書館　2 郵便局　3 わかりません　4 コンビニ　5 銀行　6 どなた

26

練習 B-1 🔊 18

以下の会話を練習してから1）、2）の状況で会話をしてください。

After practicing the conversation below, make conversations for situations 1) and 2).
练习以下会话，然后按1)、2) 的状况进行会话。
아래의 회화를 연습한 후 1), 2)와 같은 상황에서 이야기를 해 보십시오.
Hãy tập nói theo hội thoại dưới đây và sau đó hội thoại theo tình huống 1), 2).

アレン　　：あのう、すみません。
日本人¹　：はい。
アレン　　：トイレはどこですか↑
日本人　　：さあ、わかりません。
アレン　　：そうですか。すみません。
日本人　　：いいえ²。

---

1) 道で郵便局の場所を聞きます。

　　On the street you ask someone where the post office is. 　在路上询问邮局在哪儿。
　　길에서 우체국의 위치를 묻습니다. 　Hỏi người đi đường địa điểm của bưu điện.

2) 道でポプラ病院の場所を聞きます。

　　On the street you ask someone where Popura Hospital is. 　在路上询问白杨医院在哪儿。
　　길에서 포플러병원의 위치를 묻습니다. 　Hỏi người đi đường địa điểm Bệnh viện Popula.

聞いて答えよう3　🔊 19

あなたは日本人に「コンビニはどこにありますか」と聞きました。その人の答えを聞いて、次にあなたは何と言いますか。

You ask a Japanese "Where is a convenience store?" Listen to her reply. What do you say in response?
你问一位日本人"便利店在哪儿?"。听了那个人的回答后，下面你该说什么呢?
여러분은 일본인에게「편의점이 어디에 있습니까?」라고 물었습니다. 그 사람의 대답을 들은 다음 여러분은 뭐라고 말합니까?
Bạn đã hỏi một người Nhật: "Cửa hàng tiện lợi nằm ở đâu ạ?". Sau khi nghe câu trả lời của người đó, tiếp theo bạn sẽ nói gì?

1)

2)

---

1 日本人　**2** いいえ

練習 A-3

1. アレン　：すいません。①コンビニはどこにありますか ↗
   日本人　：②コンビニですか ↗
   アレン　：はい。
   日本人　：あそこ¹です。

   1) ①郵便局はどこにありますか　　②郵便局
   2) ①山本先生はどこにいます²か　②山本先生
   3) ①ＡＴＭ³はどこですか　　　　②ＡＴＭ

2. アレン　：①キムさんはどこにいますか ↗
   リー　　：②事務室⁴です。
   アレン　：③事務室ですね ↗
   リー　　：はい、そうです。

   ▶ NOTES 5

   1) ①若葉銀行はどこにありますか　②駅⁵の前⁶です　　③駅の前
   2) ①トイレはどこですか　　　　　②階段⁷のそば⁸にあります
      ③階段のそば

位置　：Position　位置　위치　Vị trí

上　　：up, on, above　上　위　trên
下　　：down, under　下　아래/밑　dưới
右　　：right　右　오른쪽　phải
左　　：left　左　왼쪽　trái
前　　：front　前边　앞　trước
後ろ　：back　后边　뒤　sau
隣　　：next (to one)　旁边　옆　bên cạnh
近く　：near　附近　가까운 곳/근처　gần
向かい：the opposite side　対面　정면/맞은편/건너편　đối diện

---

1 あそこ　2 います　3 ＡＴＭ　4 事務室　5 駅　6 前　7 階段　8 そば

練習 A-4

アレン：①森先生はどこですか ↑
キム ：②事務室ですよ ↗
アレン：あ、そうですか。ありがとうございます。

▶ NOTES 6

1) ①森先生の部屋¹　②2階²
2) ①コピー機³　②コンピューター室⁴の前

▶ 巻末A5

聞いて答えよう4 🔊 20

あなたはアレン・リーバークウィルです。日本人に名前を聞かれて、答えました。それを聞いて、その人が何か言いました。あなたは何と答えますか。

Your name is Allen Leverquille. A Japanese woman asks your name and you tell her. The woman says something. How do you reply?

你是阿伦•里巴克威尔。一位日本人询问你的名字，你回答了。那个人听了你的回答后，说了什么。你回答什么呢？

여러분은 앨런 리버크윌입니다. 일본인이 이름을 물어서 대답했습니다. 그것을 듣고 그 사람이 무언가 말했습니다. 여러분은 뭐라고 대답합니까?

Bạn là Allen Leverquille. Một người Nhật hỏi tên bạn và bạn trả lời. Sau khi nghe bạn trả lời, người đó đã nói gì. Bạn sẽ trả lời như thế nào?

練習 A-5

日本人：すみません、お名前は ↑
アレン：アレン・リーバークウィルです。
日本人：はい ↑
アレン：アレン・リーバークウィルです。
日本人：あ、アレン・リーバークウィルさんですか。

▶ NOTES 7

1) 【名前】

---

1 部屋　2 ～階　3 コピー機　4 コンピューター室

3 場所を聞く

練習 B-2 🔊 21

以下の会話を練習してから1）から3）の状況で会話をしてください。

アレン：あのう、すみません。
日本人：はい。
アレン：トイレはどこにありますか↑
日本人：トイレですか↑
アレン：はい。
日本人：階段のそばにありますよ↗
アレン：はい↑
日本人：階段のそばです。
アレン：ああ、階段のそばですね↗
日本人：はい、そうです。
アレン：**どうもありがとうございました。**
日本人：いいえ。

1）道で郵便局の場所を聞きます。

　　On the street you ask someone where the post office is.　　在路上询问邮局在哪儿。
　　길에서 우체국의 위치를 묻습니다.　　Hỏi người đi đường địa điểm của bưu điện.

2）道でポプラ病院の場所を聞きます。

　　On the street you ask someone where Popura Hospital is.　　在路上询问白杨医院在哪儿。
　　길에서 포플러병원의 위치를 묻습니다.　　Hỏi người đi đường địa điểm của Bệnh viện Popula.

3）事務室で森先生がどこにいるか聞きます。

　　You ask someone in the office where Ms. Mori is.　　在办公室询问森老师在哪儿。
　　사무실에서 모리 선생님이 어디에 계신지 묻습니다.　　Tại văn phòng, bạn hỏi cô Mori ở đâu.

ロールプレイ

ロールプレイカード 3-1 3-2 ／ イラストカード 3. 地図

応用練習 🔊 22

アレンさんは手紙を出したいです。郵便ポストを探していますが、見つかりません。

Allen wants to send a letter. He is looking for a post box to mail his letter, but he cannot find one.
阿伦想寄信，他在找邮筒。可是他没有找到。　앨런 씨는 편지를 부치고 싶습니다. 우체통을 찾고 있지만, 보이지 않습니다.
Allen muốn gửi thư. Allen đang đi tìm hòm thư bưu điện mà không tìm thấy.

アレン：あのう、すみません。
日本人：はい。
アレン：この辺¹に郵便ポスト²はありますか ↑
日本人：ポストですか ↑
アレン：はい。
日本人：ええと、この先³のコンビニの前にありますよ ↗
アレン：すみません、もう一度お願いします。
日本人：この先のコンビニの前です。
アレン：ああ、コンビニの前ですね ↗
日本人：ええ、そうです。
アレン：ありがとうございました。
日本人：いいえ。

---

1) 道で郵便局を探しています。

You are looking for a post office on the street.　在路上找邮局。　길에서 우체국을 찾고 있습니다.
Đang tìm bưu điện trên đường đi.

2) 道でコンビニを探しています。

You are looking for a convenience store on the street.　在路上找便利店。　길에서 편의점을 찾고 있습니다.
Đang tìm cửa hàng tiện lợi trên đường đi.

3) ショッピングモールでＡＴＭを探しています。

You are looking for an ATM in a shopping mall.　在购物中心找自动提款机。　쇼핑몰에서 ATM을 찾고 있습니다.
Đang tìm cây ATM trong trung tâm mua sắm.

---

1 この辺　**2** 郵便ポスト　**3** この先

違う場面で 🔊 23

朝、教室でクラスメートに会いました。
Meeting a classmate in class
早上，在教室见到了同班同学。
아침에 교실에서 클래스메이트를 만났습니다. Buổi sáng, gặp bạn học cùng lớp trong lớp học

---

アレン　　：おはよう。

ナタリー：おはよう。

アレン　　：ナタリーさん、早い[1]ですね。ナタリーさんの家[2]はどこですか↑

ナタリー：わたしの家ですか↑

アレン　　：はい。

ナタリー：わたしの家は、しらかば寮[3]です。大学の近くにあります。

アレン　　：ああ、そうですか。何分[4]くらい[5]ですか↑

ナタリー：歩いて[6]10分くらいです。アレンさんは↑

アレン　　：わたしは朝日台[7]です。

ナタリー：朝日台ですか。

アレン　　：はい、電車[8]で30分くらいです。

ナタリー：そうですか。少し[9]遠い[10]ですね。

アレン　　：そうですね。

---

1 早い　2 家　3 寮　4 何分　5 ～くらい　6 歩いて　7 朝日台(地名)　8 電車　9 少し
10 遠い

NOTES

1. すみません／あのう／あのう、すみません

「すみません」「あのう」は、人に話しかけるときの表現です。どちらも相手の注意を引く表現です。「あのう、すみません」のように、組み合わせて使うこともあります。

Both of the phrases 「すみません」 and 「あのう」 may be used to get a person's attention when you want to talk to him/her. 「あのう、すみません」 is also used by combining 「あのう」 and 「すみません」.

「すみません」、「あのう」是向人搭话时的用法。两者都是为了吸引对方注意的用法。像「あのう、すみません」这样，可以组合在一起使用。

「すみません」「あのう」는 다른 사람에게 말을 걸 때 사용하는 표현입니다. 둘 다 상대의 주의를 끄는 표현입니다. 「あのう、すみません」처럼 같이 사용할 경우도 있습니다.

"すみません" và "あのう" là lời mở đầu khi muốn bắt chuyện với người khác. Cách nói nào cũng là để lôi kéo sự chú ý của đối phương. Cũng có khi dùng kết hợp cả hai như kiểu "あのう、すみません".

2. 何ですか↑／何でしょうか

「何ですか」「何でしょうか」は用件を聞くときの表現です。「〜でしょうか」は「〜ですか」の丁寧な表現です。

Both 「何ですか」 and 「何でしょうか」 are expressions used when you want to ask what somebody wants. 「〜でしょうか」 is politer than 「〜ですか」.

「何ですか」「何でしょうか」是询问对方事情内容的用法。「〜でしょうか」是「〜ですか」的礼貌用法。

「何ですか」「何でしょうか」는 용건을 물을 때 사용하는 표현입니다. 「〜でしょうか」는 「〜ですか」의 정중한 표현입니다.

"何ですか", "何でしょうか" là cách nói để hỏi chuyện. "〜でしょうか" là cách nói lịch sự của "〜です".

3. さあ……

「さあ」は聞かれたことに対する答えがわからないときに使います。しかし、当然知っているべき、自分の指導教員名、住所、すでに学習したことなどを忘れたとき、または自分の予定などがわからないときには使ってはいけません。無責任な答えに聞こえます。また日本語自体がわからないときにも使いません。

「さあ」 is used when you don't know the answer to a question that someone has just asked you. However, it cannot be used in situations where you have forgotten something that you should know, such as your supervisor's name, your address, something that you have learned before, or when you are unsure of your own plans. If you use it in these situations, your answer sounds irresponsible. Also, it is not used when you are unsure of the meaning of something in Japanese.

「さあ」用在不知道被询问的问题答案时。可是，在忘记自己理应知道的事情，如指导老师的姓名、地址及已经学习过的东西，或者在不知道自己的预定安排时不可以使用。如果使用了，这样的回答听起来会让人有种不负责任的感觉。同时，在不明白日语本身的意思时也不可以使用。

「さあ」는 상대의 질문에 대한 답을 모를 때 사용합니다. 그러나 당연히 알고 있어야 할 자신의 지도 교원의 이름, 주소, 이미 학습한 것 등을 잊었을 때 또는 자신의 예정 등을 모를 때는 사용하면 안 됩니다. 무책임한 대답으로 들립니다. 또 일본어 자체를 모를 때도 사용할 수 없습니다.

"さあ" được sử dụng khi được hỏi mà bạn không biết cách trả lời. Tuy nhiên, không được dùng từ này khi quên những thứ mà đương nhiên phải biết như tên của giáo viên hướng dẫn mình, địa chỉ của mình, những điều đã được học, v.v. hay khi không biết dự định của bản thân như thế nào, v.v.. Vì nếu không, người nghe sẽ có cảm giác như đang nghe một câu trả lời vô trách nhiệm. Ngoài ra, cũng không sử dụng khi không hiểu bản thân những câu từ của tiếng Nhật.

4. すみません ▶2課 NOTES 1

この「すみません」は、相手の時間を取って済まないという気持ちと「ありがとう」
という気持ちを表しています。

The expression「すみません」serves two purposes: it indicates that you are apologizing for taking up the person's time as well as thanking them for giving their attention or assistance.

这里的「すみません」表达了占用对方时间不好意思及感谢对方的心情。

이「すみません」은 상대의 시간을 빼앗아서 미안하다는 마음과「고맙다」는 마음을 나타냅니다.

"すみません" trong trường hợp này thể hiện tâm trạng không nên không phải và có ý "cám ơn" vì đã khiến người khác mất thời gian vì mình.

5. 事務室ですね ↗

「ね」は、文の最後に付けて、確認したり、同意を求めたり、同意を示したりする働き
をします。日常会話ではよく使われ、より自然な日本語となります。ここでは、確認
するための「ね ↗」で、上昇イントネーションで言います。

「ね」is added to the end of a sentence and can perform three different functions. It can be used when you want to confirm something that you think is correct, when you are seeking agreement about something, or when you want to express that you agree about something. Using「ね」in daily conversation makes Japanese expressions more natural.「ね ↗」in this lesson is used for confirmation and pronounced with rising intonation.

「ね」放在句子最后，有确认、征求同意、表示同意等的作用。在日常会话中经常使用，会使得日语的表现更加自然。在这里，是表示确认的「ね ↗」的用法，所以用上扬声调。

「ね」는 문장 마지막에 붙여서 확인하거나 동의를 구하거나 동의를 나타내는 역할을 합니다. 일상 회화에서 자주 사용되고, 문장을 보다 자연스러운 일본어로 만듭니다. 여기에서「ね」는 확인하기 위한「ね ↗」이고, 상승조로 말합니다.

"ね" thường đứng ở cuối câu, có tác dụng xác nhận, tìm kiếm sự đồng tình của đối phương hoặc đồng tình với đối phương. Nó được sử dụng rất nhiều trong hội thoại hàng ngày, làm cho tiếng Nhật được tự nhiên hơn. Trong trường hợp sử dụng từ "ね" để xác nhận một điều gì đó, "ね" sẽ được phát âm với ngữ điệu lên cao.

Cf. 1) キム ：これ、おいしいですね／おいしいですねえ。
　　　アレン：ええ、**そうですね**。

2) キム ：きょう¹は暑い²／寒い³ですね。
　　　アレン：そうですね。

この「ね」は、相手に同意を求めたり、同意を求められて、それに応じて同意を示す
ときに使います。

This「ね」is used when you are seeking agreement about something, or when you want to express that you agree about something.

这个「ね」用于表示征求对方同意及被征求同意时表示同意。

이「ね」는 상대에게 동의를 구하거나, 상대가 동의를 요구했을 때 그것을 받아들여 동의를 나타낼 때 사용합니다.

"ね" ở đây được sử dụng khi muốn tìm kiếm sự đồng tình của đối phương hoặc khi được đối phương tìm kiếm sự đồng tình ở mình và mình thể hiện sự đồng tình để đáp ứng sự tìm kiếm đó.

---

1 きょう　2 暑い　3 寒い

6. 事務室ですよ ↗

「よ」は相手に新しい情報を示すときに使います。「よ」は軽く短く、イントネーションを上げて発音します。強く発音したり、イントネーションを下げると、失礼になります。また、目上の人に対して使いすぎると傲慢な感じを与えるため、注意が必要です。新しい情報を示す「よ」は使わなくても、問題はありません。

「よ」is used when conveying new information to the listener. It should be pronounced softly and shortly with rising intonation. If pronounced strongly with falling intonation, or over-used toward a superior, it can give a rude or arrogant impression, so please be careful. It is possible to convey new information without using 「よ」.

「よ」用于在向对方提示新信息时。「よ」的发音既轻又短，声调上扬。发重音、声调下降的话，则会显得很没有礼貌。同时，对身份地位比自己高的人过度使用的话，会给人很傲慢的感觉。所以用时要加以注意。即使不使用这种提示新信息作用的「よ」也没有问题。

「よ」는 상대에게 새로운 정보를 제시할 때 사용합니다. 「よ」는 가볍고 짧게 상승조로 발음합니다. 강하게 발음하거나 하강조로 말하면 실례가 됩니다. 또한 윗사람에게 지나치게 사용하면 오만한 느낌을 주기 때문에 주의해야 합니다. 새로운 정보를 제시하는 「よ」는 사용하지 않아도 문제되지 않습니다.

" よ " được sử dụng khi người nói đưa ra một thông tin mới cho người nghe. " よ " sẽ được phát âm nhẹ, ngắn với ngữ điệu lên cao. Nếu phát âm mạnh hoặc hạ ngữ điệu xuống, câu nói sẽ trở nên khiếm nhã. Ngoài ra, cũng cần phải chú ý nếu sử dụng quá nhiều với người trên sẽ tạo cảm giác trịnh thượng. Không sử dụng " よ " để chỉ thông tin mới cũng không thành vấn đề.

7. はい ↑

これは、相手が何を言ったかわからないとき、聞き返す表現です。「は」や「い」を強く発音すると怒っているように聞こえるので、軽く短く発音します。

This expression is used to ask your partner to repeat something you didn't catch. You should pronounce 「は」or 「い」lightly and shortly, as putting stress on 「は」or 「い」might make the listener feel that you are angry.

这是没有听明白对方说什么时的反问表现。如果「は」「い」发音重的话，听起来好像在生气。所以一般发音既轻又短。

이것은 상대가 무슨 말을 했는지 모를 때 되묻는 표현입니다. 「は」나 「い」를 강하게 발음하면 화를 내는 것처럼 들리기 때문에 가볍고 짧게 발음합니다.

Đây là cách nói hỏi lại khi bạn không hiểu đối phương đã nói gì. Nếu bạn phát âm mạnh chữ " は " hoặc " い " thì sẽ khiến người khác nghĩ là bạn đang nổi giận nên hãy phát âm nhẹ và ngắn.

☺ アレン：専門の先生はどなたですか ↑
キム　：すみません、名前を忘れました[1]。

---

[1] 忘れます

注文する
ちゅうもん

Ordering food　点餐
주문하기　Gọi đồ

カフェで：At a café
　　　　　在咖啡馆
　　　　　카페에서
　　　　　Tại quán cà phê

考えよう1
かんが

友だちとカフェに来ました。コーヒーを2つ注文したいです。何と言いますか。
とも　　　　　　　き　　　　　　　　　　　ふた　ちゅうもん　　　　　　　　なん　い

You have come to a café with a friend. You would like to order two cups of coffee. What do you say to order them?　你和朋友来到咖啡馆，想点两杯咖啡。你该说什么呢?
친구와 카페에 왔습니다. 커피를 2잔 주문하고 싶습니다. 뭐라고 말합니까?
Bạn đến quán cà phê cùng với bạn. Bạn muốn gọi hai cốc cà phê. Bạn sẽ nói như thế nào?

練習 A-1

1. 店員¹　：いらっしゃいませ²。
   アレン：コーヒー³（を）2つください。

   1) コーヒー、3つ　　2) 紅茶⁴、1つ
   3) アイスクリーム⁵ 2つと紅茶1つ

2. 店員　：いらっしゃいませ。
   アレン：コーヒー（を）2つお願いします。

   練習1.の1)～3)

3. 店員　：いらっしゃいませ。
   アレン：わたしは①オレンジジュース⁶をください。
   キム　：わたしは②紅茶とケーキ⁷をお願いします。

   1) ①カレーライス⁸　　②サンドイッチ⁹とコーヒー
   2) ①おやこどんぶり　　②スパゲッティ¹⁰とアイスティー¹¹

聞いて答えよう 🔊 24

あなたはのどがかわいて、カフェに入りました。席に着いたら店員が何か言いました。何と答えますか。

You have entered a café as you want something to drink. After sitting down, a waitress comes up to you and says something. How do you respond?　你渴了，进了一家咖啡馆。坐下来后，店员和你说了什么。你该回答什么呢？
여러분은 목이 말라서 카페에 들어갔습니다. 자리에 앉았더니 점원이 무언가 말했습니다. 뭐라고 대답합니까？
Bạn khát nước nên vào quán cà phê. Khi vừa ngồi xuống, nhân viên quán đã nói cái gì đó. Bạn sẽ trả lời như thế nào?

---

1 店員　2 いらっしゃいませ　3 コーヒー　4 紅茶　5 アイスクリーム　6 オレンジジュース
7 ケーキ　8 カレーライス　9 サンドイッチ　10 スパゲッティ　11 アイスティー

練習 A-2

店員 ：いらっしゃいませ。何になさいますか ↑
アレン：オレンジジュース、お願いします。
店員 ：はい、オレンジジュース1つですね ↗

▶ NOTES 3

1) コーヒー2つ　　2) 牛どんとかつどん¹

練習 B 🔊 25

以下の会話を練習してから1)、2) の状況で会話をしてください。

After practicing the conversation below, make conversations for situations 1) and 2).
练习以下会话，然后按1)、2) 的状况进行会话。
아래의 회화를 연습한 후 1), 2)와 같은 상황에서 이야기를 해 보십시오.
Hãy tập nói theo hội thoại dưới đây và sau đó hội thoại theo tình huống 1), 2).

店員 ：いらっしゃいませ。何になさいますか ↑
アレン：チーズケーキ²（を）2つとコーヒー（を）2つください。
店員 ：コーヒーはホット³ですか ↑　アイス⁴ですか ↑
アレン：わたしはホットをください。
中田 ：わたしはアイスをお願いします。
店員 ：はい、チーズケーキ2つと、ホット1つとアイス1つですね ↗
　　　　少々⁵お待ちください⁶。

---

1) あなたは1人でカフェに来ました。サンドイッチとジュースを頼みます。

   You have come to a café by yourself. You want to order a plate of sandwiches and a glass of juice.
   你一个人来到咖啡馆，想点三明治和果汁。　　여러분은 혼자서 카페에 왔습니다. 샌드위치와 주스를 주문합니다.
   Bạn đến quán cà phê một mình. Bạn gọi món bánh sandwich và nước hoa quả.

2) あなたは友だちと2人でレストランに来ました。あなたはカレーライスを、友だちは卵サンドを頼みます。

   You have come to a restaurant with a friend. You want to order a curry and rice and your friend wants to order a plate of egg sandwiches.　你和朋友两个人来到餐厅。你想点咖喱饭，你的朋友想点鸡蛋三明治。
   여러분은 친구와 둘이서 레스토랑에 왔습니다. 여러분은 카레라이스를, 친구는 계란 샌드위치를 주문합니다.
   Bạn đến nhà hàng cùng với một người bạn. Bạn gọi cơm cà ri, bạn của bạn gọi bánh mỳ trứng.

---

1 かつどん　**2** チーズケーキ　**3** ホット　**4** アイス　**5** 少々　**6** お待ちください

食卓にあるもの：Things on the table　餐桌上的东西　식탁위에 있는 것　Những thứ để trên bàn ăn
しょくたく

水　　　：water　水　물　nước　　　　スプーン：spoon　汤匙　스푼　thìa
みず
ミルク　：milk　牛奶　우유　sữa　　　　フォーク：fork　叉子　포크　dĩa
しょうゆ：soy sauce　酱油　간장　xì dầu　　はし　　：chopsticks　筷子　젓가락　đũa
砂糖　　：sugar　糖　설탕　đường　　　　グラス　：glass　杯子　글라스　ly
さとう
塩　　　：salt　盐　소금　muối　　　　（お）皿：plate　盘子、碟子　접시　dĩa
しお　　　　　　　　　　　　　　　　　　　さら

考えよう2
かんが

あなたはコーヒーのお金を払います。レジで何と言いますか。
　　　　　　　　　　かね　はら　　　　　　　なん　い

You are going to pay for a coffee at the cash register. What do you say?
你要付咖啡钱。在收款处你该说什么呢?
여러분은 커피 값을 지불합니다. 계산대에서 뭐라고 말합니까?
Bạn trả tiền cà phê. Bạn sẽ nói gì ở quầy tính tiền?

練習 A-3
れんしゅう

1. アレン：お願いします。
　　　　　　ねが
　店員　：はい。①コーヒー2つですね ↗ ②900円¹になります²。　▶ NOTES 4
　てんいん　　　　　　　　　　　ふた　　　　　　　えん　　　　　　　　　▶ 巻末A1
　アレン：あの³、別々に⁴お願いします。
　　　　　　　　べつべつ　ねが
　店員　：はい。お1人様⁵ ③450円になります。　　　　　　　　　▶ 巻末A5
　てんいん　　　ひとりさま　　えん

　　1) ①ケーキセット⁶　　②1,200　　③600

2. アレン：①お願いします。
　　　　　　ねが
　店員　：はい。全部で⁷1,500円になります。
　てんいん　　　ぜんぶ　　　えん
　アレン：あの、別々にお願いします。
　　　　　　　べつべつ　ねが
　店員　：②カレーライスの方⁸は800円で、③卵サンド⁹の方は700円になります。
　てんいん　　　　　　　　かた　　えん　　　たまご　　　　かた　　えん

　　1) ①会計¹⁰、お願いします　　②かつどん　　③牛どん
　　　　かいけい　ねが　　　　　　　　　　　　　ぎゅう

---
1 ～円　2 ～になります　3 あの　4 別々に　5 お1人様　6 セット　7 全部で　8 方
　えん　　　　　　　　　　　　　　べつべつ　　ひとりさま　　　　　　　ぜんぶ　　かた
9 卵サンド　10 会計
　たまご　　　　かいけい

ロールプレイ

ロールプレイカード 4-1 4-2 ／
イラストカード 1. メニュー　4A. ケーキショーケース　4B. ケーキリスト

応用練習　🔊 26

アレンさんと中田さんは、カフェに入りました。
Allen and Ms. Nakata have entered a café.　阿伦和中田一起进了一家咖啡馆.
앨런 씨와 나카타 씨는 카페에 들어갔습니다.　Allen và Nakata đã vào quán cà phê.

店員　：いらっしゃいませ。何名様[1]ですか↑
アレン：2人です。
店員　：おたばこ[2]は↑
アレン：吸いません[3]。
店員　：では[4]こちらの[5]お席[6]にどうぞ[7]。何になさいますか↑
アレン：コーヒーを2つください。
店員　：ホットですか↑　アイスですか↑
アレン：わたしはホットをください。
中田　：わたしはアイスコーヒー[8]をお願いします。
店員　：はい、ホット1つとアイス1つですね↑
　　　　ミルクとお砂糖はどうなさいます[9]か↑
アレン：お願いします。
中田　：わたしはいいです[10]。
店員　：かしこまりました[11]。少々お待ちください。
　　　　　　　　︙
－レジで－　At the register　在收款处　계산대에서　Tại quầy tính tiền
アレン：お願いします。
店員　：はい。コーヒー2つですね↗　900円になります。
アレン：あの、別々にお願いします。
店員　：はい。お1人様450円になります。ありがとうございました。

1 何名様　2 たばこ　3 吸います　4 では　5 こちらの　6 席　7 どうぞ　8 アイスコーヒー
9 どうなさいますか　10 いいです　11 かしこまりました

1) あなたは友だちと2人でレストランに来ました。好きなものを頼みます。

You have come to a restaurant with your friend. You and your friend order something you both want.
你和朋友两个人来到餐厅。点你们喜欢东西。　여러분은 친구와 둘이서 레스토랑에 왔습니다. 좋아하는 것을 주문합니다.
Bạn và bạn của bạn đã đến nhà hàng và gọi món mình thích.

違う場面で 🔊 27

レストランで注文をします。

Ordering in a restaurant　在餐厅点餐　레스토랑에서 주문합니다.　Gọi đồ tại nhà hàng.

店員　：ご注文[1]はお決まりですか[2] ↑
アレン：はい。この[3] 本日[4]のランチセット[5]を2つお願いします。
店員　：こちらのランチセットを2つですね ↗
　　　　お飲み物[6]はこちらの中[7]からお選びください[8]。何になさいますか ↑
アレン：わたしはホットコーヒーをお願いします。
中田　：わたしは紅茶をお願いします。
店員　：はい。ホットコーヒーと紅茶ですね ↗
　　　　お食事[9]といっしょに[10]お持ちして[11]よろしい[12]ですか ↑
アレン、中田：はい、お願いします。
店員　：かしこまりました。少々お待ち下さい。
　　　　⋮
店員　：お待たせいたしました[13]。
　　　　ランチセット2つです。ホットコーヒーのお客様[14]は ↑
アレン：はい。
店員　：こちら[15]紅茶になります。
　　　　全部[16]お揃いですか[17] ↑
アレン、中田：はい。

---

1 注文　2 お決まりですか　3 この　4 本日　5 ランチセット　6 飲み物　7 中
8 お選びください　9 お食事　10 いっしょに　11 お持ちします　12 よろしい
13 お待たせいたしました　14 お客様　15 こちら　16 全部　17 お揃いですか

NOTES

1. コーヒー（を）2つください（N（を）〜ください）　　▶ 巻末A5

「ください」は、何かが欲しいときに頼む表現です。目的語を表す「を」は、日常会話では省略されることが多いです。注文するときは、「を」のあとに「1つ、2つ、3つ、4つ、5つ、6つ、7つ、8つ、9つ、10、11……」を使います。また、「コーヒー2つをください」とは言いません。

「ください」 is an expression used when asking for something you want. The particle 「を」, which indicates the object, is often left out in everyday conversation. When ordering something (from a restaurant, etc.), the quantity of the order (1つ、2つ、3つ、4つ、5つ、6つ、7つ、8つ、9つ、10, 11 ……) is inserted directly after 「を」. For example, saying 「コーヒー2つをください」 would be incorrect.

「ください」是想要什么时，请求对方的表现。表示宾语的助词「を」在日常会话中常常被省略。在要什么的时候，「を」的后面常常跟「1つ、2つ、3つ、4つ、5つ、6つ、7つ、8つ、9つ、10, 11……」。而且不能说「コーヒー2つをください」。

「ください」는 무언가를 원할 때 부탁하는 표현입니다. 목적어를 나타내는 「を」는 일상 회화에서는 생략되는 경우가 많습니다. 주문할 때는 「を」 뒤에 「1つ、2つ、3つ、4つ、5つ、6つ、7つ、8つ、9つ、10, 11……」를 사용합니다. 또 「コーヒー2つをください」라고는 말하지 않습니다.

"ください" là cách nói nhờ vả khi người nói muốn một cái gì đó. Trợ từ bổ ngữ "を" nhiều khi được lược bỏ trong hội thoại. Khi gọi món, sau từ を thường sử dụng "1つ、2つ、3つ、4つ、5つ、6つ、7つ、8つ、9つ、10, 11……" Ngoài ra, không nói "コーヒー2つをください".

2. コーヒー（を）2つお願いします（N（を）お願いします）　　▶ 2課

「お願いします」は、何かを注文したり、買ったりする状況（⇒例）で、「ください」と同じように使います。ただし、「お願いします」と「ください」はいつも相互に置きかえられるわけではありません。

When ordering or buying something (⇒例) 「お願いします」 can be used in the same way as 「ください」. But 「お願いします」 and 「ください」 can't always replace each other.

「お願いします」用于点什么东西、买什么东西时（⇒例），和「ください」一样。只是并非在任何情况下都可以将「お願いします」和「ください」进行替换。

「お願いします」는 무언가를 주문하거나 사거나 하는 상황(⇒例)에서 「ください」와 같은 의미로 사용합니다. 단 「お願いします」와 「ください」는 언제나 바꿔 쓸 수 있는 것은 아닙니다.

"お願いします" dùng giống như "ください" trong bối cảnh gọi món hay mua đồ (⇒例). Tuy nhiên, "お願いします" và "ください" không phải lúc nào hai từ này cũng có thể dùng thay thế cho nhau được.

例）－ケーキ屋で－　At a cake shop　在蛋糕店　제과점에서　Tại cửa hàng bánh ga-tô

リー：ショートケーキ¹をください。
店員：いくつ²ですか ↑
リー：3つ、お願いします。

---

1 ショートケーキ　**2** いくつ

3.　何／何になさいますか ↑

「何／何になさいますか ↑」は「何／何にしますか」の尊敬表現で、「何に決めますか」の意味です。ここでは、「何を注文しますか ↑」と同じように使います。「ご注文は ↑／お決まりですか ↑」が使われるときもあります。

This expression is a respectful equivalent to「何／何にしますか」. It means「何に決めますか」(which means "What will you decide to eat or drink?") and is used in the same way as「何を注文しますか ↑」(which means "What would you like to order?").「ご注文は ↑／お決まりですか ↑」are sometimes used.

「何／何になさいますか ↑」是「何／何にしますか」的尊敬表現。意思是："你决定点什么?"。在本文中，和「何を注文しますか ↑」的用法一样。有时候店员也会说「ご注文は ↑／お決まりですか ↑」。

「何／何になさいますか ↑」는「何／何にしますか」의 존경 표현으로 "무엇으로 결정합니까?"라는 의미입니다. 여기에서는「何を注文しますか ↑」와 같은 의미로 사용합니다.「ご注文は ↑／お決まりですか ↑」가 사용되는 경우도 있습니다.

"何／何になさいますか" là tôn kính ngữ của "何／何にしますか", có nghĩa là "Anh/chị quyết định/bạn dùng gì ạ?" Trong trường hợp này, nó sử dụng giống như "何を注文しますか(Anh/chị gọi đồ gì ạ?)" Cũng có trường hợp dùng "ご注文は／お決まりですか".

4.　お願いします

飲食店や販売店、図書館、郵便局などの場所では、その状況から何をしてほしいと言っているかがわかるため、「してください」という意味で「お願いします」を使います。ここでは、会計をしたいときや、注文を取ってもらいたいとき、「(会計／注文を) お願いします」と言います。他にも、例えば図書館で本を借りたいときに「この本（を）お願いします」と言ったり、郵便局で荷物を送りたいときに「この荷物（を）お願いします」と言ったりします。

In the situations when the listener knows what you want, such as in restaurants, shops, libraries, post offices, etc.,「お願いします」is used to make requests, and so has the meaning of「してください」. In such situations, when you want to pay the bill or to place an order, you would say,「(会計／注文を) お願いします」. In other situations, for example, when wanting to borrow a book from a library or sending a parcel at the post office, you would say,「この本（を）お願いします」and「この荷物（を）お願いします」, respectively.

在餐厅、商店、图书馆、邮局等场所，由于从当时的情况就可以知道所说的是想要什么，所以会使用「お願いします」来表达「してください」之意。在此，想结账或者请服务员过来点菜时，会说「(会計／注文を) お願いします」。另外，比如在图书馆想借书时，会说「この本（を）お願いします」，在邮局想寄包裹时，会说「この荷物（を）お願いします」。

음식점이나 판매점, 도서관, 우체국과 같은 곳에서는 그 상황에서 무엇을 원하는지 알 수 있기 때문에 "해 주십시오"라는 의미로「お願いします」를 사용합니다. 여기에서는 돈을 지불하거나 주문하고 싶을 때「(会計／注文を) お願いします」라고 말합니다. 그 밖에 예를 들면 도서관에서 책을 빌리고 싶을 때「この本（を）お願いします」라고 말하거나, 우체국에서 짐을 부치고 싶을 때「この荷物（を）お願いします」등의 표현을 사용합니다.

Trong tình huống bạn đã biết được là bạn muốn đối phương làm gì tại những nơi như là nhà hàng, cửa hàng tiện lợi, thư viện, bưu điện, v.v. thì bạn sẽ sử dụng từ "お願いします" với nghĩa "してください". Mẫu câu "(会計／注文) お願いします" ở đây sử dụng khi chúng ta muốn thanh toán tiền, muốn đặt đồ gọi món. Một ví dụ khác nữa là chúng ta có thể nói "この本（を）お願いします" khi muốn mượn sách ở thư viện hoặc nói "この荷物（を）お願いします" khi muốn gửi đồ ở bưu điện.

● こんなときは　1　🔊

喫茶店・レストラン・ファーストフード店での会話

Coffee shop/restaurant/fast-food place conversations
在咖啡馆、餐厅、快餐店里的会话　커피숍・레스토랑・패스트푸드점에서의 회화
Hội thoại trong quán giải khát, nhà hàng, cửa hàng bán đồ ăn nhanh

1．喫茶店・レストランでの会話
1) 店員：いらっしゃいませ。何名様ですか ↑　🔊28

Welcome. How many?　欢迎光临。您几位?　어서 오십시오. 몇 분이십니까?
Xin mời anh/chị ạ! Anh/chị đi mấy người ạ?

アレン：2人です。

Two.　两个人。　두 명입니다.　Hai người.

店員：禁煙席（／喫煙席）でよろしいですか ↑

Would non-smoking/smoking seats be all right?
禁烟席 / 吸烟席好吗?　금연석 / 흡연석도 괜찮습니까?
Anh/chị ngồi chỗ cấm hút thuốc/chỗ hút thuốc chứ ạ?

アレン：はい、いいです。（／禁煙席／喫煙席はちょっと……。）

Yes, that would be fine.　好的。　예, 괜찮습니다.　Vâng, được.
No, actually smoking/non-smoking is a bit ....　禁烟席 / 吸烟席不太好。
금연석 / 흡연석은 조금…….
Chỗ cấm hút thuốc/chỗ hút thuốc tôi không muốn ngồi.

2) 店員：いらっしゃいませ。おたばこ、お吸いになりますか ↑　🔊29

Welcome. Will you be smoking today?　欢迎光临。您吸烟吗?
어서 오십시오. 담배 피우십니까?　Xin mời anh/chị ạ! Anh/chị có hút thuốc lá không ạ?

アレン：いいえ、吸いません。（／はい、吸います。）

No.　不吸。　아니요, 안 피웁니다.　Không, tôi không hút.
Yes, I will.　吸。　예, 피웁니다.　Có, tôi có hút.

2．ファーストフード店での会話
店員：こちらでお召し上がりですか ↑　お持ち帰りですか ↑　🔊30

Will you be eating in today or would you like this to go?
您在店内用餐吗? 您带回去吗?　여기에서 드실 겁니까? 가지고 가실 겁니까?
Anh/chị ăn tại đây chứ ạ?/Anh/chị mang về nhà ạ?

アレン：ここで食べます。（／持って帰ります。）

We'll be eating here.　在这儿吃。　여기에서 먹을 겁니다.　Tôi ăn ở đây.
To go, please.　带回去。　가지고 갈 겁니다.　Tôi mang về nhà ăn.

5 チケット売り場で買う

Buying tickets　在售票处买票
매표소에서 구입하기　Mua tại quầy bán vé

美術館の窓口で：At an art museum ticket counter
在美术馆售票处
미술관 창구에서
Tại cửa giao dịch của bảo tàng mỹ thuật

考えよう 1

あなたは美術館に来ました。チケットを1枚買いたいです。何と言いますか。

You have come to an art musem and want to buy one ticket. What do you say?
你来到美术馆。想买一张票。你该说什么呢?
여러분은 미술관에 왔습니다. 티켓을 한 장 사고 싶습니다. 뭐라고 말합니까?
Bạn đến bảo tàng mỹ thuật. Bạn muốn mua một vé vào. Bạn sẽ nói gì?

練習 A-1

アレン　　　：学生1枚¹、お願いします。
窓口の人²：はい。

▶ NOTES 1　▶ 巻末 A5

1) 大人³ 2枚　　2) 大人1枚、学生1枚
3) －映画館で－　At a movie theater　在电影院　영화관에서　Trong rạp chiếu phim
「月のうさぎ⁴」、学生2枚

聞いて答えよう 🔊 31

美術館のチケット売り場の窓口であなたが「学生1枚、お願いします」と言ったら、窓口の人が次のように言いました。何と答えますか。

At the art museum counter, after you say, "One student ticket, please," the person behind the counter says the following. How do you respond?

在美术馆售票处，你说"买一张学生票"时，窗口的人说了下面的话，你该回答什么呢？

미술관 매표소 창구에서 여러분이「학생 한 장 주십시오」라고 말했더니, 창구 직원이 다음과 같이 말했습니다. 뭐라고 대답합니까？

Tại cửa quầy bán vé của bảo tàng, bạn nói rằng: "Bán cho tôi một vé sinh viên. Khi nói vậy thì người bán đã nói như sau. Bạn sẽ trả lời như thế nào?

練習 A-2

窓口の人：学生証⁵をお持ちですか⁶ ↑
アレン　　：はい。これです。

▶ NOTES 2

1) はい。あります　　2) 持っています⁷
3) いいえ。ありません　　4) いいえ。持っていません

※1
窓口の人：学生証をお持ちですか ↑
アレン　　：はい。どうぞ。

---

1 ～枚　2 窓口の人　3 大人　4 月のうさぎ(映画タイトル)　5 学生証　6 お持ちですか
7 持っています

考えよう2

学生のチケットは、1,200円です。あなたはお金を払いますが、今1万円札しかありません。何と言ってお金を渡しますか。

A student ticket is 1,200 yen, but you only have a 10,000-yen note. What do you say as you hand over the money?
学生票1200日元一张。你要付钱，但是只有1万日元的纸币。你把钱递过去时说什么呢？
학생 티켓은 1,200 엔입니다. 여러분은 돈을 지불하려고 하지만, 지금 만 엔 지폐밖에 없습니다. 뭐라고 말하면서 돈을 줍니까?
Vé sinh viên là 1200 yên. Bạn trả tiền nhưng hiện chỉ có tờ 10.000 yên. Bạn sẽ nói gì để trả tiền?

練習 A-3

1. ［アレン　　：1万円¹でお願いします。
　　窓口の人：はい。お預かりします²。］

▶ NOTES 3

　1) これ
　2) －スーパーで－　At a supermarket　在超市　슈퍼마켓에서　Tại siêu thị
　　　カード³

2. －居酒屋で－　At a Japanese style pub　在小酒馆　술집에서　Tại quán nhậu

　［アレン：①カードでお願いします。
　　店員　：②すみません。③現金⁴でお願いします。］

　1) ①スマホ　　②すみません
　　　③現金かカードでお願いします
　2) ①1,000円　　②1,000円、お預かりします
　　　③359円のお返し⁵です

［アレン　　：1万円お願いします。
　窓口の人：…あ、はい。お預かりします。］

---

1 1万円　**2** お預かりします　**3** カード　**4** 現金　**5** お返し

練習B 🔊 32

以下の会話を練習してから1）の状況で会話をしてください。

After practicing the conversation below, make a conversation for situation 1).
练习以下会话，然后按1）的状况进行会话。
아래의 회화를 연습한 후 1）과 같은 상황에서 이야기를 해 보십시오.
Hãy tập nói theo hội thoại dưới đây và sau đó hội thoại theo tình huống 1).

アレン　　　：学生1枚、お願いします。
窓口の人　　：学生証をお持ちですか↑
アレン　　　：はい。これです。
窓口の人　　：はい、ありがとうございます。1,200円です。
アレン　　　：すみません、1万円でお願いします。
窓口の人　　：はい。1万円、お預かりします。
　　　　　　　こちらチケット¹です。8,800円のお返しです。
　　　　　　　ありがとうございました。

1）あなたは、友だち2人と博物館に来ました。3人のチケットを買います。

You have come to the museum with two friends.
Buy tickets for three people.
你和两个朋友到博物馆。买3个人的门票。
여러분은 친구 2명과 같이 박물관에 왔습니다. 3명의 티켓을 삽니다.
Bạn đi đến bảo tàng cùng hai người bạn.
Bạn mua vé cho cả ba người.

チケット

一般²	600円
大学生・専門学校生³	480円
高校生⁴　65歳⁵以上⁶	300円
中学生⁷・小学生⁸　未就学児童⁹	無料¹⁰

ロールプレイ　　　　　　　　　　　　　　　　　　　▶ 関連語彙

ロールプレイカード 5-1 5-2 ／イラストカード 5A. 料金表　5B. 料金表

---

1 チケット　2 一般　3 専門学校生　4 高校生　5 ～歳　6 ～以上　7 中学生　8 小学生
9 未就学児童　10 無料

応用練習 🔊 33

—映画館で—

アレン　　：4時からの「月のうさぎ」、学生2枚お願いします。
窓口の人　：学生証をお持ちですか↑
アレン　　：はい、これです。
中田　　　：はい。
窓口の人　：はい、ありがとうございます。
中田　　　：きょうはレディスデー[1]ですね↗
窓口の人　：はい、そうです。
　　　　　　きょうはレディスデーですから[2]、女性[3]は1,100円になります。
　　　　　　全部で2,600円になります。
アレン　　：すみません、別々にお願いします。
窓口の人　：はい。女性の方は、1,100円で、男性[4]の方は、1,500円です。
中田　　　：1,100円ですね。ちょうど[5]あります。
アレン　　：すみません、5,000円でお願いします。
窓口の人　：5,000円、お預かりします。
　　　　　　こちらチケットです。3,500円のお返しです。
　　　　　　ありがとうございました。

1) あなたは、友だちと水族館に来ました。あなたは、水族館がある市に住んでいます。友だちは違う市に住んでいます。チケットを買ってください。

You have come to an aquarium with a friend. You live in a town with an aquarium. Your friend lives in a different town. Buy tickets.

你和朋友来到水族馆。你住在有水族馆的城市。朋友住在别的城市。请买票。

여러분은 친구와 같이 수족관에 왔습니다. 여러분은 수족관이 있는 시에 살고 있습니다. 친구는 다른 시에 살고 있습니다. 티켓을 사십시오.

Bạn đến thủy cung cùng với người bạn. Bạn đang sống ở thành phố có nhà thủy cung. Bạn của bạn sống ở thành phố khác. Bạn hãy mua vé vào!

入館料金[6]

	一般料金[7]	市民特別料金[8]
大人・高校生	1,350円	800円
中学生・小学生	600円	400円
幼児[9]（4歳以上）	300円	200円
シルバー[10]（65歳以上）	1,200円	700円
3歳以下[11]	無料	無料

---

1 レディースデー　**2** 〜から　**3** 女性　**4** 男性　**5** ちょうど　**6** 入館料金　**7** 一般料金
8 市民特別料金　**9** 幼児　**10** シルバー　**11** 〜以下

違う場面で 🔊 34

郵便局で小包を送ります。
Sending a parcel at the post office　在邮局寄包裹。
우체국에서 소포를 부칩니다.　Gửi bưu phẩm ở bưu điện.

アレン　：すみません。これ、お願いします。
局員[1]　：国際便[2]ですね↗ どちら[3]までです[4]か↑
アレン　：カナダまでです。
局員　：カナダまでですね↗ 航空便[5]ですか↑
アレン　：航空便は高い[6]ですか↑
局員　：えーと、これは２キロ[7]ですね。２キロでしたら[8]、航空便は2,760円です。
　　　　他に[9] ＳＡＬ便[10]が2,080円、船便[11]が1,080円ですね。
アレン　：そうですか。船便が安い[12]ですね。
局員　：はい。船便は安いですけど[13]、２か月[14]くらいかかります[15]よ↗
アレン　：え、２か月ですか↑
局員　：はい。航空便は１週間[16]くらいで、ＳＡＬ便は２週間くらいです。
アレン　：そうですか。じゃ[17]、ＳＡＬ便でお願いします。
局員　：ＳＡＬ便ですね↗ 2,080円になります。
アレン　：3,000円でお願いします。
局員　：3,000円お預かりします。920円のお返しです。
アレン　：はい。お願いします。
局員　：ありがとうございました。

---

1 局員　2 国際便　3 どちら　4 ～までです　5 航空便　6 高い　7 ～キロ　8 ～たら
9 他に　10 ＳＡＬ便　11 船便　12 安い　13 ～けど　14 ～か月　15 かかります　16 ～週間
17 じゃ

●関連語彙　Related vocabulary　有关词汇　관련 어휘　Từ vựng liên quan

郵便局での言葉（ゆうびんきょくでのことば）：Words used at a post office　邮局用语　우체국에서의 용어
Những từ sử dụng trong bưu điện

手紙（てがみ）	: letter　信　편지　thư
はがき	: postcard　明信片　엽서　bưu thiếp
切手（きって）	: stamp　邮票　우표　tem
荷物（にもつ）	: parcel　包裹　짐　hành lý
小型包装物（こがたほうそうぶつ）	: small package　小包裹　소형 포장물　bao bì cỡ nhỏ
航空便（エアメール）（こうくうびん）	: airmail　航空件、空运　항공편　gửi đường hàng không
船便（ふなびん）	: sea mail　海运　배편　gửi đường biển
SAL便（サルびん）	: Surface Air Lifted Mail　SAL（空运水陆路包裹） SAL（이코노미 항공 우편） gửi đường hàng không tiết kiệm giá rẻ SAL
EMS（国際スピード郵便）（イーエムエス　こくさい　ゆうびん）	: Express Mail Service　EMS（国际特快专递） EMS（국제 특급 우편）　EMS (gửi đường chuyển phát nhanh quốc tế)
国際小包（こくさいこづつみ）	: International parcel post　国际包裹　국제 소포　bưu phẩm quốc tế
速達（そくたつ）	: special delivery/express　快信、快件　속달　gửi nhanh
書留（かきとめ）	: registered mail　挂号信、挂号件　등기 우편　gửi bảo đảm
料金（りょうきん）	: postage　费用　요금　tiền phí
両替（りょうがえ）	: exchange　兑换　환전　đổi tiền
貯金（ちょきん）	: savings　储蓄　저금, 예금　gửi tiết kiệm
振替（ふりかえ）	: transfer　转账　대체, 이체　chuyển khoản
為替（かわせ）	: money order　汇票　환　tỉ giá

NOTES

1. 学生1枚、お願いします（N〜、お願いします） ▶4課 NOTES 2 ▶2課

これは「学生料金のチケットを1枚ください」という意味で使います。チケットの料金設定のカテゴリー（大人、学生、子ども、シルバーなど）とチケットの枚数を言います。4課 NOTES 2 と同様に、「お願いします」は、何かを注文したり、買ったりする状況で、「ください」と同じように使います。

This means 「学生料金のチケットを1枚ください」. You say the price category of the ticket (adult, student, child, senior, etc.) and the number of tickets. As with NOTES 2 in Lesson 4,「お願いします」here is used in the same way as when ordering or buying something to mean 「ください」.

用在这里的意思是"买一张学生票"。说的是票价设定的范围（成人、学生、儿童、老人等）以及票的张数。与第4课 NOTES 2 相同，「お願いします」在订东西，买东西时，与「ください」同样使用。

이것은「학생 요금의 티켓을 1장 주십시오」라는 의미로 사용합니다. 티켓 요금 설정의 카테고리(어른, 학생, 어린이, 경로 등)와 티켓 매수를 말합니다. 제4과 NOTES 2 와 마찬가지로「お願いします」는 무언가를 주문하거나 사거나 하는 상황에서「ください」와 같은 의미로 사용합니다.

Câu này có nghĩa là "Hãy cho tôi một vé giá sinh viên". Nói về phạm vi phân loại tiền vé (người lớn, sinh viên, trẻ con, người cao tuổi, v.v.) và số lượng vé. Giống như NOTES 2 ở Bài 4, "お願いします" được sử dụng giống như "ください" trong hoàn cảnh gọi món hay mua một cái gì đó.

2. はい。これです

相手に求められて、見せるべきものを提示するときに使います。「はい」だけ、あるいは「はい。こちらです。」も使います。見せるべきものや提出すべきものを渡すときに「どうぞ」は使いません。「どうぞ」は、相手に何かすることを認めたり、勧めたり、頼んだりする気持ちを表します。

This expression is used when you are asked to show something to someone. Only 「はい」or「はい。こちらです。」can be used. It is not used when you give something you should show or submit to someone.「どうぞ」expresses the feeling of allowing, recommending or asking for some action from the listener.

用于应对方要求，提示应该给对方看的东西时。也可以只用「はい」或者用「はい。こちらです。」。在递上应该给对方的东西，以及必须提交的东西时，不用「どうぞ」。「どうぞ」所表达的是对对方的行为认可、劝告、委托等的心情。

상대의 요청에 응해서 보여 주어야 할 것을 제시할 때 사용합니다. 「はい」만 사용하거나「はい。こちらです。」라고도 말합니다. 보여 주어야 할 것이나 제출해야 할 것을 건넬 때는「どうぞ」는 사용하지 않습니다.「どうぞ」는 상대가 무언가를 할 것을 허용하거나 권하거나 부탁하는 마음을 나타냅니다.

Sử dụng khi bị đối phương yêu cầu cho xem những thứ cần phải cho xem. Cũng có thể chỉ cần sử dụng từ "はい" không hoặc "はい。こちらです。". Khi đưa cho người đó đồ phải cho xem hoặc đồ phải giao nộp thì không dùng từ "どうぞ". "どうぞ" dùng để diễn tả thái độ công nhận, khuyến khích hoặc nhờ đối phương làm một việc gì đó.

3. １万円でお願いします

この「で」は、何かを行うときの手段を表します。省略はできません。この課の「～でお願いします」は、「～で払います」「～で会計をしてください」という意味です。支払う金額に対して高額な紙幣（１万円札、５千円札、千円札）を使って払うときや、細かいおつりを必要とする紙幣や硬貨を使って払うときに使います。また、クレジットカードやプリペイドカードを使って払うときに使います。「１万円」「プリペイドカード」のかわりに「これ」を使って、「これでお願いします」とも言います。

This 「で」 expresses the means by which something is done. It cannot be omitted. 「～でお願いします」 in this lesson means 「～で払います」 or 「～で会計をしてください」. It is used when paying for something with a large bank note (10,000 yen, 5,000 yen or 1,000 yen) or when the money you pay with will require a detailed amount of change. It is also used when paying by credit card or prepaid card. Instead of using 「１万円」 or 「プリペイドカード」, you can replace it with 「これ」 and say 「これでお願いします」.

这个"で"是用来表示做某事时的手段。不能省略。本课中的"～でお願いします"是"以～支付""以～结账"的意思。这句话用于使用大额纸币（1万日元、5千日元、1千日元）付款，或需要找零钱的纸币和硬币付款时。也用于使用信用卡或预付卡付款时。另外，也可以说「これでお願いします」，用「これ」来代替「１万円」、「プリペイドカード」等。

이「で」는 무언가를 할 때의 수단을 나타냅니다. 생략할 수 없습니다. 이 과의「～でお願いします」는「~로 지불합니다」「~로 계산해 주십시오」라는 의미입니다. 지불할 금액에 대해서 고액 지폐(만 엔 지폐, 5천 엔 지폐, 천 엔 지폐)로 지불할 때나, 잔돈을 필요로 하는 지폐나 동전으로 지불할 때 사용합니다. 또한 신용카드나 선불카드로 지불할 때 사용합니다.「１万円」「プリペイドカード」대신에「これ」를 사용해서「これでお願いします」라고도 말합니다.

"で" ở đây thể hiện phương thức làm một cái gì đó. Không thể nói rút gọn hơn. "～でお願いします" có nghĩa là "～で払います" (trả bằng ~), "～で会計をしてください" (hãy thanh toán bằng ~). Sử dụng cách nói này khi dùng tờ tiền mặt có mệnh giá cao (tờ 10.000 yên, tờ 5.000 yên, tờ 1.000 yên) để trả tiền hoặc khi dùng tiền mặt hay tiền xu mà cần tiền thối lại để trả tiền. Cũng có thể dùng từ "これ" thay cho từ "１万円" (10.000 yên), "プリペイドカード" để nói như "これでお願いします".

1
窓口の人：学生証をお持ちですか↑
アレン　：はい。これです。

2
アレン　：１万円でお願いします。
窓口の人：はい。お預かりします。

誘う・断る
さそ　　　ことわ

Inviting people to do things and turning down invitations 　邀请・拒绝
권유하기・거절하기　Mời rủ/Từ chối

食堂で： At a cafeteria
しょくどう　　在食堂
　　　　　　식당에서
　　　　　　Tại nhà ăn

考えよう

あなたは友だちといっしょにお花見に行きたいです。友だちに何と言いますか。

You want to go cherry-blossom viewing with your friend. What do you say to him/her?
你想和朋友一起去赏花。你该对朋友说什么呢?
여러분은 친구와 같이 벚꽃놀이를 하러 가고 싶습니다. 친구에게 뭐라고 말합니까?
Bạn muốn rủ bạn cùng đi ngắm hoa. Bạn sẽ nói thế nào với bạn?

聞いて答えよう1　🔊 35

友だちはあなたに何か言いました。あなたは何と答えますか。

Your friend says something to you. How do you respond?
你的朋友对你说了什么。你该回答什么呢?　친구가 여러분에게 무언가 말했습니다. 여러분은 뭐라고 대답합니까?
Bạn của bạn đã nói với bạn. Bạn sẽ trả lời như thế nào?

1)

2)

練習A-1

1. 中田：アレンさん、①今週¹の土曜日²にお花見³に行きます⁴が、
   アレンさんも②行きませんか↑　▶ NOTES 1, 2　▶ 関連語彙
   アレン：③あ、いいですね。行きます。　▶ NOTES 3

   1) ①あした⁵、コンサート⁶に行きます
      ②😮?　　③あ、いいですね、行きます
   2) ①今晩⁷、友だち⁸と宿題⁹をします¹⁰
      ②😮?　　③ええ、します
   3) ①土曜日にわたしのうち¹¹でパーティー¹²をします
      ②😮?　　③行きます、行きます

2. 中田：アレンさん、①今週の土曜日にお花見に行きますが、アレンさんも
   どうですか↑　▶ NOTES 4
   アレン：②あ、いいですね。行きます。

   1) ①あした、カラオケ¹³に行きます　　②あ、いいですね。行きます
   2) ①今晩、友だちと宿題をします　　②ええ、します
   3) ①日曜日¹⁴に買い物¹⁵に行きます　　②あ、行きます

(大1)
先生：アレンさん、今週の土曜日にうちでパーティーをしますが、
　　　来ませんか↑
アレン：あ、いいですね。行きます。

(大2)
アレン：中田さん、あしたお花見に行きますが、中田さんも行きたいですか↑
中田：はい、行きたいです。

| 1 今週 | 2 土曜日 | 3 お花見 | 4 行きます | 5 あした | 6 コンサート | 7 今晩 | 8 友だち |
| 9 宿題 | 10 します | 11 うち | 12 パーティー | 13 カラオケ | 14 日曜日 | 15 買い物 |

練習A-2

中田　：どこで会います¹か ↑
アレン：図書館の前で会いませんか ↑
中田　：いいですよ² ↗

1) 食堂³の前で会いましょう⁴。　2) 星見駅の北口⁵はどうですか ↑

練習B-1 🔊 36　　　　　　　　　　　　　　　▶ 巻末A2

以下の会話を練習してから1)、2)の状況で会話をしてください。
After practicing the conversation below, make conversations for situations 1) and 2).
练习以下会话，然后按1)、2)的状况进行会话。　아래의 회화를 연습한 후 1), 2)와 같은 상황에서 이야기를 해 보십시오.
Hãy tập nói theo hội thoại dưới đây và sau đó hội thoại theo tình huống 1), 2).

アレン：中田さん、あしたの午後⁶、みんなで⁷お花見に行きますが、いっしょに行きませんか ↑
中田　：いいですね。行きます。桜台公園⁸ですか ↑
アレン：はい、そうです。
中田　：どこで会いますか ↑
アレン：1時に⁹星見駅の北口で会いませんか ↑
中田　：1時ですね ↗　いいですよ ↗
アレン：じゃあ、またあした¹⁰。
中田　：じゃあ、また¹¹。

1) 今晩、みんなでテレビでサッカーの試合を見ます。友だちを誘います。
　In the evening you are going to watch a soccer game on TV with everyone and invite a friend.
　今天晚上大家一起看电视播放的足球比赛。邀请你的朋友。
　오늘 저녁 모두 같이 텔레비전에서 축구 경기를 봅니다. 친구에게 같이 보자고 권유합니다.
　Tối nay, tất cả sẽ xem trận bóng đá trên ti vi. Bạn rủ bạn bè cùng xem.

2) 今晩、おいしいレストランへ行きます。友だちを誘います。
　You are going to a good restaurant tonight and invite a friend.
　今天晚上你想去一家很好吃的餐厅。邀请你的朋友。
　오늘 저녁 맛있는 레스토랑에 갑니다. 친구에게 같이 가자고 권유합니다.
　Tối nay, bạn sẽ đi đến nhà hàng có đồ ăn ngon. Bạn rủ bạn bè đi cùng.

---

1 会います　**2** いいですよ　**3** 食堂　**4** ～ましょう　**5** 北口　**6** 午後　**7** みんなで
8 公園　**9** ～時に　**10** じゃあ、またあした　**11** じゃあ、また

```
別れのあいさつ：Saying goodbye   分别时的寒暄用语   헤어질 때의 인사   Những câu chào khi chia tay

じゃあ、また              : See you.   再见   그럼 또 만나   Hẹn gặp lại!

じゃあ、またあさって       : See you the day after tomorrow.   后天见
                           그럼 모레 또 만나   Hẹn gặp lại ngày kia!

じゃあ、また来週           : See you next week.   下周见
                           그럼 다음주에 또 만나   Hẹn gặp lại tuần sau!

じゃあ、また今度の土曜日（に）: See you this coming Saturday.   下周六见
                           그럼 이번주 토요일에 또 만나   Hẹn gặp lại thứ bảy tuần tới!

じゃあ、またあとで         : See you later. (on the same day)   回头见
                           그럼 나중에 또 만나   Hẹn gặp lại sau!
```

聞いて答えよう2 🔊 37

あなたは友だちをカラオケに誘いました。友だちが何か言いました。あなたは何と答えますか。

You have invited a friend to karaoke. Your friend says something to you. How do you respond?
你邀请朋友唱卡拉OK。你的朋友说了什么。你该回答什么？
여러분은 친구에게 노래방에 같이 가자고 권유했습니다. 친구가 무언가 말했습니다. 여러분은 뭐라고 대답합니까?
Bạn đã rủ bạn đi hát karaoke. Bạn của bạn đã nói những gì? Bạn sẽ trả lời như thế nào?

1)

2)

練習A-3

アレン：中田さん、①あした、カラオケに行きますが、中田さんも
　　　　どうですか↑

中田　：②あしたはちょっと……。③すみません。　　▶ NOTES 5, 6

アレン：そうですか。じゃあ、また今度。　　　　　　▶ NOTES 7

中田　：ええ、また今度。

1) ①日曜日に映画¹を見ます²　②😮❓
　 ③月曜日³に試験⁴があります⁵

---

1 映画　2 見ます　3 月曜日　4 試験　5 あります

2) ①土曜日の夜¹、うちでパーティーをします
   ② ? ③アルバイト²があります

3) ①今晩、卓球³をします ② ? ③手が痛い⁴です

例3
中田：アレンさん、あしたいっしょにカラオケに行きませんか↑
アレン：いいえ、だめ⁵です。／いいえ、行きません。／カラオケは嫌い⁶です。

練習B-2 🔊 38

以下の会話を練習してから1）、2）の状況で会話をしてください。

> アレン：中田さん。あした、いっしょに映画を見ませんか↑
> 中田　：あしたですか。あしたはちょっと……。すみません。
> アレン：ああ、そうですか。あさって⁷は、どうですか↑
> 中田　：あさっては……。いいですよ↗
> アレン：どこで会いますか↑
> 中田　：どこでも⁸だいじょうぶ⁹ですよ。
> アレン：じゃあ¹⁰、5時に星見駅のスタードーナツ¹¹の前で会いませんか↑
> 中田　：5時にスタードーナツの前ですね↗　いいですよ↗
> アレン：じゃあ、またあさって。
> 中田　：またあさって。

1) あした、友だちとカラオケに行きたいです。

   You want to go to karaoke with a friend tomorrow.　你明天想和朋友去唱卡拉OK。
   내일 친구와 노래방에 가고 싶습니다.　Ngày mai, bạn muốn đi karaoke cùng với bạn.

2) あさって、友だちと動物園に行きたいです。

   You want to go to the zoo with a friend the day after tomorrow.　你后天想和朋友去动物园。
   모레 친구와 동물원에 가고 싶습니다.　Ngày kia, bạn muốn đi vườn bách thú cùng với bạn.

---

1 夜　**2** アルバイト　**3** 卓球　**4** 手が痛い　**5** だめ[な]　**6** 嫌い[な]　**7** あさって
8 どこでも　**9** だいじょうぶ[な]　**10** じゃあ　**11** スタードーナツ（店名）

ロールプレイ

ロールプレイカード 6-1 6-2 ／ イラストカード 6. チケット

応用練習 🔊 39

中田さんは今週の土曜日、友だちと博物館に行きます。アレンさんとリーさんも誘います。

Ms. Nakata will go to a museum with her friends this Saturday and invites Allen and Lee to go with them.
中田这周六要和朋友去博物馆，邀请阿伦和小李也一起去。
나카타 씨는 이번주 토요일에 친구와 박물관에 갑니다. 앨런 씨와 리 씨에게도 같이 가자고 권유합니다.
Thứ bảy tuần này, Nakata đi cùng với bạn đến bảo tàng. Nakata rủ Allen và Lee đi cùng.

中田　：アレンさん、リーさん。今週の土曜日、友だちと博物館に行きますが、アレンさんとリーさんも行きませんか↑
アレン：ええ、いいですねえ。行きます。
中田　：リーさんはどうですか↑
リー　：あ、土曜日はちょっと……。先生と約束[1]があるんです。
中田　：そうですか。残念[2]ですね。
リー　：ええ。
中田　：アレンさん、土曜日の朝[3]9時に星見駅の西口[4]で会いませんか↑
アレン：9時に西口ですね↗　いいですよ↗
中田　：ええ。じゃあ、また土曜日に。
アレン：じゃあ、また。
中田　：リーさん、また今度ね↗
リー　：ええ、また今度。

---

1) 今週の土曜日にコンサートに行きます。日本語クラスの友だちを誘いたいです。

You have a plan to see a concert this Saturday. You want to invite your classmates in your Japanese class.
这周六，你要去听音乐会。你想邀请日语班的朋友。
이번주 토요일에 콘서트에 갑니다. 일본어 클래스 친구에게 같이 가자고 권유하고 싶습니다.
Thứ bảy tuần này bạn sẽ đi đến buổi hòa nhạc. Bạn muốn rủ bạn ở lớp học tiếng Nhật đi cùng.

---

1 約束　2 残念[な]　3 朝　4 西口

2）来週の週末、日本人の友だちと花火大会に行きます。日本語クラスの友だちを
   誘いたいです。

   You have a plan to go to a fireworks display with your Japanese friend next weekend. You want to invite your classmates in your Japanese class.
   你下周末和日本朋友去看焰火大会。你想邀请日语班的朋友一起去。
   다음주 주말에 일본인 친구와 불꽃놀이 대회에 갑니다. 일본어 클래스 친구에게 같이 가자고 권유하고 싶습니다.
   Cuối tuần sau, bạn sẽ đi xem bắn pháo hoa cùng với một bạn người Nhật. Bạn muốn rủ bạn ở lớp học tiếng Nhật đi cùng.

違う場面で 🔊 40

友だちを水族館に誘います。
Inviting a friend to an aquarium　邀请朋友们去水族馆
친구에게 수족관에 같이 가자고 권유합니다.　Rủ bạn mình đến thủy cung.

中田　：アレンさん、水族館¹に行ったことがあります²か↑
アレン：いいえ、ない³です。
中田　：今度⁴の土曜日、ナタリーさんと水族館に行くんですけど⁵、アレンさんもいっしょに行きませんか↑
アレン：いいですね。行きたいです。どこの水族館ですか↑
中田　：海浜水族館⁶です。知っています⁷か↑
アレン：いいえ、知らないです⁸。
中田　：市立博物館⁹の近くにありますよ↗
アレン：ああ、近い¹⁰ですね。入園料¹¹はいくら¹²ですか↑
中田　：入園料ですか。学生は700円です。
アレン：700円ですね↗　じゃ、どこで会いますか↑
中田　：星見駅の北口で10時に待ち合わせ¹³しませんか↑
アレン：星見駅の北口で10時ですね↗　いいですよ↗
中田　：じゃ、また土曜日に。
アレン：じゃ、また。

---

1 水族館　**2** ～たことがあります　**3** ない　**4** 今度　**5** ～んですけど　**6** 海浜水族館(水族館名)
7 知っています　**8** 知らないです　**9** 市立博物館　**10** 近い　**11** 入園料　**12** いくら
13 待ち合わせ

● 関連語彙   Related vocabulary   有关词汇   관련 어휘   Từ vựng liên quan

時を表す表現 (とき あらわ ひょうげん) : Expressions to denote when something happens/happened   时间词   때를 나타내는 표현   Cách nói biểu thị thời gian

朝 (あさ) morning 早上 아침 sáng	晩 (ばん) night 晚上 저녁/밤 tối	日 (ひ) day 天 일 ngày	週 (しゅう) week 周 주 tuần	月 (つき) month 月 월 tháng	年 (ねん) year 年 년 năm
おとといの朝 (あさ) the morning before last 前天早上 그저께 아침 sáng ngày hôm kia	おとといの晩 (ばん) the night before last 前天晚上 그저께 저녁/그저께 밤 tối ngày hôm kia	おととい the day before yesterday 前天 그저께 hôm kia	先々週 (せんせんしゅう) (2週間前) (しゅうかんまえ) the week before last 上上周 (两周前) 지지난주 tuần trước trước nữa (hai tuần trước)	先々月 (せんせんげつ) (2か月前) (げつまえ) the month before last 上上个月 (两个月前) 지지난달 tháng trước trước nữa (hai tháng trước)	おととし the year before last 前年 재작년 năm kia
きのうの朝 (あさ) yesterday morning 昨天早上 어제 아침 sáng hôm qua	きのうの晩 (ばん) last night 昨天晚上 어제 저녁/어젯 밤 tối hôm qua	きのう yesterday 昨天 어제 hôm qua	先週 (せんしゅう) last week 上周 지난주 tuần trước	先月 (せんげつ) last month 上个月 지난달 tháng trước	去年 (きょねん) last year 去年 작년 năm ngoái
けさ this morning 今天早上 오늘 아침 sáng nay	今晩 (こんばん) tonight 今天晚上 오늘 저녁/오늘 밤 tối nay	きょう today 今天 오늘 hôm nay	今週 (こんしゅう) this week 这周 이번주 tuần này	今月 (こんげつ) this month 这个月 이번달 tháng này	今年 (ことし) this year 今年 금년/올해 năm nay
あしたの朝 (あさ) tomorrow morning 明天早上 내일 아침 sáng mai	あしたの晩 (ばん) tomorrow night 明天晚上 저녁/내일 밤 tối mai	あした tomorrow 明天 내일 ngày mai	来週 (らいしゅう) next week 下周 다음주 tuần sau	来月 (らいげつ) next month 下个月 다음달 tháng sau	来年 (らいねん) next year 明年 내년 năm sau
あさっての朝 (あさ) the morning after next 后天早上 모레 아침 sáng ngày kia	あさっての晩 (ばん) the night after next 后天晚上 모레 저녁/모레 밤 tối ngày kia	あさって the day after tomorrow 后天 모레 ngày kia	さ来週 (らいしゅう) the week after next 下下周 다다음주 tuần kia	さ来月 (らいげつ) the month after next 下下个月 다다음달 tháng kia	さ来年 (らいねん) the year after next 后年 내후년 năm kia
毎朝 (まいあさ) every morning 每天早上 매일 아침 hàng sáng	毎晩 (まいばん) every night 每天晚上 매일 저녁/매일 밤 hàng tối	毎日 (まいにち) every day 每天 매일 hàng ngày	毎週 (まいしゅう) every week 每周 매주 hàng tuần	毎月 (まいつき) every month 每个月 매월 hàng tháng	毎年・毎年 (まいねん・まいとし) every year 每年 매년 hàng năm

NOTES

1. アレンさんも行きませんか↑（Ⅴませんか↑）

誘うときに使う表現です。否定の意味はありません。したがって、答えは「はい、行きます」となります。誘いを断るときは、NOTES 5 を見てください。

This is used to invite someone to do something. Although it uses a negative form, its meaning is invitational. To accept the invitation, you would answer「はい、行きます」. To decline the invitation, see NOTES 5.

邀请别人时的表现。没有否定的意思。所以回答是「はい、行きます」。拒绝对方邀请时，请参看 NOTES 5。

권유할 때 사용하는 표현입니다. 부정의 의미는 없습니다. 따라서 대답은「はい、行きます」가 됩니다. 권유를 거절하는 표현은 NOTES 5 를 보십시오.

Đây là cách nói khi muốn mời, rủ ai đó. Nó không mang ý phủ định. Do đó, câu trả lời khi đồng ý sẽ là "はい、行きます". Khi từ chối lời mời rủ, hãy xem phần NOTES 5.

〈誘い〉 invitation　邀请　권유　Câu mời rủ
A：あした、いっしょに行きませんか。
B：はい、行きます。

〈質問〉 question　询问　질문　Câu hỏi
A：あした、大学に行きませんか。
B：はい、行きません。

日本では人を誘うとき、「〜Ⅴたい↑／〜Ⅴたいですか↑」と聞くと、失礼になります。これは、相手がそれをしたいと思っていることを前提として聞いている印象があるからです。「〜Ⅴない↑／〜Ⅴませんか↑」を使います。

「〜Ⅴたい↑／〜Ⅴたいですか↑」implies that the speaker is making an assumption about what the listener wants to do. For this reason, it is rude to invite someone to do something using「〜Ⅴたい↑／〜Ⅴたいですか↑」. Instead,「〜Ⅴない↑／〜Ⅴませんか↑」is used.

在日本，邀请别人的时候如果问对方「〜Ⅴたい↑／〜Ⅴたいですか↑」是很失礼的。这是因为它有把对方也想干那件事作为前提来问的印象。在邀请别人的时候，我们使用「〜Ⅴない↑／Ⅴませんか↑」。

일본에서는 다른 사람에게 권유할 때「〜Ⅴたい↑／〜Ⅴたいですか↑」라고 물으면 실례가 됩니다. 이것은 상대가 그것을 하고 싶어한다는 것을 전제로 해서 묻는 것 같은 인상을 주기 때문입니다.「〜Ⅴない↑／〜Ⅴませんか↑」를 사용합니다.

Ở Nhật Bản, khi mời/rủ ai đó, nếu hỏi là "〜Ⅴたい／〜Ⅴたいですか" thì sẽ là khiếm nhã. Bởi vì nó có ấn tượng như là ấn định người đó muốn làm cái đó. Ta phải dùng dạng câu "〜Ⅴない／Ⅴませんか"

2. 今週の土曜日にお花見に行きますが、〜（Ⅴますが、〜）

「（わたしは）Ⅴますが、アレンさんもⅤませんか」、「（わたしは）Ⅴますが、アレンさんもどうですか」のように、話し手の行動を示して、「が」を付け、相手を誘う表現を続けます。

As shown in the examples such as「（わたしは）Ⅴますが、アレンさんもⅤませんか」and「（わたしは）Ⅴますが、アレンさんもどうですか」, after introducing the activity, you then invite the listener to take part, placing「が」between what you plan to do and the invitation.

「（わたしは）Ⅴますが、アレンさんもⅤませんか」和「（わたしは）Ⅴますが、アレンさんもどうですか」一样，都是在表示说话人的行动的句子后加「が」，后续邀请对方的表现。

「（わたしは）Ⅴますが、アレンさんもⅤませんか」,「（わたしは）Ⅴますが、アレンさんもどうですか」와 같이 화자의 행동을 표현한 절에「が」를 붙인 뒤에 상대에게 권유하는 표현을 사용합니다.

Giống như là "（わたしは）Ⅴますが、アレンさんもⅤませんか", "（わたしは）Ⅴますが、アレンさんもどう

ですか", câu này biểu thị hành động của người nói và thêm từ "が" ở đằng sau tạo thành cách nói mời rủ đối phương.

3. いいですね

いっしょに何かをする誘いに対して積極的な賛同を示します。都合が悪くて断る場合でも、「あ、いいですね。でも、その日はちょっと……」のように使うこともあります。目上の人から食事やパーティーなどに招待されたときには、使いません。

「いいですね」can be used as a way of accepting an invitation, by conveying to the person that you think it's a good idea. If it is inconvenient on the suggested day, you can still use this expression as in the following:「あ、いいですね。でも、その日はちょっと……」. However, this expression should not be used toward superiors, for example, when your boss or teacher invites you to dinner, a party, etc.

被邀请一起做什么时，表示积极的响应。被邀请那天即使正好不方便的话，也可以说「あ、いいですね。でも、その日はちょっと……」来拒绝。被身份地位比自己高的人邀请一起吃饭、参加聚会等时候则不可以使用。

같이 무언가를 하자는 권유에 대해 적극적인 찬성을 나타냅니다. 사정이 있어서 거절할 때도 「あ、いいですね。でも、その日はちょっと……」와 같은 표현을 사용하는 경우도 있습니다. 윗사람에게 식사나 파티 등에 초대 받았을 때는 사용하지 않습니다.

Câu này biểu thị sự tán đồng nhiệt tình với việc được mời/rủ làm cùng một việc gì đó. Trong trường hợp điều kiện không phù hợp mà bạn phải từ chối thì người ta thường sử dụng cách nói như là: "あ、いいですね。でも、その日はちょっと……". Không sử dụng cách nói này khi được người trên mời đi ăn hay đi dự tiệc, v.v..

4. アレンさんもどうですか↑

相手の意向を尋ねる表現です。ここでは、「(お花見に行くのは) どうですか」となり、誘いの機能を持ちます。

「どうですか」is an expression used to ask what a person's intention is. Here, it means 「(お花見に行くのは) どうですか」and it has the function of invitation.

是询问对方意向的表现。在这里是「(お花見に行くのは) どうですか」的意思，具有邀请的作用。

상대의 의향을 묻는 표현입니다. 여기에서는「(お花見に行くのは) どうですか」라는 의미로 권유의 기능을 가집니다.

Đây là cách nói khi bạn hỏi ý kiến của người khác. Trong trường hợp này, nó là "(お花見に行くのは) どうですか" (Việc đi ngắm hoa anh đào thì bạn thấy thế nào?) và nó có chức năng mời/rủ."

5. あしたはちょっと……（Nはちょっと……）

これは、「あしたはちょっと忙しいです」のような表現の後半を省略した表現です。誘い、招待を断るときに使います。「いいえ、行きません」のように直接的な表現は使いません。Nは話し手にとって都合が悪いものを示します。「ちょっと」は、少しという意味で、都合が悪いことの程度を弱め断定的な言い方を避ける働きをします。相手の気持ちを配慮した言い方です。

If the reason for turning down the invitation is「あしたはちょっと忙しいです I am a little busy tomorrow」, then you would leave out the last part and simply say「あしたはちょっと……」. This expression is used to turn down an invitation. Direct rejection such as「いいえ、行きません」is not used. 'N' is the thing that causes a problem for the speaker,「ちょっと」means 'a little' or 'a bit,'and is used to reduce the impression of the inconvenience and serves as a way of avoiding being too direct. This expression shows consideration for the person who has invited you.

这个句子是省略了「あしたはちょっと忙しいです」这样的后半部分的表现。用于拒绝邀请、招待时。不可以使用像「いいえ、行きません」这样直接的说法。N 表示对说话人来说不便的东西。「ちょっと」是"一点儿"的意思，它具有减轻"不方便、不凑巧"的程度、避免断定性的说法的作用，是考虑到对方心情时的说法。

이것은「あしたはちょっと忙しいです」와 같은 표현의 후반을 생략한 표현입니다. 권유, 초대를 거절할 때 사용합니다.「いいえ、行きません」과 같은 직접적인 표현은 사용하지 않습니다. N은 화자에게 있어서 사정이 좋지 않은 무언가를 나타냅니다.「ちょっと」는 조금이라는 의미로, 사정이 좋지 않은 정도를 약하게 표현하면서 단정적인 말투를 피하는 역할을 합니다. 상대의 마음에 배려한 말투입니다.

Đây là câu nói đã lược bỏ một nửa vế sau của câu "あしたはちょっと忙しいです". Sử dụng cách nói này khi từ chối lời mời/rủ của một ai đó. Chứ không sử dụng cách nói trực tiếp như là "いいえ、行きません". N biểu thị ý đó là thời gian không phù hợp đối với người nói. "ちょっと" với nghĩa là một chút, có tác dụng làm giảm nhẹ mức độ thời gian không phù hợp đi và tránh cách nói khẳng định. Đây là cách nói không muốn gây cảm giác khó chịu cho người nói chuyện.

6. すみません ▶ 2課 (NOTES 1) ▶ 3課 (NOTES 4)

謝りの表現です。自宅やパーティーに招待されて断るときは、謝ったほうがいいです。また、目上の人に誘われて断るときは「すみません」と言ったほうがいいです。

In this case,「すみません」is used as an expression of apology. When turning down an invitation to go to a person's house, or to a party, or an invitation offered by a superior, it is best to apologize using this expression.

是道歉时的表现。拒绝别人邀请你到自己家或是参加聚会时，最好要道歉。拒绝身份地位比自己高的人邀请时，最好说「すみません」。

사죄의 표현입니다. 자택이나 파티에 초대를 받았는데 거절할 때는 사죄하는 것이 좋습니다. 또 윗사람에게 초대 받았는데 거절할 때도「すみません」이라고 말하는 것이 좋습니다.

Đây là cách nói xin lỗi. Khi được mời đến chơi nhà hay dự tiệc mà từ chối thì ta nên xin lỗi. Ngoài ra, cả khi ta được người trên rủ mà từ chối thì cũng nên nói "すみません".

7. また今度

意味は「次の機会に」です。成立しなかった誘いの会話の終了時に使います。誘った人、誘われた人のどちらも使えます。目上の人には「また、今度お願いします」と言います。

This expression conveys the meaning of "at the next opportunity" or "next time." It is used at the end of a conversation where you could not plan a time to meet again, for example, when a person's invitation is turned down. Both persons should use this expression, whether they are the inviter or the person being invited. If you are speaking with a superior, you should use「また、今度お願いします」.

意思是"下次机会"。用于结束没有成立的邀请会话中。邀请方、被邀请方都可以使用。对身份地位比自己高的人则说「また、今度お願いします」。

의미는「다음 기회에」입니다. 권유가 성립되지 않은 회화의 종료 시에 사용합니다. 권유한 사람, 권유 받은 사람 양쪽 다 사용할 수 있습니다. 윗사람에게는「また、今度お願いします」라고 말합니다.

Nó có nghĩa là "để đến cơ hội sau". Được sử dụng khi kết thúc đoạn hội thoại rủ ai đó mà không thành. Người rủ hay người được rủ đều dùng được. Đối với người trên mình, thì dùng "また、今度お願いします".

☺1　先生：アレンさん、今週の土曜日にうちでパーティーをしますが、来ませんか↑
　　アレン：ありがとうございます。行きます。

☺2　アレン：中田さん、あしたお花見に行きますが、中田さんも行きませんか↑
　　中田　：はい、行きたいです。

☺3　中田　：アレンさん、あしたいっしょにカラオケに行きませんか↑
　　アレン：あしたはちょっと……。／カラオケはちょっと……。

あいさつする・尋ねる

Greeting people and asking things　问候・询问
인사하기・질문하기　Chào hỏi

道で：On the street
　　　在路上
　　　길에서
　　　Trên đường

聞いて答えよう　🔊 41

あなたはコンビニへ行きます。道で近所の人に会ってあいさつをしました。近所の人が何か言いました。あなたは何と答えますか。

You are going to a convenience store. On the street, you greet a neighbor. Then she says something to you. How do you respond?　你去便利店。在路上碰到了你的邻居并跟她打了招呼。邻居说了些什么。你该回答什么呢?

여러분은 편의점에 갑니다. 길에서 이웃 사람을 만나 인사를 했습니다. 이웃 사람이 무언가 말을 했습니다. 여러분은 뭐라고 대답합니까?

Bạn đi cửa hàng tiện lợi. Trên đường đi, bạn đã gặp người hàng xóm và chào hỏi. Người hàng xóm của bạn đã nói gì? Bạn trả lời thế nào?

1)

2)

練習A-1

```
アレン    ：こんにちは。
近所の人¹ ：あ、アレンさん、こんにちは。①どちらへ ↑     ▶ NOTES 1
アレン    ：ちょっと②コンビニへ。
```

1) ①どちらへ　　②銀行へ
2) ①どちらまで　②区役所²まで
3) ①どちらへ　　②昼ご飯³を食べ⁴に

※
```
キム：リーさん、どこへ ↑
リー：ちょっとスーパー⁵まで。
```

練習A-2

－朝、大学のエレベーターの中で－

In the morning, in an elevator at the university
早上，在大学的电梯里
아침에 대학교의 엘리베이터 안에서
Buổi sáng trong cầu thang máy của trường đại học

```
アレン：おはようございます。
先生　：おはよう。きょうは①暑いですね。
アレン：そうですね。②本当に⁶暑いですね。
```

1) ①寒い　　　　②😓?
2) ①風が強い⁷　②😓?
3) ①蒸し暑い⁸　②😓?

---

1 近所の人　**2** 区役所　**3** 昼ご飯　**4** 食べます　**5** スーパー　**6** 本当に　**7** 風が強い
8 蒸し暑い

練習 A-3

アレンさんとリーさんは同じ寮に住んでいます。アレンさんが出かけます。
おな　りょう　す　　　　　　　　　　　　　　　　て

Allen and Lee live in the same dormitory. Now Allen is going out.
阿伦和小李住在同一栋宿舍里。阿伦要出门。
앨런 씨와 리 씨는 같은 기숙사에 살고 있습니다. 앨런 씨가 외출합니다.
Allen và Lee sống cùng ký túc xá. Allen đi ra ngoài chơi.

　リー　：いってらっしゃい。
　アレン：いってきます。

▶ NOTES 2

Cf. 1. アレンさんは寮に帰って来ました。
　　　　　　りょう　かえ　き

Allen has come back to his dormitory.　阿伦回到了宿舍。　앨런 씨는 기숙사에 돌아왔습니다.
Allen đã về đến ký túc xá.

　アレン：ただいま。　　　　リー　：おかえりなさい。　▶ NOTES 3
　リー　：おかえりなさい。　アレン：ただいま。

2. －夏休み明けに学校で－
　　なつやす　あ　　がっこう　で

At college after the summer vacation　暑假结束后在学校里
여름방학이 끝난 후 학교에서　Sau kỳ nghỉ hè tại trường học

　アレン　：久しぶり。　　　アレン：お久しぶりです。　▶ NOTES 4
　　　　　　ひさ　　　　　　　　　　ひさ
　ナタリー：久しぶり。　　　先生　：久しぶりです。
　　　　　　ひさ　　　　　　せんせい　ひさ

7　あいさつする・尋ねる

練習 B-1 🔊 42

以下の会話を練習してから1)、2)の状況で会話をしてください。
After practicing the conversation below, make conversations for situations 1) and 2).
练习以下会话，然后按1)、2) 的状况进行会话。
아래의 회화를 연습한 후 1), 2) 와 같은 상황에서 이야기를 해 보십시오.
Hãy tập nói theo hội thoại dưới đây và sau đó hội thoại theo tình huống 1), 2).

アレン　　：こんにちは。

近所の人：あ、アレンさん、こんにちは。どちらまで↑

アレン　　：ちょっとコンビニへ買い物に。

近所の人：あ、そうですか。いってらっしゃい。

アレン　　：いってきます。

---

1) あなたは郵便局に荷物を送りに行きます。道で近所の人に会いました。

　　You are going to the post office to send a parcel. On the way, you meet a neighbor.
　　你去邮局寄东西。在路上遇到了邻居。
　　여러분은 우체국에 짐을 부치러 갑니다. 길에서 이웃 사람을 만났습니다.
　　Bạn đi đến bưu điện để gửi hành lý. Trên đường, bạn gặp người hàng xóm.

2) あなたは友だちのところに勉強をしに行きます。道で近所の人に会いました。

　　You are going to a friend's place to study together. On the way, you meet a neighbor.
　　你去朋友家学习。在路上遇到了邻居。
　　여러분은 친구 집에 공부를 하러 갑니다. 길에서 이웃 사람을 만났습니다.
　　Bạn đi đến chỗ bạn mình để học bài. Trên đường, bạn gặp người hàng xóm.

考えよう

あなたはバス停にいます。バスが来ました。星見駅に行くかどうか運転手に聞きたいです。何と言いますか。

You are at the bus stop. You would like to know if the bus goes to Hoshimi Station or not. How do you ask the bus driver?
你在公共汽车站。公共汽车来了。你想问一下司机这趟车去不去星见车站。你该说什么呢？
여러분은 버스 정류장에 있습니다. 버스가 왔습니다. 호시미역에 가는지 운전수에게 묻고 싶습니다. 뭐라고 말합니까?
Bạn đang ở bến xe buýt. Xe buýt đến. Bạn muốn hỏi người lái xe xem xe có đi đến nhà ga Hoshimi không. Bạn sẽ nói như thế nào?

練習A-4

アレン　　：あのう、すみません。この①バス¹は星見駅へ行きますか↑
運転手²　：いいえ、この①バスは行きません。②次³の5番⁴のバスが行きますよ↗
アレン　　：あ、そうですか。わかりました⁵。どうも。　▶ NOTES 5

1) ①電車　　②3番線⁶の電車
2) ①地下鉄⁷　②地下鉄の南北線⁸

練習B-2　🔊 43

以下の会話を練習してから1)の状況で会話をしてください。

アレンさんは電車で桜台に行こうと思って家を出ました。途中で近所の人に会いました。
Allen has just left his house to go to Sakuradai by train. On the way he meets a neighbor.
阿伦想坐电车去樱台，他离开了家。在路上他遇到了邻居。
앨런 씨는 전철로 사쿠라다이에 가려고 집을 나왔습니다. 도중에 이웃 사람을 만났습니다.
Allen ra khỏi nhà và định đi đến Sakuradai bằng tàu điện. Trên đường, Allen gặp người hàng xóm.

―道で―
アレン　　：こんにちは。
近所の人：あ、アレンさん、こんにちは。
　　　　　　どちらまで↑
アレン　　：ちょっと桜台⁹まで。
近所の人：あ、そうですか。
　　　　　　いってらっしゃい。気をつけて¹⁰。
アレン　　：はい。いってきます。
　　　　　　　⋮
―星見駅で―
アレン：あのう、すみませんが¹¹、この電車は桜台へ行きますか↑
駅員　：いいえ。桜台行き¹²の電車はここ¹³じゃなくて4番線ですよ↗
アレン：あ、そうですか。わかりました。どうも。

---

1 バス　**2** 運転手　**3** 次　**4** 〜番　**5** わかります　**6** 〜番線　**7** 地下鉄　**8** 南北線(路線名)
9 桜台(地名)　**10** 気をつけて　**11** すみませんが　**12** 〜行き　**13** ここ

1） あなたは地下鉄に乗って朝日が丘の友だちのうちへ行こうと思っています。道で近所の人に会いました。あいさつをします。そして、駅で地下鉄が朝日が丘に行くかどうか聞きます。

You are going to take the subway to your friend's house in Asahigaoka. On the way you meet a neighbor and greet him/her. On the platform of the subway station, ask a stranger if the train goes to Asahigaoka or not.

你想乘坐地铁去住在朝日丘的朋友家。在路上遇到了邻居。跟你的邻居打招呼。然后在车站询问地铁到不到朝日丘。

여러분은 지하철을 타고 아사히가오카에 있는 친구 집에 가려고 합니다. 길에서 이웃 사람을 만났습니다. 인사를 합니다. 그리고 역에서 지하철이 아사히가오카에 가는지 묻습니다.

Bạn định đi đến nhà bạn ở Asahigaoka bằng tàu điện ngầm. Bạn gặp người hàng xóm ở trên đường và chào hỏi. Sau đó, bạn hỏi người đó tàu điện ngầm ở nhà ga có đi đến Asahigaoka hay không.

ロールプレイ

ロールプレイカード 7-1 7-2 ／
イラストカード 7A. スーパー店内（客） 7B. スーパー店内（店員）

応用練習 🔊 44

アレンさんはデパートへプレゼントのかばんを買いに出かけます。途中で近所の人に会いました。

Allen is going to a department store to buy a bag as a present. On the way he meets a neighbor.

阿伦到百货公司去买做为礼物的包。在半路上，他遇到了邻居。

앨런 씨는 백화점에 선물로 하는 가방을 사러 갑니다. 도중에 이웃 사람을 만났습니다.

Allen đi đến khu mua sắm để mua chiếc túi xách làm quà. Giữa đường, Allen đã gặp người hàng xóm.

```
－道で－
アレン　　：こんにちは。
近所の人：あ、アレンさん、こんにちは。お買い物ですか↑
アレン　　：ええ、ちょっとデパート[1]まで。
近所の人：あ、そうですか。いってらっしゃい。気をつけて。
アレン　　：はい。いってきます。
　　　　　　　　：
```

1 デパート

ーデパートでー In a department store 在百货公司 백화점에서 Tại trung tâm mua sắm

アレン　：あのう、かばん¹は何階²ですか↑
店員　　：紳士用³ですか↑　婦人用⁴ですか↑
アレン　：婦人用です。
店員　　：婦人用は6階です。
　　　　　エレベーター⁵を降りて⁶、
　　　　　右側⁷の奥⁸になります⁹。
アレン　：6階ですね↗　どうも。

1) あなたは電器屋へヘッドフォンを買いに行こうと思います。道で友だちに会いました。
　電器屋ではヘッドフォンがどこにあるかわかりません。

You are going to an electrical appliance store to buy headphones. On the way you meet a friend.
At the store you can't find where the headphones section is.
你想去电器店买头戴式耳机。在路上你遇到了朋友。
在电器店里，你不知道头戴式耳机在哪儿。
여러분은 전기제품 가게에 헤드폰을 사러 가려고 합니다. 길에서 친구를 만났습니다.
전기제품 가게에서는 헤드폰이 어디에 있는지 모릅니다.
Bạn định đi đến cửa hàng đồ điện để mua cái tai nghe. Trên đường đi, bạn đã gặp người hàng xóm.
Tại cửa hàng đồ điện, bạn không biết nơi bày tai nghe ở chỗ nào.

違う場面で　🔊 45

アレンさんはごみ置き場で近所の人に会いました。
Allen meets a neighbor at the trash collection space.　阿伦在垃圾存放处遇到了邻居。
앨런 씨는 쓰레기 수거장에서 이웃 사람을 만났습니다.　Allen đã gặp người hàng xóm ở chỗ đổ rác.

アレン　　：おはようございます。
近所の人　：おはようございます。
アレン　　：すみません、きょうは燃えるごみ¹⁰の日¹¹ですが、燃えないごみ¹²は
　　　　　　月曜日ですか↑
近所の人　：ええ、月曜日ですけど、毎週ではありませんよ↗
アレン　　：えっ↑
近所の人　：第¹³二と第四月曜日ですよ↗

---

1 かばん　**2** 何階　**3** 紳士用　**4** 婦人用　**5** エレベーター　**6** 降ります　**7** 右側　**8** 奥
9 ～になります　**10** 燃えるごみ　**11** 日　**12** 燃えないごみ　**13** 第～

アレン　　　：そうですか。
近所の人：1か月に2回しか¹ないので²、毎週出さ³ないように⁴気をつけて⁵くださいね↗
アレン　　　：はい、わかりました。ごみの袋⁶は、燃えるごみの袋と同じ⁷でいいですか↑
近所の人：いえいえ⁸。燃えないごみは、スーパーの袋でだいじょうぶですよ↗
アレン　　　：ああ、そうですか。ありがとうございました。

● **関連語彙**　Related vocabulary　有关词汇　관련 어휘　Từ vựng liên quan

電車に関する言葉：Words about trains　电车用语　전철에 관한 말　Từ liên quan đến tàu điện

普通（電車）　　：local (train)　慢车　보통　tàu thường
快速（電車）　　：rapid (train)　快速　쾌속　tàu tốc hành
急行（電車）　　：express (train)　急行　급행　tàu nhanh
特急（電車）　　：special express (train)　特快　특급　tàu nhanh đặc biệt
指定席　　　　　：reserved seat　对号座　지정석　ghế đặt chỗ
自由席　　　　　：unreserved seat　不对号座、自由座　자유석　ghế không đặt chỗ
女性専用車両　　：women only train car　女性专用车厢　여성 전용칸　toa tàu dành riêng cho nữ
2両目（〜両目）：second train car (~ train car)　第二节车厢（第〜节车厢）
　　　　　　　　　두번째 칸 (~번째 칸)　toa thứ hai (toa thứ ~)
〜号車　　　　　：car ~　〜号车　〜호차　tàu số 〜
グリーン車　　　：Green car, first-class car　软席车厢　특실
　　　　　　　　　tàu Green (tàu có thiết bị, dịch vụ tốt và thu thêm cước phí đặc biệt)
〜番線／〜番ホーム／〜番乗り場：platform ~/ platform ~/gate number~
　　　　　　　　　〜号站台／〜号站台／〜号车站　〜번선／〜번 홈／〜번 승강장
　　　　　　　　　đường ray số ~/sảnh chờ tàu số ~/cửa lên tàu số ~

1　しか　2　〜ので　3　出します　4　〜ないように　5　気をつけます　6　袋　7　同じ
8　いえいえ

NOTES

1. どちらへ ↑

「どこへ行きますか」の意味ですが、あいさつ表現です。「どこへ」とは言いません。「どちらまで」と言うこともあります。この質問に具体的に答えたくない場合は「ちょっと、そこまで」と言います。

This is a greeting which means 「どこへ行きますか」; however, you cannot say 「どこへ」.「どちらまで」 can also be used in this situation. If you don't want to say exactly where you are going, you can respond with 「ちょっと、そこまで」.

是「どこへ行きますか」的意思，也是一种寒暄语。不说「どこへ」，也说「どちらまで」。你不想具体地回答这个问题时，可以说「ちょっと、そこまで」。

「어디로 갑니까」라는 의미인데, 인사 표현입니다. 「どこへ」라고는 말하지 않습니다. 「どちらまで」라고 말하는 경우도 있습니다. 이 질문에 구체적으로 대답하고 싶지 않을 경우는 「ちょっと、そこまで」라고 말합니다.

Có nghĩa là "どこへ行きますか" nhưng đây là một câu chào. Không nói "どこへ". Nhưng cũng có khi nói là "どちらまで". Trong trường hợp không muốn trả lời cụ thể thì sẽ nói là "ちょっと、そこまで".

2. いってらっしゃい／いってきます

「いってらっしゃい」は、「行って、戻って来てください」、「いってきます」は「行って、戻って来ます」の意味で、あいさつ表現です。出かける人が「いってきます」、その場所に残る人が「いってらっしゃい」と言います。

「いってらっしゃい」 literally means "Please go and come back." 「いってきます」 also means "I am going and coming back." These are expressions related to someone departing. When someone leaves a place such as their home, they should say 「いってきます」 and the person who remains in that place should respond with 「いってらっしゃい」.

「いってらっしゃい」是"去了早回来啊"的意思，「いってきます」是"去去就回来"的意思，都是一对寒暄表现。出去的人说「いってきます」，留在那儿的人说「いってらっしゃい」。

「いってらっしゃい」는 「가서 다시 돌아와 주십시오」, 「いってきます」는 「가서 다시 돌아오겠습니다」라는 의미로 인사 표현입니다. 외출하는 사람이 「いってきます」, 그 장소에 남는 사람이 「いってらっしゃい」라고 말합니다.

Đây là câu chào hỏi. "いってらっしゃい" có nghĩa là "Đi rồi quay lại nhé!", còn "いってきます" có nghĩa là "Tôi đi rồi sẽ quay về". Người đi nói "いってきます" và người ở lại thì nói "いってらっしゃい".

3. ただいま／おかえりなさい

「ただいま」は、出かけて帰ってきた人が、「おかえりなさい」はその場にいた人が使うあいさつ表現です。「ただいま」は、「今、帰りました」、「おかえりなさい」は「帰って来て、うれしいです」という意味です。

These are expressions of greeting. When someone returns to a place such as their home, they should say 「ただいま」 and the person who is present there should respond with 「おかえりなさい」. 「ただいま」 has the meaning of "Now I am home." 「おかえりなさい」 has the meaning of "Welcome home."

是寒暄用语，外出回来的人说「ただいま」，本来就在那里的人说「おかえりなさい」。「ただいま」是"我回来了"、「おかえりなさい」是"你回来了，真高兴"的意思。

「ただいま」는 외출했다 돌아온 사람이, 「おかえりなさい」는 그 장소에 있던 사람이 사용하는 인사 표현입니다. 「ただいま」는 「방금 돌아왔습니다」, 「おかえりなさい」는 「돌아와서 기쁩니다」라는 의미입니다.

"ただいま" là người đi ra ngoài và quay về, còn "おかえりなさい" là người có ở nơi đó sử dụng để chào nhau. "ただいま" có nghĩa là "bây giờ tôi đã về rồi đây", còn "おかえりなさい" thì có nghĩa là "Anh về, tôi vui lắm".

4. 久しぶり／お久しぶりです
しばらく会っていない人に会ったときに使います。「久しぶりに会いましたね」という意味です。

These greetings are used when you meet someone you haven't seen for a while. It means "Long time no see."
用于见到久未见面的人。是"相隔好久才见到啊"的意思。
오랫동안 만나지 못한 사람을 만났을 때 사용합니다. 「오래간만에 만났군요」라는 의미입니다.
Dùng khi gặp người mà lâu không gặp. Có nghĩa là "Lâu lắm rồi mới gặp nhi!"

5. どうも
「どうも」は「どうもありがとう」「どうもすみません」を短くした表現です。道を聞くなどの簡単な質問をしたときや店員などに軽い感謝の気持ちを表すときに使います。短くした表現は、目上の人には使わないほうがいいです。「どうも」は「こんにちは」「さようなら」の意味で使うこともあります。

This expression is a shortened form of 「どうもありがとう」 or 「どうもすみません」. It is used to show your appreciation when you have asked people such simple questions as how to get somewhere, or as a simple way of saying "thanks" to a store clerk. You had better not use this shortened expression toward superiors. It is also sometimes used instead of saying 「こんにちは」 or 「さようなら」.
「どうも」是「どうもありがとう」、「どうもすみません」的短缩表现。用于问路等简单的询问及向店员等表示轻微的感谢时。短缩表现对身分地位比自己高的人最好不要使用。「どうも」还可以用于像「こんにちは」、「さようなら」这样的意思上。
「どうも」는「どうもありがとう」「どうもすみません」의 축약 표현입니다. 길을 묻는 등 간단한 질문을 했을 때나 점원 등에게 가벼운 감사의 마음을 표현할 때 사용합니다. 축약 표현은 윗사람에게는 사용하지 않는 것이 좋습니다. 「どうも」는 「こんにちは」「さようなら」라는 의미로 사용하는 경우도 있습니다.
"どうも" là cách nói ngắn của "どうもありがとう" và "どうもすみません". Sử dụng khi bạn hỏi những vấn đề đơn giản như hỏi đường hay bày tỏ sự biết ơn nhẹ nhàng với nhân viên bán hàng. Không nên sử dụng cách nói ngắn này với người trên. "どうも" đôi khi cũng được dùng với nghĩa "xin chào", "tạm biệt".

☺ キム：リーさん、どちらへ↑
　　リー：ちょっとスーパーまで。

●こんなときは　2

コンビニでの会話

Conversation at a convenience store　在便利店里的会话
편의점에서의 회화　Hội thoại trong cửa hàng tiện lợi

1) 店員　：ポイントカード、お持ちですか↑　🔊 46

   Do you have a (member's/point) card?　您有积分卡吗?　포인트 카드 가지고 계십니까?
   Anh/chị có mang theo thẻ cộng điểm không ạ?

   アレン：(はい。／) いいえ、ありません。

   Yes, I do.　有。　예.　Có.
   No, I don't.　没有。　아니요, 없습니다.　Không, tôi không có.

2) 店員　：ごいっしょに入れてもよろしいですか↑　🔊 47

   Would you like to put these in together?　可以放在一起吗?
   같이 넣어도 괜찮습니까?　Có thể cho cùng vào được không ạ?

   アレン：はい、いいです。(／いいえ、別々にお願いします。)

   Yes, please.　好的。　예, 괜찮습니다.　Vâng, được.
   No, separately, please.　不，请分开放。　아니요, 따로따로 부탁 드립니다.
   Không, để riêng ra hộ tôi.

3) 店員　：(スプーン／フォーク／おはし／) レジ袋、お使いですか↑　🔊 48

   Would you like a spoon/a fork/chopsticks/a plastic bag with that?
   您使用汤匙 / 叉子 / 筷子 / 塑料袋吗?
   스푼/포크/젓가락/봉투 사용하십니까?
   Anh/chị có cần sử dụng thìa/dĩa/đũa/túi đựng không ạ?

   アレン：(はい、お願いします。／) いいえ、いいです。

   Yes, please.　用。　예, 부탁합니다.　Có, tôi cần.
   No, that's all right.　不用。　아니요, 괜찮습니다.　Không, không cần.

4) 店員　：レシート、ご利用ですか↑　🔊 49

   Would you like a receipt?　您要账单吗?　영수증 필요하십니까?
   Anh/chị có cần hóa đơn không ạ?

   アレン：はい。(／いいえ、いいです。)

   Yes.　要。　예.　Có.
   No, that's all right.　不要。　아니요, 괜찮습니다.　Không, không cần.

5) 店員：お次の方どうぞ。 🔊 50

　　　Next customer, please.　下一位。　다음 분 오십시오.　Xin mời quý khách tiếp theo ạ.

　アレン：(呼ばれたレジへ行く)

　　　(approaches the register　到被叫的收款台前
　　　호출 받은 계산대로 가다　Đi đến quầy thanh toán được gọi)

6) 店員：お先にお待ちのお客様、こちらのレジへどうぞ。 🔊 51

　　　Next customer, come to the register, please.　排在前面的客人请到这边儿的收款台。
　　　먼저 기다리신 손님, 이쪽 계산대로 오십시오.
　　　Xin mời quý khách tiếp theo đến quầy thu ngân này ạ!

　アレン：(呼ばれたレジへ行く)

　　　(approaches the register
　　　到被叫的收款台前
　　　호출 받은 계산대로 가다
　　　Đi đến chỗ quầy thu ngân được gọi)

7) アレン：袋は要りません。 🔊 52

　　　I don't need a bag, thanks.　不要袋子。
　　　봉투는 필요 없습니다.　Tôi không cần túi đựng.

　店員：はい。ありがとうございます。

　　　Okay, Thank you.　好的。谢谢您。　예, 감사합니다.　Vâng, xin cám ơn quý khách!

―お弁当を買ったとき―

When buying a boxed lunch　买盒饭的时候　도시락을 샀을 때　Khi đi mua cơm hộp

1) 店員：温めますか↑ 🔊 53

　　　Would you like this heated?　加热吗？　데워 드릴까요？　Có cần hâm nóng lại không ạ?

　アレン：はい、お願いします。(／いいえ、いいです。)

　　　Yes, please.　请加热。　예, 부탁합니다.　Vâng, tôi cần.
　　　No, thank you.　不用。　아니요, 괜찮습니다.　Không, không cần.

2) 店員：おはしはおいくつお使いですか↑ 🔊 54

　　　How many chopsticks would you like?　您要几双筷子？
　　　젓가락은 몇 개 필요하십니까？　Anh/chị muốn sử dụng mấy đôi đũa ạ?

　アレン：(1つお願いします。／)要りません。

　　　One set will be fine, thanks.　请给我一双。　하나 부탁합니다.　Cho tôi một đôi.
　　　I don't need any.　不要。　필요 없습니다.　Tôi không cần.

会話を続ける
かいわ つづ

Continuing a conversation　継续会话
대화를 계속하기　Tiếp tục cuộc hội thoại

研究室で：In the study room
けんきゅうしつ
　　　　　在研究室
　　　　　연구실에서
　　　　　Tại phòng nghiên cứu

考えよう

1) あなたは、高木さんと話したいです。高木さんは、毎日何杯もコーヒーを飲みます。今も高木さんはコーヒーを飲んでいます。コーヒーを話題にして高木さんと話してください。

You would like to talk with Ms. Takagi. She drinks a lot of coffee every day. She is drinking coffee now. Talk to her about coffee.
你想跟高木说话。高木每天要喝好几杯咖啡。高木现在也在喝咖啡。请以咖啡为话题和高木对话。
여러분은 다카기 씨와 이야기하고 싶습니다. 다카기 씨는 매일 몇 잔이나 커피를 마십니다. 지금도 다카기 씨는 커피를 마시고 있습니다. 커피를 화제로 다카기 씨와 이야기하십시오.
Bạn muốn nói chuyện với Takagi ngày nào cũng uống cà phê rất nhiều. Bây giờ Takagi cũng đang uống cà phê. Bạn hãy lấy cà phê làm chủ đề câu chuyện để nói chuyện với Takagi.

2) あなたは高木さんが1日にどのぐらいコーヒーを飲むか聞きたいです。何と言いますか。

You want to ask her how many cups of coffee she drinks a day. What do you say?
你想问高木一天喝几杯咖啡。该怎么说呢?
여러분은 다카기 씨가 하루에 어느 정도 커피를 마시는지 묻고 싶습니다. 뭐라고 말합니까?
Bạn muốn hỏi Takagi xem một ngày cô ấy uống bao nhiêu cốc cà phê. Bạn sẽ nói như thế nào?

練習A-1

アレン：高木さん、コーヒーをよく¹飲みます²ね。
高木　：そうですね。

1) 紅茶をよく飲みますね
2) お茶³をたくさん⁴飲みますね
3) いつも⁵（お）水を飲んでいますね

※1
アレン：高木さん、コーヒーをよく飲みます。
高木　：そうですね。

練習A-2

アレン：高木さん、①コーヒーをよく②飲みますね。
高木　：そうですね。
アレン：1日に⁶③どのぐらい②飲みますか↑
高木　：だいたい⁷④5杯ぐらい②飲みますよ↗

▶ NOTES 2
▶ 巻末A5

1) ①紅茶　　　②飲みます　③何杯（ぐらい）／どのぐらい　④?
2) ①たばこ　　②吸います　③何本（ぐらい）／どのぐらい　④?
3) ①テレビ⁸　②見ます　　③何時間（ぐらい）／どのぐらい　④?

▶ 巻末A2

---

1 よく　2 飲みます　3 お茶　4 たくさん　5 いつも　6 1日に　7 だいたい　8 テレビ

練習 A-3

高木　：アレンさんは、①コーヒーを飲みますか ↑
アレン：②いいえ、あまり飲みません。

▶ NOTES 3

例) ①コーヒーを飲みます　　②いいえ、あまり飲みません
1) ①紅茶を飲みます　　　　②はい、**ときどき**¹飲みます
2) ①映画を見ます　　　　　②ええ、よく見ます
3) ①温泉²に行きます　　　　②いいえ、**ぜんぜん**³行きません

頻度：Frequency　频度　빈도　Tần suất

よく	: often　常常　자주　thường hay	
ときどき	: sometimes　有时候　가끔 / 때때로　thỉnh thoảng	Vます
たまに	: once in a while　偶尔　어쩌다가 / 이따금　hiếm khi	
あまり	: not often, not much　不常　그다지　(không ~) lắm	Vません
ぜんぜん	: not at all　完全、一点儿　전혀　hoàn toàn (không)	

聞いて考えよう　🔊 55

次の2つの表現を聞いてください。どう違いますか。

Listen to the following two expressions. How different are the two utterances?
请听一下下面的两个表现。它们有什么不同之处？　다음 두 표현을 들으십시오. 어떻게 다릅니까？
Bạn hãy nghe hai câu dưới đây. Chúng khác nhau như thế nào?

1)

2)

---

1 ときどき　**2** 温泉　**3** ぜんぜん

練習 A-4

1. アレン：高木さんは、①コーヒーをよく飲みますね。
   高木　：そうですね。
   アレン：1日にどのぐらい飲みますか↑
   高木　：そうですねえ。②5杯ぐらい飲みますよ↗
   アレン：あ、そうですか。

   ▶ NOTES 4

   例） ①コーヒーをよく飲みます　　②5杯ぐらい
   1） ①（お）水をよく飲みます　　②2リットル[1]
   2） ①テレビをよく見ます　　　　②(°o°)?
   3） ①ラジオ[2]をよく聞きます[3]　②(°o°)?

2. 高木　：アレンさん、①日本語の勉強[4]はどうですか↑
   アレン：そうですねえ。
   　　　　②難しい[5]ですけど、②おもしろいです。
   高木　：そうですか。

   ▶ NOTES 5

   ▶ NOTES 6

   1） ①日本のジュース[6]　　　　②おいしい・高い
   2） ①アレンさんのアパート[7]　②狭い[8]・きれい[9]
   3） ①(°o°)?　　　　　　　　　②(°o°)?

   ▶ 関連語彙

(※2) 高木　：カナダから日本まで何時間ぐらいですか↑ 🔊56
　　　アレン：……10時間ぐらいです。

▶ 巻末A2

(※3) 高木　：今[10]、何時ですか↑
　　　アレン：そうですねえ。1時半です。

---

1 ～リットル　**2** ラジオ　**3** 聞きます　**4** 勉強　**5** 難しい　**6** ジュース　**7** アパート
8 狭い　**9** きれい[な]　**10** 今

練習 A-5

－先輩に－　To a senior student　对学长　선배에게　Người học khóa trên

アレン：もう¹5時ですね。そろそろ²①帰ります³。
高木　：そうですか。
アレン：②じゃ、お先に⁴失礼します。　▶ NOTES 7
高木　：じゃあ、また。

1）－先生に－
　　①失礼します　　②では、お先に失礼します
2）－友だちに－
　　①帰ります　　②じゃ、お先に

Cf. アレンさんはこれからうちに帰ります。他の人はまだ研究室にいます。

Allen is going home now. Other people are still in the study room.
阿伦现在要回家。其他的人还在研究室里。
앨런 씨는 지금부터 집에 돌아갑니다. 다른 사람은 아직 연구실에 있습니다.
Allen bây giờ đi về nhà. Những người khác vẫn còn ở lại phòng nghiên cứu.

アレン　　　：お先に失礼します。
研究室の人：お疲れさまでした。　▶ NOTES 8

1　もう　2　そろそろ　3　帰ります　4　お先に

練習B 🔊 57

以下の会話を練習してから1)、2)の状況で会話をしてください。
After practicing the conversation below, make conversations for situations 1) and 2).
练习以下会话，然后按1)、2)的状况进行会话。
아래의 회화를 연습한 후 1), 2)와 같은 상황에서 이야기를 해 보십시오.
Hãy tập nói theo hội thoại dưới đây và sau đó hội thoại theo tình huống 1), 2).

アレン：高木さんは、コーヒーをよく飲みますね。
高木　：そうですね。
アレン：1日にどのぐらい飲みますか↑
高木　：5杯ぐらい飲みますよ↗　アレンさんは↑
アレン：コーヒーはあまり飲みません。ジュースをよく飲みます。
　　　　特に¹りんご²ジュースが好きです。
　　　　カナダのジュースはおいしいですよ↗
高木　：そうですか。日本のジュースもおいしいですよ↗
アレン：ええ。でも³、高いですね。
高木　：そうですね。
　　　　ところで、アレンさん、日本語の勉強はどうですか↑　▶ NOTES 9
アレン：そうですねえ。難しいですけど、おもしろいです。
高木　：ああ、そうですか。
　　　　　　　　：
アレン：あ、もう5時ですね。そろそろ帰ります。
高木　：そうですか。
アレン：じゃ、お先に失礼します。
高木　：じゃ、また。

---

1) あなたの友だちは、紅茶／牛乳／ジュースをよく飲みます。
　　Your friend often drinks tea/milk/juice.　你的朋友常常喝红茶／牛奶／果汁。
　　여러분의 친구는 홍차 / 우유 / 주스를 자주 마십니다.
　　Bạn của bạn thường hay uống trà Lipton/sữa tươi/nước hoa quả.

2) あなたの友だちは、音楽をよく聞きます。
　　Your friend often listens to music.　你的朋友常常听音乐。
　　여러분의 친구는 음악을 자주 듣습니다.　Bạn của bạn thường hay nghe nhạc.

---

1 特に　**2** りんご　**3** でも

ロールプレイ

ロールプレイカード 8-1 8-2

応用練習 🔊 58

アレンさんは中田さんといろいろな話をしたいです。中田さんはよく映画を見ています。

Allen would like to talk to Ms. Nakata about various things. She often watches movies.
阿伦想和中田交谈。中田常常看电影。
앨런 씨는 나카타 씨와 여러가지 이야기를 하고 싶습니다. 나카타씨는 영화를 자주 봅니다.
Allen muốn nói nhiều chuyện với Nakata. Nakata thì thường hay xem phim.

アレン：中田さん、映画をよく見ていますね。
中田　：そうですね。
アレン：1か月にどのぐらい見ますか ↑
中田　：映画館[1]はあまり行きませんけど、
　　　　うちでは12本ぐらい見ます。
アレン：えっ、すごい[2]ですね。
中田　：アレンさんは ↑
アレン：日本ではあまり見ません。でも、カナダではよく見ましたよ ↗
中田　：そうですか。日本の映画を見たことがありますか ↑
アレン：はい。宮崎駿[3]のアニメを2、3回見ました。
中田　：どうでしたか ↑
アレン：そうですねえ。ストーリー[4]もおもしろいし、絵[5]もきれいですね。
中田　：そうですね。ところで、～

1) あなたの友だちは、テニス／サッカー／ジョギングをよくしています。▶ 巻末A4, 5

　　Your friend often plays tennis/soccer/jogs. 你的朋友常常打网球／踢足球／慢跑。
　　여러분의 친구는 테니스／축구／조깅을 자주 합니다. Bạn của bạn thường hay chơi ten-nít/bóng đá/đi dạo.

2) あなたの友だちは、絵をよくかいています。

　　Your friend often draws pictures. 你的朋友常常画画儿。
　　여러분의 친구는 그림을 자주 그립니다. Bạn của bạn thường hay vẽ tranh.

---

1 映画館　**2** すごい　**3** 宮崎駿（映画監督名）　**4** ストーリー　**5** 絵

違う場面で 🔊 59

アレンさんは教室で水を飲んでいます。
Allen is drinking water in the classroom.　阿伦在教室喝水。　앨런 씨는 교실에서 물을 마시고 있습니다.
Allen đang uống nước trong lớp học.

アレン：中田さん、いつもどんな¹飲み物を飲みますか↑

中田　：そうですねえ、わたしはスムージー²をよく飲みますよ↗

アレン：スムージーですか。何の³スムージーを飲みますか↑

中田　：果物や⁴野菜や、両方⁵ミックスした⁶もの⁷など⁸いろいろ⁹飲みます。

アレン：そうですか。体¹⁰によさそうです¹¹ね↗

中田　：そうですね↗　体によくて、おいしいです。

アレン：毎日飲みますか↑

中田　：そうですね。だいたい毎日飲みます。
　　　　アレンさんは、何¹²を飲みますか↑

アレン：わたしは、毎日水をたくさん飲みます。

中田　：大きいボトル¹³ですね。毎日どのぐらい飲みますか↑

アレン：そうですねえ。2リットルぐらい飲みますよ↗

中田　：そうですか。ところで、〜

1）会話を続けてください。
　　Continue the conversation.　请继续会话。　대화를 계속하십시오.　Hãy tiếp tục câu chuyện trên!

---

1 どんな　2 スムージー　3 何の　4 や　5 両方　6 ミックスします　7 もの　8 など
9 いろいろ　10 体　11 〜そうです　12 何　13 ボトル

●関連語彙　Related vocabulary　有关词汇　관련 어휘　Từ vựng liên quan

形容詞（けいようし）： Adjectives　形容词　형용사　Tính từ

○イ形容詞（けいようし）

大（おお）きい	: big　大　크다　to
小（ちい）さい	: small　小　작다　bé
重（おも）い	: heavy　重　무겁다　nặng
軽（かる）い	: light　轻　가볍다　nhẹ
長（なが）い	: long　长　길다　dài
短（みじか）い	: short　短　짧다　ngắn
暑（あつ）い	: hot　热　덥다　nóng
寒（さむ）い	: cold　冷　춥다　lạnh
遠（とお）い	: far　远　멀다　xa
近（ちか）い	: close　近　가깝다　gần
新（あたら）しい	: new　新　새롭다　mới
古（ふる）い	: old　老、旧　오래 되다　cũ
おいしい	: delicious, good taste　好吃、好喝　맛있다　ngon
まずい	: bad taste　难吃、难喝　맛없다　dở, không ngon
やさしい	: easy, kind　容易、温和　쉽다 / 친절하다　dễ, hiền
難（むずか）しい	: difficult　难　어렵다　khó
高（たか）い	: expensive, tall, high　贵、高　비싸다、키가 크다、높다　đắt, cao
安（やす）い	: cheap　便宜　싸다　rẻ
広（ひろ）い	: large, wide　宽、大　넓다 / 크다　rộng
狭（せま）い	: narrow　窄小　좁다　hẹp
おもしろい	: interesting　有意思　재미있다　thú vị, hay
つまらない	: boring　没意思　하찮다 / 시시하다　chán
楽（たの）しい	: enjoyable, pleasant　愉快、高兴　즐겁다　vui
こわい	: frightening　可怕　무섭다　sợ
汚（きたな）い	: dirty　脏　더럽다　bẩn
忙（いそが）しい	: busy　忙　바쁘다　bận

○ナ形容詞（けいようし）

便利（べんり）［な］	: convenient　方便　편리하다　tiện lợi
不便（ふべん）［な］	: inconvenient　不方便　불편하다　bất tiện
きれい［な］	: clean, beautiful　干净、漂亮　깨끗하다 / 예쁘다　sạch, đẹp
有名（ゆうめい）［な］	: famous　有名　유명하다　nổi tiếng
簡単（かんたん）［な］	: easy, simple　容易、简单　간단하다　đơn giản, dễ
好（す）き［な］	: like　喜欢　좋아하다　thích
嫌（きら）い［な］	: dislike　讨厌　싫어하다　ghét
暇（ひま）［な］	: free　空闲　한가하다　rảnh rỗi

NOTES

1. コーヒーをよく飲みますね

文末に「ね」を伴い、相手に同意を求めながら話題を提供します。この場合の話題は、相手のことや天気、出来事など自分以外のことです。目上の人と話すときには、その本人に関する個人的な話題は失礼になることがあるので気をつけたほうがいいです。「よくコーヒーを飲みますね」という文もありますが、ここの言い方では言い方によっては、「そんなによく」のように非難めいてしまうことがあります。

In addition to seeking agreement about something, using 「ね」 at the end of a sentence can also be a way of introducing a topic of conversation. This topic is not something related to yourself, but the weather, a recent event or something related to the person whom you are talking to. However, speaking in this manner to a superior about personal topics can be rude, so please be careful. With the sentence 「よくコーヒーを飲みますね」, depending on how it is said, it could sound critical, like you are saying the person drinks too much coffee.

句末的「ね」表示在征求对方同意的同时，提供话题。提供的话题必须是有关对方的事、天气或最近发生的事件等非自己本身的事情。对身份地位比自己高的人，把对方的事作为话题是很失礼的，所以一定要注意。也有「よくコーヒーを飲みますね」这样的说法。不过，这种说法会因说法的方式不同，有着"喝得那么频繁啊"这样一种略带批评的语气。

문말에「ね」를 붙여 상대에게 동의를 구하면서 화제를 제공합니다. 이 경우의 화제는 상대에 관한 것이나 날씨, 생긴 일 등 자신 이외에 관한 것입니다. 윗사람과 이야기할 때는 그 사람에 관한 개인적인 화제는 실례가 되는 경우가 있으므로 주의하는 것이 좋습니다.「よくコーヒーを飲みますね」라는 문장도 있는데, 여기에서는 말투에 따라서는「그렇게 자주」라는 비난하는 표현이 되는 수도 있습니다.

Thêm "ね" vào cuối câu, người nói vừa đưa ra một chủ đề nào đó vừa tìm kiếm sự đồng tình của người nghe. Những chủ đề trong trường hợp này thường là những chủ đề về đối phương hoặc những chủ đề không liên quan đến bản thân người nói, chẳng hạn như là về thời tiết, một sự kiện nào đó, v.v.. Khi nói với người trên, những chủ đề mang tính cá nhân liên quan đến bản thân người đó sẽ trở nên bị khiếm nhã cho nên cần phải chú ý. Câu "よくコーヒーを飲みますね" tùy theo cách nói mà có khi trở thành câu phê phán kiểu như "uống nhiều đến thế cơ á".

2. 1日にどのぐらい飲みますか ↑

「どのぐらい／どのくらい」は、程度や数量を聞く表現です。ここでは、「何杯」と置き換えられます。

「どのぐらい／どのくらい」can be used to ask about the amount, quantity or degree of something. In this case, they are interchangeable with the phrase 「何杯」.

「どのぐらい／どのくらい」用于询问程度、数量时。在这里可以用「何杯」来替换。

「どのぐらい/どのくらい」는 정도나 수량을 묻는 표현입니다. 여기에서는「何杯」와 바꿔 쓸 수 있습니다.

"どのぐらい／どのくらい" được sử dụng khi hỏi về những từ liên quan đến số lượng, mức độ. Trong bài này có nghĩa là " bao nhiêu cốc?"

3. あまり飲みません（あまりVません）

「あまり」はいつも否定形といっしょに使われ、頻度がかなり低いことを表します。「ぜんぜん」もいつも否定形といっしょに使われ、全くないことを表します。「よく」「ときどき」「たまに」は肯定形といっしょに使われ、この順に頻度が下がります。

「あまり」is always used with a negative form to state that something does not happen very often. The expression 「ぜんぜん」is also always used with a negative form, to express that something does not happen at all. The expressions 「よく」, 「ときどき」and 「たまに」are used with an affirmative form to express that something occurs often, sometimes, or occasionally, in that order.

「あまり」跟否定形一起使用，表示频度相当低。「ぜんぜん」也用于否定形，表示全部否定。「よく」「ときどき」「たまに」用于肯定形，按照上面的顺序，表示的频度逐渐下降。

「あまり」는 언제나 부정형과 같이 사용되고, 빈도가 상당히 낮은 것을 나타냅니다.「ぜんぜん」도 언제나 부정형과 같이 사용되고, 전혀 안 하거나 없다는 것을 나타냅니다.「よく」「ときどき」「たまに」는 긍정형과 같이 사용되고, 이 순서로 빈도가 낮아집니다.

"あまり" được sử dụng cùng với thể phủ định biểu thị tần suất tương đối thấp. "ぜんぜん" cũng luôn đi cùng thể phủ định, biểu thị hoàn toàn không có một việc gì đó. "よく", "ときどき", "たまに" được dùng cùng với thể khẳng định và tần suất bị giảm dần theo thứ tự.

4. そうですねえ

聞かれたことについて考えをまとめているときに使う表現です。文末は上昇イントネーションを使わずに「ねえ」と少し長い音で言います。同意を示す「そうですね」とはイントネーションが違うので気をつけなければなりません。言葉に詰まったときや何かを思い出すときは、「ええと」を使います。

This expression is used when you need time to think about what you have just been asked. 「ねえ」 is made slightly longer and is said without rising intonation. This is different from the intonation of the expression 「そうですね」 used to express agreement, so please be careful. Also, when you are stuck for a word, or trying to remember something while you are talking, it is better to use 「ええと」.

是就被询问一事整理自己想法时使用的表现。句末不使用上扬声调，而且「ねえ」稍稍拖长。它跟表示同意的「そうですね」在声调上有所不同，所以一定要注意。在不知道说什么好或想起什么时，使用「ええと」。

질문에 대한 생각을 정리할 때 사용하는 표현입니다. 문말은 상승조로 발음하지 않고「ねえ」라고 조금 길게 발음합니다. 동의를 나타내는「そうですね」하고는 억양이 다르므로 주의해야 합니다. 말이 생각나지 않을 때나 무언가를 생각해 낼 때는「ええと」를 사용합니다.

Đây là cách nói được sử dụng khi bị ai đó hỏi và mình đang suy nghĩ để trả lời. Không lên giọng ở cuối câu mà thường kéo dài "ねえ" ra một chút khi nói. Nó khác so với ngữ điệu của câu "そうですね", thể hiện sự đồng ý, nên cần phải chú ý. Sử dụng "ええと" khi bạn đang bị bí từ hoặc khi nhớ một cái gì đó.

5. 日本語の勉強はどうですか↑（Ｎはどうですか↑）
感想、印象、意見などを聞くときに使います。

「どうですか」is used to ask for someone's impression, feeling, or opinion about something.

用于询问感想、印象、意见等时。

감상, 인상, 의견 등을 물을 때 사용합니다.

Dùng để hỏi về cảm tưởng, ấn tượng hay ý kiến, v.v. của người khác.

6. 難しいですけど、おもしろいです

「けど」は「けれど／けれども」が短くなった形で、２つの文をつないで対比を表します。日常会話で使いますが、フォーマルなスピーチや面接では、同じ機能の「が」を使います。

「けど」, which is a shortened form of 「けれど／けれども」, connects two sentences to express a contrast between them. It is typically used in everyday conversation; however, in formal speeches and interviews, 「が」 should be used instead of 「けど」.

「けど」是「けれど／けれども」的短缩形式。它连接两个句子，表示对比。在日常会话中使用。在正式的讲演及面试等的时候，使用跟它作用相同的「が」。

「けど」는「けれど／けれども」의 축약형이로, 두 문장을 연결해서 비교를 나타냅니다. 일상 회화에서 사용하며, 공식적인 연설이나 면접에서는 같은 기능을 가진「が」를 사용합니다.

"けど" là dạng rút ngắn của "けれど／けれども", dùng để nói hai câu lại với nhau và diễn đạt ý trái ngược trong hai vế câu. Nó được sử dụng trong giao tiếp hàng ngày. Khi sử dụng trong các buổi phát biểu hay phỏng vấn trang trọng thì sẽ sử dụng từ "が" với chức năng tương tự.

	イ-Adjective　イ形容詞 イ형용사　Tính từ đuôi – イ	ナ-Adjective　ナ形容詞 ナ형용사　Tính từ đuôi – ナ
polite ↑ 礼貌 정중 Lịch sự	おいしいですが、高いです。 おいしいですけど、高いです。 おいしいけど、高いです。 おいしいけど、高い。	きれいですが、高いです。 きれいですけど、高いです。 きれいだけど、高いです。 きれいだけど、高い。

7. じゃ／では、お先に失礼します

「じゃ」は「では」の音が短くなって変わったものです。会話を切り上げるときに使います。くだけた会話では、「では」を使いません。「じゃあ」と伸ばすこともあります。

「じゃ」 is a shortened form of 「では」.「じゃ／では」 are commonly used to bring a conversation to an end; however 「では」 is only used in formal situations.「じゃ」 is also sometimes made longer, as in 「じゃあ」.

「じゃ」是「では」的音短缩后的形式。在结束会话时使用。在随意的会话表现中，不使用「では」。有时会将「じゃ」拖长为「じゃあ」。

「じゃ」는「では」의 음이 짧아지고 변한 것입니다. 회화를 끝맺을 때 사용합니다. 스스럼없는 회화에서는「では」를 사용하지 않습니다.「じゃあ」라고 길게 발음하는 경우도 있습니다.

"じゃ" là cách nói ngắn biến âm của "では". Sử dụng khi người nói muốn kết thúc câu chuyện. Trong hội thoại thân mật thì không sử dụng "では". Cũng có khi được kéo dài thành "じゃあ".

8. お疲れさまでした

文字通りの意味は、「仕事や運動をして疲れたでしょう」です。労をねぎらう表現で、別れのあいさつとしても使います。授業を受けたとき、先生や先輩に何かを教えてもらったときに使うと、失礼になることがあるので、言わないほうがいいです。

This expression literally means "You must be tired after working/exercising so hard." It is normally used for expressing appreciation to subordinates, but can also be used when saying goodbye. You had better not use this expression toward a teacher after his/her class, or toward a superior after they have taught you something, as it may sound impolite.

按照字面上的意思是"工作、运动后累了吧"。是慰劳的表现。也可以作为分别时的寒暄语使用。可是在上完课后，或是向老师、学长请教什么后使用的话，会有些失礼，所以最好不要使用。

문자대로의 의미는「일이나 운동을 해서 피곤하지요?」입니다. 수고를 위로하는 표현으로, 헤어질 때의 인사로도 사용합니다. 수업을 받았을 때나, 선생님이나 선배가 무언가를 가르쳐 주었을 때 사용하면 실례가 되는 경우가 있으므로 사용하지 않는 것이 좋습니다.

Ý nghĩa của nó thể hiện ở ngay chính câu chữ trong từ, tức là: "Chắc bạn đã mệt vì làm việc hay vì vận động rồi đúng không!". Là cách nói biểu thị sự công nhận và trân trọng việc lao động và nó cũng được dùng như là một câu chào khi chia tay. Tuy nhiên, sẽ là thất lễ nếu bạn sử dụng câu này khi học xong giờ học, khi thầy cô giáo hay anh chị khóa trên dạy cho ta một cái gì đó. Vì vậy, không nên dùng câu này trong trường hợp đó.

9. <u>ところで</u>、アレンさん、日本語の勉強はどうですか ↗

「ところで」は話題を変えるときの表現です。話題が変わることを示すので、これを使うと聞いている人にわかりやすくなります。くだけた会話では、「ところでね」「ところでさ」のように「ね」や「さ」を付けることがあります。

「ところで」 is an expression used to change the topic when talking. Since it indicates a change of topic, it makes it easier for the listener to understand. In informal conversation, 「ね」 and 「さ」 can be attached to this expression to make 「ところでね」 and 「ところでさ」.

「ところで」是用于转换话题时的表现。提示话题要转换，因而使用这一词会使听的人容易听明白。在随意的会话中，像「ところでね」「ところでさ」这样，有时会加上「ね」或「さ」。

「ところで」는 화제를 바꿀 때 사용하는 표현입니다. 화제가 바뀌는 것을 나타내는 표현을 사용하면 듣는 사람이 이해하기 쉬워집니다. 스스럼없는 회화에서는 「ところでね」「ところでさ」 와 같이 「ね」 나 「さ」 를 붙이는 경우가 있습니다.

"ところ" là cách nói dùng khi thay đổi chủ đề. Vì nó chỉ ra chủ đề sẽ thay đổi nên nếu dùng từ này sẽ khiến người nghe trở nên dễ hiểu hơn. Trong hội thoại thân mật thường có thêm "ね" hay "さ" như là "ところでね", "ところでさ".

☺ 1
アレン：高木さん、コーヒーをよく飲みますね ↗
高木　：そうですね。

☺ 2
高木　：カナダから日本まで何時間ぐらいですか ↗　🔊 56
アレン：そうですねえ。10時間ぐらいです。

☺ 3
高木　：今、何時ですか ↗
アレン：ええと、1時半です。

9 忘れ物を問い合わせる

Making inquiries about a lost article　询问丢失物品
분실물 문의하기　Hỏi về đồ bỏ quên

> 忘れ物取扱所で：
>   At a lost property office in a station
>   在失物招领处　분실물 보관소에서
>   Tại nơi lưu giữ đồ để quên

考えよう

あなたは電車にかばんを忘れました。駅の忘れ物取扱所に行って忘れ物について問い合わせます。何と言いますか。

You have left your bag on the train. You go to the lost property office and inquire about your bag. What do you say?

你把包忘在了电车里。你去车站的失物招领处询问你忘的东西，你该说什么呢?

여러분은 전철 안에 가방을 두고 내렸습니다. 역의 분실물 보관소에 가서 잃어버린 물건에 대해서 문의합니다. 뭐라고 말합니까?

Bạn để quên cặp ở trên tàu điện. Bạn đi đến nơi lưu giữ đồ để quên của nhà ga để hỏi. Bạn sẽ nói như thế nào?

練習 A-1

アレン：あのう、すみません。きのう、①電車に②かばんを忘れました。
駅員：どんな②かばんですか↑
アレン：③黒くて大きい②かばんです。

例) ①電車　　②かばん　　③黒い・大きい
1) ①電車　　②カメラ　　③白い・小さい
2) ①駅のトイレ　②かさ　　③青い・長い
3) ①駅のいす　②ぼうし　　③黒・黄色

聞いて答えよう 🔊 60

あなたが忘れたかばんについて説明すると、駅員がかばんを持って来て何か言いました。
1) あなたのかばんのときは、何と答えますか。
2) あなたのかばんじゃないときは、何と答えますか。

When you explain about your lost bag, the station employee brings a bag and says something.
1) How do you respond if it is your bag? 2) How do you respond if it is not your bag?

你说明了一下自己忘的包的特征。车站工作人员把包拿来，和你说了什么。
1) 是你的包时，你该回答什么？ 2) 不是你的包时，你该回答什么？

여러분이 잃어버린 가방에 대해서 설명하자, 역무원이 가방을 가지고 와서 무언가 말했습니다.
1) 여러분의 가방일 경우는 뭐라고 대답합니까？ 2) 여러분의 가방이 아닐 경우는 뭐라고 대답합니까?

Sau khi bạn giải thích, miêu tả về cái cặp mà bạn bỏ quên, nhân viên nhà ga đã đi lấy và mang đến. Anh ta đã nói gì? 1) Khi cái cặp đó là của bạn, bạn sẽ trả lời như thế nào? 2) Khi cái cặp đó không phải là của bạn, bạn sẽ trả lời như thế nào?

1)

2)

---

1 忘れます　**2** 黒い　**3** カメラ　**4** 白い　**5** かさ　**6** 青い　**7** いす　**8** ぼうし　**9** 黒
10 黄色

練習 A-2

1. 駅員　：どんなかばんですか↑
   アレン：黒くて大きいかばんです。
   駅員　：少々お待ちください。
   　　　　……これですか↑
   アレン：**はい、そうです。**

   1) **いいえ、違います**
   2) **いいえ、違います。もっと¹小さいの²です**
   3) **いいえ、違います。もっと新しいのです**

▶ NOTES 1
▶ NOTES 2

2. 小川　：①この自転車³は②アレンさんの⁴ですか↑
   アレン：③はい、そうです。

   1) ①このボールペン⁵　　②【友だちの名前】の
      ③はい、わたしのです
   2) ①この時計⁶　　　　　②【友だちの名前】の
      ③いいえ、わたしのじゃありません
   3) ①その携帯電話⁷　　　②【友だちの名前】の
      ③いいえ、違います。ナタリーさんのです。

※1　駅員　：かばんの中に財布⁸がありますか↑
　　 アレン：はい、そうです。／いいえ、違います。

※2　小川　：アレンさんの自転車は新しいですか↑
　　 アレン：はい、そうです。／いいえ、違います。

---

1 もっと　**2**（小さい）の　**3** 自転車　**4**（アレンさん）の　**5** ボールペン　**6** 時計　**7** 携帯電話
8 財布

練習B 🔊 61

以下の会話を練習してから1）から3）の状況で会話をしてください。

After practicing the conversation below, make conversations for situations 1), 2) and 3).
练习以下会话，然后按1）到3）的状况进行会话。
아래의 회화를 연습한 후1)~3)과같은 상황에서 이야기를 해 보십시오.
Hãy tập nói theo hội thoại dưới đây và sau đó hội thoại theo tình huống 1) ~ 3).

アレン　：あのう、すみません。きのう、電車にかばんを忘れました。
駅員　　：どんなかばんですか↑
アレン　：黒くて小さいかばんです。
駅員　　：中に何がありますか↑
アレン　：本¹やノート²や電子辞書³です。
駅員　　：少々お待ちください。これですか↑
アレン　：はい、そうです。
駅員　　：じゃ、この紙⁴に名前と電話番号⁵と住所⁶を書いて⁷ください。
アレン　：はい。（紙に書く　He writes on the paper.　写在纸上
　　　　　　　　　　　　종이에 쓴다　Viết vào giấy）
　　　　　ありがとうございました。

▶ NOTES 3, 4

1）あなたはバスにかさを忘れました。

You have left your umbrella on a bus.　你把伞忘在了公共汽车里。
여러분은 버스에 우산을 두고 내렸습니다.
Bạn đã để quên ô ở trên xe buýt.

2）あなたは、地下鉄に紙袋を忘れました。

You have left a paper bag on a subway train.
你把纸袋子忘在了地铁里。
여러분은 지하철에 종이 가방을 두고 내렸습니다.
Bạn đã để quên cái túi giấy ở trên tàu điện ngầm.

3）あなたは、駅のホームのいすの上に携帯電話を忘れました。

You have left your mobile phone on a bench on a station platform.　你把手机忘在了站台的椅子上。
여러분은 역의 홈에 있는 의자 위에 휴대 전화를 두고 왔습니다.
Bạn đã để quên điện thoại di động ở trên ghế ở sảnh chờ tàu trong ga.

---

1 本　2 ノート　3 電子辞書　4 紙　5 電話番号　6 住所　7 書きます

ロールプレイ

ロールプレイカード 9-1 9-2

応用練習 🔊 62

アレンさんはしらかば台行きの地下鉄に乗って、大通り駅で降りました。水を買おうと思いましたが、財布がありません。地下鉄に忘れてきたようです。

Allen got on a subway train bound for Shirakabadai and got off at Oodoori station. He wants to buy some water, but he can't find his wallet. He might have left it on the subway train.

阿伦坐开往白桦台的地铁，在大通车站下了车。他想要买水时，发现钱包不见了。好像是忘在了地铁里。

앨런 씨는 시라카바다이행 지하철을 타고 오오도오리역에서 내렸습니다. 물을 사려고 하니 지갑이 없습니다. 지하철에 두고 내린 것 같습니다.

Allen lên tàu điện ngầm đi Shirakabadai và đã xuống ga Odori. Allen định mua nước uống thì không thấy ví đâu. Có vẻ như Allen đã để quên ở trong tàu điện ngầm.

－駅で－

アレン　：あのう、すみません。さっき¹、地下鉄で財布をなくした²んですが³
　　　　　……。

駅員　　：何時ごろ⁴のどこ行きの地下鉄ですか↑

アレン　：5時ごろのしらかば台行きです。

駅員　　：そうですか。どんな財布ですか↑

アレン　：黒い革⁵の財布です。

駅員　　：二つ折り⁶ですか↑

アレン　：いいえ、違います。長いのです。

駅員　　：中に何が入って⁷いますか↑

アレン　：お金⁸と在留カード⁹と学生証が入っています。

駅員　　：わかりました。
　　　　　見つかったら¹⁰連絡します¹¹。この紙に名前と電話番号を書いてください。

アレン　：はい。（紙に書く）
　　　　　（紙を渡す　He hands in the paper.　把纸递过去　종이를 건네다　Đưa tờ giấy）
　　　　　お願いします¹²。

---

1 さっき　2 なくします　3 ～んですが　4 ～ごろ　5 革　6 二つ折り　7 入ります
8 お金　9 在留カード　10 見つかります　11 連絡します　12 お願いします

9 忘れ物を問い合わせる

1）あなたは電車の中にかばんを忘れました。

 You have left your bag on a train. 你把包忘在了电车里。
 여러분은 전철 안에 가방을 두고 내렸습니다. Bạn đã quên cặp ở trên tàu điện.

2）あなたは、駅のトイレにかさを忘れました。

 You have left your umbrella in a station toilet. 你把伞忘在了车站的厕所里。
 여러분은 역 화장실에 우산을 잊어버리고 왔습니다. Bạn đã quên chiếc ô ở trong nhà vệ sinh của nhà ga.

違う場面で 🔊 63

―事務室で―　At an office　在办公室　사무실에서　Tại văn phòng

アレン　　：すみません。きのう、教室¹にペンケース²を忘れたんですが…。
事務の人：どこの教室ですか↑
アレン　　：3階の302です。
事務の人：302ですね↗　何限³のクラス⁴ですか↑
アレン　　：2限です。
事務の人：そうですか。どんなペンケースですか↑
アレン　　：熊⁵の形⁶の黒のペンケースです。白い猫⁷のストラップ⁸がついて⁹います。
事務の人：白い猫のストラップがついた黒のペンケースですね↗
アレン　　：はい、そうです。
事務の人：ちょっと見て来ます¹⁰。
　　　　　　　　　⋮
事務の人：これですか↑
アレン　　：はい、そうです。
事務の人：では、この紙に名前と電話番号と忘れたものを書いてください。
アレン　　：これでいいですか¹¹↑
事務の人：はい、いいです。
アレン　　：ありがとうございました。

1　教室　2　ペンケース　3　～限　4　クラス　5　熊　6　形　7　猫　8　ストラップ
9　つきます　10　見て来ます　11　これでいいですか

●関連語彙　Related vocabulary　有关词汇　관련 어휘　Từ vựng liên quan

ものの色を表す表現（いろ あらわ ひょうげん）： Expressions to denote the color of things　表达物体的颜色　색을 나타내는 표현　Những cách nói biểu thị màu sắc của vật

白いN（しろ）	: white N	白色（的）N　하얀N　N trắng
黒いN（くろ）	: black N	黑色（的）N　검은N　N đen
赤いN（あか）	: red N	红色（的）N　빨간N　N đỏ
青いN（あお）	: blue N	蓝色（的）N　파란N　N xanh
黄色いN（きいろ）	: yellow N	黄色（的）N　노란N　N vàng
茶色いN（ちゃいろ）	: brown N	棕色（的）N、茶色（的）N　밤색N　N nâu
白のN（しろ）	: white N	白色（的）N　하얀N　N trắng
黒のN（くろ）	: black N	黑色（的）N　검은N　N đen
赤のN（あか）	: red N	红色（的）N　빨간N　N đỏ
青のN（あお）	: blue N	蓝色（的）N　파란N　N xanh
黄色のN（きいろ）	: yellow N	黄色（的）N　노란N　N vàng
茶色のN（ちゃいろ）	: brown N	棕色（的）N、茶色（的）N　밤색N　N màu nâu
緑のN（みどり）	: green N	绿色（的）N　녹색N　N màu xanh lá cây
ピンクのN	: pink N	粉红色（的）N　분홍색N／분홍N　N màu hồng
グレーのN	: grey N	灰色（的）N　회색N　N màu xám
シルバーのN	: silver N	银色（的）N　은색N　N màu bạc
紫のN（むらさき）	: violet N	紫色（的）N　보라색N　N tím
水色のN（みずいろ）	: sky blue N	淡蓝色（的）N　하늘색N　N màu xanh da trời
紺のN（こん）	: navy blue N	深蓝色（的）N　감색N　N màu tím than

9　忘れ物を問い合わせる

NOTES

1. はい、そうです ▶2課 NOTES 4

名詞の質問文（N₁はN₂ですか）に対して肯定するときに使います。動詞や形容詞の質問文（NはVますか／Adj.ですか）に対する答えには使いません。動詞・形容詞の質問文には、その動詞・形容詞を使って答えます。

This is an expression of affirmation used in response to a nominal question (N₁はN₂ですか). It is not used in response to verb or adjective questions (NはVますか／Adj.ですか); instead, these questions should be responded to by using that verb or adjective.

对名词疑问句「N₁はN₂ですか」的肯定回答时使用。不能用于动词和形容词的疑问句「NはVますか／Adj.ですか」的回答。动词、形容词的疑问句，要使用它本身的动词、形容词来回答。

명사의 의문문 (N₁はN₂ですか) 에 대해서 긍정할 때 사용합니다. 동사나 형용사의 의문문 (NはVますか／Adj.ですか) 에 대한 대답으로는 사용하지 않습니다. 동사・형용사의 의문문에는 그 동사・형용사를 사용해서 대답합니다.

Sử dụng để khẳng định đối với câu hỏi có danh từ làm vị ngữ (N₁はN₂ですか). Không sử dụng trong câu trả lời đối với câu hỏi có động từ hay tính từ làm vị ngữ (NはVますか／Adj.ですか). Đối với câu hỏi có động từ/tính từ làm vị ngữ, sẽ dùng ngay chính động từ/tính từ đó để trả lời.

2. いいえ、違（ちが）います

名詞の質問文（N₁はN₂ですか）に対して否定するときに使います。動詞や形容詞の質問文（NはVますか／Adj.ですか）に対する答えには使いません。動詞・形容詞の質問文には、その動詞・形容詞を使って答えます。

This is an expression of negation used in response to a nominal question (N₁はN₂ですか). It is not used in response to verb or adjective questions (NはVますか／Adj.ですか) ; instead, these questions should be responded to by using that verb or adjective.

对名词疑问句「N₁はN₂ですか」的否定回答时使用。不能用于动词和形容词的疑问句「NはVますか／Adj.ですか」的回答。动词、形容词的疑问句，要使用它本身的动词、形容词来回答。

명사의 의문문 (N₁はN₂ですか) 에 대해서 부정할 때 사용합니다. 동사나 형용사의 의문문 (NはVますか／Adj.ですか) 에 대한 대답으로는 사용하지 않습니다. 동사・형용사의 의문문에는 그 동사・형용사를 사용해서 대답합니다.

Sử dụng khi phủ định đối với câu hỏi có danh từ làm vị ngữ (N₁はN₂ですか). Không sử dụng để trả lời câu hỏi có động từ/tính từ làm vị ngữ (NはVますか／Adj.ですか). Đối với câu hỏi có động từ/tính từ làm vị ngữ, sẽ dùng ngay chính động từ/tính từ đó để trả lời.

3. じゃ、この紙（かみ）に名前（なまえ）と電話番号（でんわばんごう）と住所（じゅうしょ）を書（か）いてください

相手の話や状況を受けて、話し手が今、判断した結果を話すときに使います。ここでは、相手がかばんの持ち主であると判断して、次の手続きに移行する際に使います。

「じゃ」 is used when giving a judgment or determination based on what someone said or what circumstance someone is in. For example, if you've determined that someone is the owner of a lost bag, you would say 「じゃ」 before explaining what should be done next.

用于说话人在听了对方的话及了解情况后，说出现在做出的判断的结果。在这里，用于判断对方是包的主人，将手续移转到下一步时。

상대의 이야기나 상황을 받아들여 화자가 지금 판단한 결과를 이야기할 때 사용합니다. 여기에서는 상대가 가방의 임자라고 판단해 다음 절차를 이행할 때에 사용합니다.

Sử dụng khi người nói nghe nhận thông tin về tình trạng của đối phương và ngay bây giờ sẽ nói ra kết quả nhận định của mình. Trong trường hợp ở đây, người nói sử dụng câu này để chuyển sang làm thủ tục tiếp theo sau khi đã nhận định được rằng chủ nhân của chiếc cặp chính là đối phương.

4. じゃ、この紙に名前と電話番号と住所を書いてください（Ｖてください）

▶10課 NOTES 4 ▶19課 NOTES 2

ここでは、「Ｖてください」は指示の表現です。

This「Ｖてください」is used when giving instructions or directions.
在这里,「Ｖてください」是指示的用法。
여기에서「Ｖてください」는 지시의 표현입니다.
Trong trường hợp này, "Ｖてください" là cách nói chỉ thị ra lệnh.

忘れ物を問い合わせる

☺1
駅員　：かばんの中に財布がありますか ↑
アレン：はい、あります。／いいえ、ありません。

☺2
小川　：アレンさんの自転車は新しいですか ↑
アレン：はい、新しいです。／いいえ、新しくないです。

事情を説明する・頼む

Explaining things and asking favors　说明情况・请求帮助
사정 설명하기・부탁하기　Giải thích về sự tình /Nhờ vả

教室で： In the classroom
在教室
교실에서
Tại phòng học

聞いて答えよう　🔊 64

友だちはあなたに何か言いました。あなたは何と答えますか。
Your friend says something to you. How do you answer?
你的朋友说了些什么。你该回答什么呢?　친구가 여러분에게 무언가 말했습니다. 여러분은 뭐라고 대답합니까?
Bạn của bạn đã nói những gì với bạn? Bạn sẽ trả lời như thế nào?

1)

2)

105

練習 A-1

1. 中田　：アレンさん、今、①時間（が）ありますか ↑
   アレン：②ええ¹、ありますよ ↗

   ▶ NOTES 1

   1) ①時間（が）ありますか　　②ええ、何でしょうか。
   2) ①いいですか　　　　　　②ええ、いいですよ ↗
   3) ①ちょっといいですか　　　②はい、何ですか ↑

   ▶ NOTES 2

2. アレン：先生、今、お時間（が）ありますか ↑
   先生　：ええ。何ですか ↑

   ▶ NOTES 1

   1) ちょっといいでしょうか。
   2) ちょっとよろしいですか ↑
   3) ちょっとよろしいでしょうか。

Cf. －親しい友だちに－　to your close friend　对你的好朋友　친한 친구에게　Nói với bạn thân

アレン　：ナタリーさん、今、時間（が）ある ↑／
　　　　　ちょっといい ↑
ナタリー：うん²、あるよ／いいよ³ ↗　何 ↑

✕₁ 中田　：アレンさん、今、時間ありますか ↑
   アレン：いいえ、ありません。

🔊 聞いて考えよう　65

次の２つの文を聞いてください。どう違いますか。

Listen to these two sentences. How are they different?　请听一下下面的两个句子。它们有什么不同之处？
다음 2 개의 문장을 들으십시오. 어떻게 다릅니까？　Hãy nghe hai câu sau. Chúng khác nhau ở chỗ nào?

1)
2)

---

1 ええ　**2** うん　**3** いいよ

練習 A-2

アレン：すみません。
　　　①この漢字¹がわからないんですが……。
中田　：②これですか↑　これは禁煙²ですよ↗

▶ NOTES 3

1) ①「コピペ」の意味³
　　②コピペですか↑　コピーアンドペースト⁴ですよ↗
2) ①留学生寮の電話番号　　②123の7890です。
3) ①ＡＴＭの使い方⁵　　②じゃ、いっしょにしましょう。

Ｖマス form ＋方 ： The way to do　做法、干法　하는 방법　Cách làm

使い方：how to use　用法　사용법　cách sử dụng　　例）コピー機の使い方
書き方：how to write　写法　쓰는 법　cách viết　　　例）手紙の書き方
読み方：how to read　读法、念法　읽는 법　cách đọc　　例）漢字の読み方

練習 A-3

アレン：すみません。①この漢字がわからないんですが、
　　　教えて⁶ください。／教えてくださいませんか↑
中田　：②これですか↑　これは禁煙ですよ↗

▶ NOTES 4

練習 A-2の1）～3）

🎧2　アレン：この漢字がわからないんですが↑　🔊66

---

1 漢字　2 禁煙　3 意味　4 コピーアンドペースト　5 使い方　6 教えます

練習 A-4

1. ［アレン　：すみませんが、<u>先生にこの宿題を持って行って</u>¹ください。
　　ナタリー：はい、いいですよ ↗　　　　　　　　　　▶ NOTES 5
　　アレン　：お願いします。　　　　　　　　　　　　▶ NOTES 6

　　例）先生にこの宿題を持って行く
　　1）あした日本語クラスのプリント²を貸す³
　　2）お弁当⁴を買って来る⁵

2. ［アレン　：すみませんが、<u>このはがきを読んで</u>⁶くださいませんか ↗
　　森先生　：ええ、いいですよ ↗
　　アレン　：お願いします。

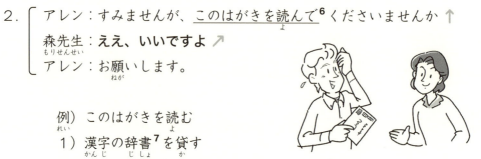

　　例）このはがきを読む
　　1）漢字の辞書⁷を貸す
　　2）この言葉⁸の使い方を教える

㊌3 ［先生　：この宿題は、あした持って来て⁹ください。
　　　アレン：はい、いいですよ ↗

---

1 持って行きます　**2** プリント　**3** 貸します　**4** お弁当　**5** 買って来ます　**6** 読みます　**7** 辞書　**8** 言葉　**9** 持って来ます

練習B 🔊 67

以下の会話を練習してから1）、2）の状況で会話をしてください。
After practicing the conversation below, make conversations for situations 1) and 2).
练习以下会话，然后按1）、2）的状况进行会话。
아래의 회화를 연습한 후 1), 2)와 같은 상황에서 이야기를 해 보십시오.
Hãy tập nói theo hội thoại dưới đây và sau đó hội thoại theo tình huống 1), 2).

アレン：あのう、中田さん。今、時間がありますか↑
中田　：はい、何ですか↑
アレン：きのう、この手紙が来ました。でも日本語がわからないんですが……。
中田　：あ、電話料金¹ですね↗
アレン：そうですか。すみませんが、英語で説明して²ください（ませんか↑）。
中田　：いいですよ↗　じゃ、ちょっと見せて³ください。
アレン：はい、お願いします。

---

1) 日本語のはがきが来ました。でも、日本語がわかりません。
   You have received a post card in Japanese, but you don't understand Japanese.
   你收到了一张日语明信片。可是你看不懂日语。　　일본어로 쓴 엽서가 왔습니다. 그렇지만 일본어를 모릅니다.
   Bạn nhận được bưu thiếp bằng tiếng Nhật. Thế nhưng, bạn không hiểu tiếng Nhật.

2) ホームステイ先の日本人の家族に手紙を書きたいです。でも、書き方がわかりません。
   You want to write a letter to your homestay family in Japan. But you don't know how to write it.
   你想给寄宿家庭的日本人写信。可是你不知道写法。
   일본인 홈스테이 가족에게 편지를 쓰고 싶습니다. 그렇지만 쓰는 법을 모릅니다.
   Bạn muốn viết thư đến gia đình người Nhật mà bạn đã ở homestay. Thế nhưng, bạn không biết cách viết.

ロールプレイ

ロールプレイカード 10-1　10-2　／　イラストカード 3. 地図

---

1 電話料金　**2** 説明します　**3** 見せます

応用練習 🔊 68

きのう、アレンさんは電子辞書を買いました。漢字を調べたいのですが、使い方がわかりません。今、アレンさんは電子辞書を持って、日本語の森先生の研究室に来ました。

Yesterday Allen bought an electronic dictionary. He wants to look up kanji on it. But he doesn't know how to use it. He has come to Ms. Mori's office with it.

昨天阿伦买了一个电子词典。他想查汉字，可是却不知道用法。现在阿伦拿着电子词典来到日语森老师的研究室。

앨런 씨는 어제 전자 사전을 샀습니다. 한자를 찾고 싶지만 사용법을 모릅니다. 지금 앨런 씨는 전자 사전을 가지고 일본어 선생님인 모리 선생님의 연구실에 왔습니다.

Hôm qua, Allen đã mua từ điển điện tử. Allen muốn tra chữ Hán nhưng không biết cách sử dụng. Bây giờ, Allen đã mang từ điển điển tử đến phòng nghiên cứu của cô giáo tiếng Nhật Mori.

アレン：（ドアをノックする　knocking at the door　敲门　문을 노크한다　gõ cửa）

森先生：はい、どうぞ[1]。

アレン：失礼します。
（ドアを開けて入る　opening the door and entering　打开门进去　문을 열고 들어간다　mở cửa bước vào）

あのう、先生。今、ちょっとよろしいですか↑

森先生：はい、何ですか↑

アレン：きのう、電子辞書を買った[2]んですけど、使い方がよくわからないんです。すみませんが、教えてくださいませんか↑

森先生：いいですよ↗　何を調べ[3]たいんですか↑

アレン：漢字を調べたいんですが……。

森先生：そうですか。じゃ、ちょっと見せてください。

アレン：はい、お願いします。

1）飛行機のチケットを買います。でも、日本語がわかりません。

You want to buy a plane ticket. But you don't understand Japanese well.　你想买飞机票。可是你不懂日语。
비행기표를 삽니다. 그렇지만 일본어를 모릅니다.
Bạn mua vé máy bay. Thế nhưng, bạn không biết tiếng Nhật.

2）美術館に行きます。でも、道がわかりません。

You want to go to a museum. But you don't know how to get there.　你要去美术馆。可是你不知道路。
미술관에 갑니다. 그렇지만 길을 모릅니다.　Bạn đi bảo tàng mỹ thuật. Thế nhưng, bạn lại không biết đường.

---

1 どうぞ　**2** 買います　**3** 調べます

違う場面で 🔊 69

コンピュータールームで共有(きょうゆう)のパソコンを使(つか)っています。

Using a shared computer in the computer room　在电脑室使用公用电脑
컴퓨터룸에서 공유 PC를 사용하고 있습니다.　Đang sử dụng máy vi tính chung tại phòng vi tính

---

アレン ：中田さん、今ちょっといいですか ↑

中田　 ：いいですよ。何ですか ↑

アレン ：宿題をメール[1]で送り[2]たいんですが、日本語のツールバー[3]がよくわからないんです。

中田　 ：そうですか。添付ファイル[4]で送りますか ↑

アレン ：てんぷ ↑

中田　 ：はい。Attached file のことです[5]。

アレン ：ああ、添付という[6]んですか。そうです、添付ファイルで送ります。

中田　 ：じゃ、ここの「添付ファイル」というところ[7]をクリック[8]して、ファイルを選びます[9]。

アレン ：ええと、ここをクリックして、ファイルを選びました。

中田　 ：そして[10]、この「開く[11]」をクリックすると[12]、添付できます[13]。

アレン ：ああ、できました。ありがとうございました。

中田　 ：いいえ。

---

1 メール　**2** 送ります　**3** ツールバー　**4** 添付ファイル　**5** 〜のことです　**6** 〜といいます
7 ところ　**8** クリック　**9** 選びます　**10** そして　**11** 開きます　**12** 〜と　**13** できます

10 事情を説明する・頼む

NOTES

1. 今、(お)時間(が)ありますか↑　　　　　　　　　　　　　▶6課 NOTES 5

相手に何かを頼んだり相談したりするとき、用件に入る前に相手の都合を聞く表現です。「今、暇ですか」と尋ねるのは、暇そうに見えることを示しているため、失礼になります。助詞の「が」が省略されることがあります。

「今、時間がありますか」と聞かれたときに、忙しくて時間がない場合は、「すみません、今はちょっと……(▶6課 NOTES 5)」と答えます。「いいえ、ありません」と言うと、失礼になります。

This expression is used to ask if a person is available when you want to ask a favor or discuss something with him/her. Asking「今、暇ですか」is impolite, because it implies that the person does not look very busy. You can also use this expression without the particle「が」. If someone uses this expression towards you, but you are busy and have no time, you can respond with「すみません、今はちょっと……(▶6課 NOTES 5)」. Saying「いいえ、ありません」would be rude.

是想请对方做某事，跟对方商量什么时，在切入主题前征询对方是否方便的表现。如果用「今、暇ですか」询问对方的话，会表示对方看起来很空儿，所以不太礼貌。助词的「が」常常省略。如果对方问你「今、時間がありますか」，要是你很忙，没有时间的话，用「すみません、今はちょっと……(▶6課 NOTES 5)」来回答。如果你说「いいえ、ありません」的话，是很失礼的。

상대에게 무언가를 부탁하거나 상담할 때 용건에 들어가기 전에 상대의 사정을 묻는 표현입니다. 「今、暇ですか」라고 묻는 것은 상대가 한가해 보인다는 것을 나타내기 때문에 실례가 됩니다. 조사「が」가 생략되는 경우가 있습니다.

「今、時間がありますか」라고 상대가 물었을 때 바빠서 시간이 없을 경우는 「すみません、今はちょっと……(▶6課 NOTES 5)」라고 대답합니다. 「いいえ、ありません」이라고 말하면 실례가 됩니다.

Đây là cách nói khi bạn muốn nhờ vả hay bàn với đối phương một cái gì đó, trước khi vào câu chuyện, bạn hỏi đối phương có rảnh hay không. Nếu bạn hỏi là "今、暇ですか" thì nó biểu thị việc người đó trông có vẻ như đang rỗi việc nên câu hỏi này sẽ trở nên khiếm nhã. Nhiều khi trợ từ "が" được lược bỏ khi sử dụng.

Khi được hỏi là "今、時間がありますか" thì nếu trường hợp bạn đang bận, không có thời gian thì bạn sẽ trả lời là "すみません、今はちょっと……(▶6課 NOTES 5)". Chứ bạn nói là "いいえ、ありません" thì sẽ trở thành khiếm nhã.

2. 今、ちょっといいですか↑/いいでしょうか/よろしいですか↑/よろしいでしょうか　　　　　　　　　　　　　▶6課 NOTES 5

NOTES 1 と同様に相手に何かを頼んだり相談したりするとき、用件に入る前に相手の都合を聞く表現です。相手が忙しそうなときにも使います。自分が頼まれて、断るときは、「すみません、今はちょっと……(▶6課 NOTES 5)」などを使います。

As with NOTES 1, this expression is used to ask if a person has time to give you their attention. You can use this expression even if the person appears to be busy. When you turn down another's request, you should say「すみません、今はちょっと……(▶6課 NOTES 5)」.

跟 NOTES 1 同样，是想请对方做某事，跟对方商量什么时，在切入主题前征询对方是否方便的表现。即使在对方看起来很忙的时候也可以使用。当自己被请求帮助时，可以使用「すみません、今はちょっと……(▶6課 NOTES 5)」来拒绝。

NOTES 1 과 같이 상대에게 무언가를 부탁하거나 상담할 때 용건에 들어가기 전에 상대의 사정을 묻는 표현입니다. 상대가 바빠 보일 때도 사용합니다. 자신이 부탁을 받고 거절할 때는「すみません、今はちょっと……(▶6課 NOTES 5)」등을 사용합니다.

Giống như NOTES 1, đây là cách hỏi đối phương có thời gian hay không trước khi bạn đi vào câu chuyện chính khi bạn có vấn đề gì cần nhờ vả hay thảo luận với người khác. Nó cũng được sử dụng ngay cả khi đối phương có vẻ như đang bận rộn. Khi bản thân bạn bị nhờ vả và muốn từ chối, bạn có thể trả lời là "すみません、今はちょっと…(▶6課 NOTES 5)".

3. この漢字がわからないんですが…… ▶12課 NOTES 2 ▶13課 NOTES 2

話し手の状況を説明して、相手の反応を待つ表現です。ここでは「わからない」という状況を説明しています。頼みたいことは、「んですが」のあとに続きます。ここでは「わからないんですが」のあとに、「教えてください」という表現が省略されています。「Nがわかりません」は、事実を話しているだけです。文末はイントネーションを上げずに、少し伸ばします。

This is a way of explaining a situation to someone and awaiting a response. In this case, the situation is that you don't understand. You can proceed to make your request after 「んですが」. For example, in this case, after saying 「わからないんですが」 you might say 「教えてください」. Saying 「Nがわかりません」 merely states a fact, and does not contain the nuance of asking for a favor. The end of the sentence is slightly lengthened and said without rising intonation.

是说明说话人的状况，等候对方反应的表现。在这里，说明了「わからない」这个状况。要想请求别人帮助的事，接在「んですが」的后面。在此处，「わからないんですが」的后面「教えてください」这个表现被省略了。「Nがわかりません」这个表现只是单纯地在叙事事实。句末声调稍微拖长，不上扬。

화자의 상황을 설명하고, 상대의 반응을 기다리는 표현입니다. 여기에서는 「모른다」는 상황을 설명하고 있습니다. 부탁하고 싶은 것은 「んですが」 뒤에 옵니다. 여기에서는 「わからないんですが」 뒤에 「教えてください」라는 표현이 생략되어 있습니다. 「Nがわかりません」은 사실을 말하고 있을 뿐입니다. 어미는 억양을 올리지 않고 약간 길게 발음합니다.

Đây là cụm từ sử dụng khi giải thích về tình trạng của người nói và, mong chờ phản ứng của đối phương. Trong trường hợp hội thoại này nó giải thích về tình trạng "không hiểu". Khi muốn nhờ vả, thường thêm "んですが" vào sau. Ở hội thoại này, đáng nhẽ ở phần sau của "わからないんですが" còn có "教えてください(làm ơn hãy chỉ bảo cho tôi)" nhưng đã được lược bớt. Còn "Nがわかりません" chỉ có ý nghĩa trần thuật một sự việc. Ở từ cuối cùng, ngữ điệu không lên cao mà chỉ hơi kéo dài một chút.

4. 教えてください／教えてくださいませんか↑ （Vてください／Vてくださいませんか↑）
▶9課 NOTES 4 ▶19課 NOTES 2

依頼するときに使う表現です。どちらも「すみません」とともに話されることが多いです。「教えてくださいませんか」のほうが丁寧な言い方で、目上の人に頼む場合はこちらを使ったほうがいいです。「～てください」には指示の意味もあります。依頼表現は19課でも勉強します。

These expressions are used when someone wants to ask somebody something. Both are often spoken with 「すみません」. 「教えてくださいませんか」 is politer than 「教えてください」 and so it is better to use 「教えてくださいませんか」 when you ask a person in a higher position than you in society. 「～てください」 has another meaning of instruction. Other expressions for request can be found in Lesson 19.

是请求做什么时使用的表现。两个表现都常和「すみません」一起使用。「教えてくださいませんか」是比较礼貌的说法，请身份地位比自己高的人帮忙的时候，最好使用这个用法。因为「～てください」含有指示（命令）的意思。请求表现将在19课学习。

의뢰할 때 사용하는 표현입니다. 양쪽 다 「すみません」과 같이 사용하는 경우가 많습니다. 「教えてくださいませんか」가 정중한 말투로, 윗사람에게 부탁할 경우는 이 표현을 사용하는 것이 좋습니다. 「～てください」에는 지시의 의미도 있습니다. 의뢰 표현은 19 과에서도 공부합니다.

Đây là cách nói khi muốn nhờ vả ai đó. Có nhiều trường hợp cả hai cách nói trên được nói cùng với từ "すみません", "教えてくださいませんか" là cách nói lịch sự hơn, thường được sử dụng khi nhờ vả những người trên mình. "～てください" còn mang cả nét nghĩa chỉ thị nữa. Về cách nói nhờ vả, chúng ta còn sẽ học ở Bài 19 nữa.

5. はい、いいですよ ↗

依頼されたとき、それを受ける表現です。「Ｖてください」と言われても、それが指示であれば、「いいですよ」ではなく「はい」「わかりました」を使います。

This phrase is used to show that you are willing to do the thing requested of you. However, if someone is giving you an instruction or a direction, even if they use 「Ｖてください」, you should respond with 「はい」 or 「わかりました」 instead.

是被请求做什么时，接受那个请求的表现。即使对方说「Ｖてください」，但如果那是指示的用法，则不使用「いいですよ」，而使用「はい」、「わかりました」来回答。

의뢰 받았을 때 그것을 받아들이는 표현입니다. 「Ｖてください」 라고 들었어도 그것이 지시일 경우 「いいですよ」가 아니고 「はい」「わかりました」를 사용합니다.

Đây là cách nói thể hiện sự đồng ý, chấp nhận khi được nhờ. Khi đối phương nói câu "Ｖてください" mà là câu chỉ thị thì ta không trả lời là "いいですよ" mà là "はい", "わかりました".

6. お願いします ▶ Ｉ課 NOTES 3

依頼をして、相手が受諾してくれたあとに使います。依頼した行為が確かに行われるように頼む表現です。

This is a general expression used after a request is accepted. It is a way of confirming that the requested action will be completed.

请求对方做什么，在对方答应请求后使用。是请求对方一定完成被委托之事的表现。

의뢰한 것을 상대가 수락한 후에 사용합니다. 의뢰한 행위가 확실하게 행해지도록 부탁하는 표현입니다.

Từ này được sử dụng để nói khi mình nhờ ai đó làm cho mình và người đó chấp nhận. Đây là cách nói nhờ vả với mong muốn việc mình nhờ sẽ được thực hiện một cách chắc chắn.

☺1
中田　：アレンさん、今、時間ありますか ↗
アレン：今は、ちょっと……。すみません。

☺2
アレン：この漢字がわからないんですが……。 🔊66

☺3
先生　：この宿題は、あした持って来てください。
アレン：はい。／わかりました。／はい、わかりました。

謙遜する・褒める

Showing modesty and paying compliments　谦虚・称赞
겸손하게 말하기・칭찬하기　Khiêm tốn/Khen ngợi

> ホームステイ先の西川さんのうちで：
> At the house of the Nishikawa homestay family
> 在寄宿家庭的西川家　홈스테이 니시카와씨 집에서
> Tại nhà của gia đình homestay Nishikawa

聞いて答えよう 🔊 70

あなたは西川さんのうちでホームステイをしています。みんなで日本語で話しています。お母さんが何か言いました。あなたは、何と答えますか。

You are staying with the Nishikawa family as part of a homestay program. Now you are talking to them in Japanese. The homestay mother says something. How do you respond?

你在西川家寄宿。大家都在用日语交谈。那家的妈妈说了些什么。你该回答什么呢？

여러분은 니시카와 씨 집에서 홈스테이를 하고 있습니다. 모두 일본어로 이야기하고 있습니다. 어머니가 무언가 말했습니다. 여러분은 뭐라고 대답합니까?

Bạn ở homestay gia đình Nishikawa. Mọi người nói chuyện bằng tiếng Nhật. Người mẹ đã nói những gì? Bạn sẽ trả lời như thế nào?

練習 A-1

西川　：アレンさん、①日本語（が）、上手¹ですね。
アレン：②いえいえ……。まだ²上手じゃありません。

▶ NOTES 1

1) ①歌³　　②いいえ、とんでもないです
2) ①日本語　②いいえ、まだまだ⁴です
3) ①日本語　②ありがとうございます。でも、難しいです
4) ①料理⁵　②ありがとうございます。母⁶に習いました⁷

▶ NOTES 1

✕
西川　：日本語（が）、上手ですね↗
アレン：はい、上手です。

考えよう1

あなたは友だちに文法のテストの点数を聞きました。友だちは文法のテストで95点を取ったと答えました。友だちに何と言いますか。

You ask a friend what score he/she got on a grammar test. He/she answers that he/she got 95 points. What do you say?

你问朋友语法考试的分数。朋友回答在语法考试中得了九十五分。你该对朋友说什么?

여러분은 친구에게 문법 테스트 점수를 물었습니다. 친구는 문법 테스트에서 95점을 맞았다고 대답했습니다. 친구에게 뭐라고 말합니까?

Bạn hỏi bạn mình về điểm số của bài kiểm tra ngữ pháp. Bạn của bạn trả lời là được 95 điểm. Khi đó bạn sẽ nói với bạn như thế nào?

練習 A-2

アレン　：きのうの文法⁸テスト⁹、何点¹⁰でしたか↗
ナタリー：95点¹¹でしたよ↗
アレン　：すごい！

▶ NOTES 2

1) えっ、すごーい。　　2) えっ、すごいですね。
3) すごい。よかったですね¹²。

---

1 上手[な]　2 まだ　3 歌　4 まだまだ　5 料理　6 母　7 習います　8 文法
9 テスト　10 何点　11 〜点　12 よかったですね

Cf. アレンさんは、ナタリーさんが作ったケーキを食べました。

Allen has just eaten a cake made by Natalie.　阿伦吃了纳塔丽做的蛋糕。
앨런 씨는 나타리 씨가 만든 케이크를 먹었습니다.　Allen đã ăn chiếc bánh ga-tô mà Natalie làm.

アレン　　：このケーキ、すごく**¹**おいしいです。
ナタリー：ありがとう。

練習 B-1　🔊 71

以下の会話を練習してから 1) の状況で会話をしてください。

After practicing the conversation below, make a conversation for a situation 1).
练习以下会话，然后按1) 的状况进行会话。
아래의 회화를 연습한 후 1) 과 같은 상황에서 이야기를 해 보십시오.
Hãy tập nói theo hội thoại dưới đây và sau đó hội thoại theo tình huống 1).

西川　：アレンさん、日本語、上手ですね。
アレン：いえいえ……。
西川　：日本へ来る前に**²**習ったんですか↑　　　▶ NOTES 3
アレン：いいえ。日本に来てから**³**習いました。
西川　：えっ、本当ですか**⁴**。すごい。

---

1) 友だちは料理が上手です。

　　Your friend is good at cooking.　你的朋友很会做饭。
　　친구는 요리를 잘합니다.　Bạn của bạn nấu ăn rất giỏi.

考えよう 2

あなたは今、パーティーに来ています。友だちの中田さんがきれいな着物を着ています。何と言って褒めますか。

You are at a party. Your friend Ms. Nakata is wearing a beautiful kimono. How do you compliment her?
你现在在一个聚会上。你的朋友中田穿着一件漂亮的和服。说什么称赞她呢？
여러분은 지금 파티에 와 있습니다. 친구인 나카타 씨가 예쁜 기모노를 입고 있습니다. 뭐라고 칭찬합니까？
Bây giờ, bạn đang tham dự tiệc. Nakata mặc Kimono rất đẹp. Bạn nói thế nào để khen Nakata?

---

1 すごく　**2** 〜前に　**3** 〜てから　**4** 本当ですか

練習A-3

アレン：中田さん、その¹ ①着物²、②すてき³ですね。
中田　：ありがとう。③両親⁴からのプレゼント⁵なんです。　▶ NOTES 3

例) ①着物　　②すてきです　　　③両親からのプレゼントです
1) ①時計　　②かっこいい⁶です　③祖父⁷にもらいました⁸
2) ①かばん　②いい⁹です　　　　③イタリア¹⁰のお土産¹¹です
3) ①コート¹²　②似合います¹³　③🙂?

Cf. アレン：中田さん、その時計、色¹⁴がきれい／デザイン¹⁵がいいですね。
　　中田　：ありがとう。

練習B-2　🔊 72

以下の会話を練習してから1)、2)の状況で会話をしてください。

パーティーで中田さんがきれいな着物を着ています。
Ms. Nakata is wearing a beautiful kimono at a party.　在聚会上，中田穿着一件漂亮的和服。
파티에서 나카타 씨가 예쁜 기모노를 입고 있습니다.　Tại buổi tiệc, Nakata mặc một bộ Kimono rất đẹp.

アレン：中田さん、その着物、すてきですね。
中田　：ありがとう。両親からのプレゼントなんです。
アレン：そうですか。どんなとき¹⁶、着物を着ます¹⁷か↑
中田　：大学の卒業式¹⁸や友だちの結婚式¹⁹に着ますよ↗
アレン：そうですか。とても似合いますね。いっしょに写真²⁰を撮り²¹ましょう。
中田　：ええ、いいですよ↗

---

1) 友だちがいいカメラを持っています。
　　Your friend has a very good camera.　你的朋友有一台不错的照相机。
　　친구가 좋은 카메라를 가지고 있습니다.　Bạn của bạn có một máy chụp ảnh kỹ thuật số tốt.

---

1 その　2 着物　3 すてき[な]　4 両親　5 プレゼント　6 かっこいい　7 祖父
8 もらいます　9 いい　10 イタリア　11 お土産　12 コート　13 似合います　14 色
15 デザイン　16 どんなとき　17 着ます　18 卒業式　19 結婚式　20 写真　21 撮ります

2）友だちの料理がとてもおいしいです。

Your friend has made a very delicious dish. 你的朋友做的菜很好吃。
친구가 만든 요리가 너무 맛있습니다. Bạn của bạn nấu đồ ăn rất ngon.

ロールプレイ

ロールプレイカード 11-1 11-2

応用練習 🔊 73

アレンさんと先輩の高木さんは、研究室で日本語で話しています。

Allen is talking with Ms. Takagi in Japanese in the study room. 阿伦和学长高木在研究室用日语交谈。
앨런 씨와 선배 다카기 씨는 연구실에서 일본어로 이야기하고 있습니다.
Allen và Chị Takagi, người học khóa trên, nói chuyện với nhau bằng tiếng Nhật tại phòng nghiên cứu.

11 謙遜する・褒める

高木　：アレンさん、日本語、上手ですね。
アレン：いいえ……。まだまだです。
高木　：日本へ来る前に習ったんですか↑
アレン：いいえ。日本に来てから習いました。
高木　：そうですか……。日本で、どのぐらい勉強した¹んですか↑
アレン：3か月ぐらい、勉強しました。
高木　：3か月だけ²ですか。すごいですね。日本語の勉強は楽しいですか↑
アレン：楽しいですけど、大変³です。だんだん⁴難しくなります⁵。
高木　：そうですか。頑張って⁶くださいね↗　わたしは10年ぐらい英語⁷を勉強していますけど、まだ下手な⁸んです。今度、わたしに英語を教えてください。
アレン：もちろん⁹、いいですよ↗

---

1 勉強します　2 〜だけ　3 大変[な]　4 だんだん　5 なります　6 頑張ります　7 英語
8 下手[な]　9 もちろん

1）友だちのうちに行きました。友だちはギターがとても上手で、あなたはびっくりしました。友だちに話します。

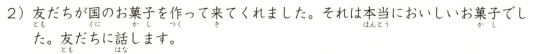

You have gone to your friend's house. You are surprised that he/she is very good at playing the guitar. Tell your friend.
你去了朋友家。你的朋友吉他弹得很好，让你大吃一惊。跟你的朋友说话。
친구 집에 갔습니다. 친구가 기타를 아주 잘 쳐서 여러분은 놀랐습니다. 친구에게 말합니다.
Bạn đến nhà bạn. Bạn của bạn chơi ghi-ta rất giỏi, bạn ngạc nhiên. Bạn nói chuyện với bạn.

2）友だちが国のお菓子を作って来てくれました。それは本当においしいお菓子でした。友だちに話します。

Your friend has made sweets eaten in his/her country for you. They are delicious. Tell your friend.
你的朋友给你做了自己国家的点心。那真是非常好吃的点心。跟你的朋友说话。
친구가 고국의 과자를 만들어 주었습니다. 그것은 정말 맛있는 과자였습니다. 친구에게 말합니다.
Bạn của bạn làm bánh kẹo nước mình mang đến cho bạn. Chúng quả thật rất ngon. Bạn nói chuyện với bạn.

違う場面で 🔊 74

ホームステイでアレンさんは今、晩ご飯を食べています。

Allen is eating with his homestay family.　阿伦正在寄宿家庭吃晚饭。
홈스테이 가정에서 앨런 씨는 지금 저녁을 먹고 있습니다.　Bây giờ, Allen đang ăn cơm tối tại gia đình homestay.

西川　：アレンさん、どんどん[1]食べてくださいね。
アレン：ありがとうございます。お料理は全部すごくおいしいです。お料理が
　　　　お上手ですね。
西川　：いえ[2]、簡単なものばかり[3]なんですよ。アレンさんは日本の料理が
　　　　何でも[4]好きですか↑
アレン：はい、だいたい好きです。
西川　：へえ、そうですか。食べられ[5]ないものはないですか[6]↑
アレン：はい、ないです。日本に来る前は、野菜があまり好きじゃなかったんで
　　　　すが、日本に来てから好きになりました。
西川　：そうですか。どうして[7]ですか↑
アレン：日本には野菜の料理がいろいろあって、おいしいからだと思います[8]。
西川　：ああ、そうですね。カナダの料理もおいしいでしょうね[9]。
アレン：はい、おいしいです。
西川　：じゃ、今度カナダの料理を作って[10]ください。
アレン：料理ですか。あまり作ったことはない[11]んですが、やって[12]みます[13]。
西川　：手伝います[14]よ↗
アレン：お願いします。

謙遜する・褒める

---

1 どんどん　2 いえ　3 ばかり　4 何でも　5 食べられます　6 〜はないですか　7 どうして
8 思います　9 〜でしょうね　10 作ります　11 〜ことはない　12 やります　13 〜てみます
14 手伝います

NOTES

1. いえいえ……／とんでもない

相手の発言が事実と違うという気持ちを表します。自分の能力や技術、家族や持ち物などについて褒められて、謙遜するときにも使います。「とんでもない」は「いえいえ」より強く否定する表現で、事実と大きく違うということを表します。

These are used to express the feeling that what a person says is different from the truth. When you are complimented about an ability or skill, or about your family or your possessions, these expressions are also used as a way of being modest. 「とんでもない」, which is a stronger expression of denial than 「いえいえ」, conveys that what a person says is far from the truth.

表达了对方的发言和事实有很大差异时的感情。当自己的能力、技术、家人及所有物被别人称赞时，表示谦虚时也使用。「とんでもない」是比「いえいえ」更加强烈的否定表现，表示与实际情况相差甚远。

상대의 발언이 사실과 크게 다르다는 기분을 나타냅니다. 자신의 능력이나 기술, 가족이나 소지품 등에 대해 칭찬을 받고 겸손을 나타낼 때도 사용합니다. 「とんでもない」는 「いえいえ」 보다 강하게 부정하는 표현으로, 사실과 크게 다르다는 것을 나타냅니다.

Thể hiện cảm xúc về việc lời nói của đối phương khác nhiều so với sự thật. Cụm từ này còn được dùng để thể hiện sự khiêm tốn khi được ai đó khen ngợi về năng lực hay kỹ năng của mình, về gia đình hay những thứ bạn đang mang. "とんでもない" có nghĩa phủ định mạnh hơn "いえいえ", biểu thị sự khác biệt lớn hơn giữa lời khen và thực tế.

2. すごい！

程度がとても高いことを表す形容詞です。いいことに対しても、悪いこと（⇒例）に対しても使います。この課では、相手の言葉を受けて、驚きを表して褒めています。しかし、同じ分野の目上の人に対して、その専門分野のことを褒めるのは失礼になります。

例) －道がとても 渋滞しています－
　　　The road is very congested.　路上堵车很厉害。　길에서 차가 많이 밀리고 있습니다.　Đường tắc quá!

　　　アレン：すごい……！

This is an adjective which conveys the idea that the degree of something is very great. You can use this expression for both good things and bad things (⇒例). In this lesson, it is often used to express surprise or admiration toward something that a person has told you. However, when used toward a superior in the same field as you, with regard to their specialty in that field, it is impolite.

是表示程度很深的形容词。可用于好、坏（⇒例）两方面。在本文中，在听了对方的话后，表示很吃惊，用来称赞对方。可是对于与自己在同一领域内的身份地位比自己高的人，如果用来夸奖对方的专业领域内的水平的话，是很失礼的。

정도가 매우 높다는 것을 나타내는 형용사입니다. 좋은 것에 대해서도 나쁜 것(⇒例)에 대해서도 사용합니다. 이 과에서는 상대의 말을 듣고 놀라움을 나타내면서 칭찬하고 있습니다. 그러나 같은 분야의 윗사람에 대해서 그 전문 분야에 관한 것을 칭찬하는 것은 실례가 됩니다.

Đây là tính từ thể hiện mức độ rất cao. Được dùng để nói đối với cả việc tốt và việc xấu (⇒例). Ở trong bài này, nó mang ý khen, thể hiện sự ngạc nhiên sau khi nghe đối phương nói. Tuy nhiên, đối với người trên cùng lĩnh vực với mình mà khen ngợi về vấn đề chuyên môn thì sẽ mang ý thất lễ.

3. (日本へ来る前に) 習ったんですか ↑ ／ 両親からのプレゼントなんです

「〜んですか」は、文脈や状況から話し手が推測したことを示して、それを聞き手に確認し説明を期待するときに、使います。ここでは、アレンさんの日本語が上手なことから、来日前に日本語を習ったと推測し、そのことについての説明を期待してアレンさんに質問をしています。「〜んです」は説明するときに使います。

「〜んです」は、普通形（ただし、名詞とナ形容詞の場合は、「〜だ」→「〜な」）に接続します。⇒ 次頁の表〈普通形〉

「〜んですか」 is used to ask for confirmation or an explanation of something that you are supposing or guessing from something that a person has said or from a situation that the person is in. Here, as Allen's Japanese is very good, Ms. Nishikawa supposes that he studied it before coming to Japan and asks Allen about it, using 「〜んですか」.「〜んです」 is used when giving an explanation.
「〜んです」 is used with the plain form. (However, with nouns and ナ-adjectives 「〜だ」 becomes 「〜な」.) ⇒ table <Plain form> on the next page

「〜んですか」表示从上下文、所处状况等，说话方进行了某种推测，就此向听话人进行确认，并期待对方进行说明时使用。在这里，从阿伦的日语很好，推测他来日本前学过日语，就此询问阿伦，希望得到说明。「〜んです」在说明的时候使用。
「〜んです」接普通形（但是，名词和ナ形容词的「〜だ」要变为「〜な」）。⇒下一页的表〈普通形〉

「〜んですか」는 문맥이나 상황을 통해서 화자가 추측한 것을 말하고, 그것을 청자에게 확인하고 청자가 설명해 줄 것을 기대할 때 사용합니다. 여기에서는 앨런 씨가 일본어를 잘 하기 때문에 일본에 오기 전부터 일본어를 배웠다고 추측하고, 그것에 대한 설명을 기대하면서 앨런 씨에게 묻고 있습니다.「〜んです」는 설명할 때 사용합니다.
「〜んです」는 보통형(단, 명사와 ナ형용사의 경우는「〜だ」→「〜な」)에 접속합니다. ⇒다음 페이지의 표〈보통 형〉

"〜んですか" biểu thị người nói suy đoán từ mạch văn hay tình huống và hy vọng một lời xác nhận, một câu giải thích. Trong bài hội thoại này, tiếng Nhật của Allen khá tốt nên người nói đã suy đoán rằng Allen đã học tiếng Nhật từ trước khi đến Nhật và hỏi Allen với ý mong muốn Allen sẽ giải thích về điều đó. "〜んです" cũng sẽ được dùng khi giải thích.
"〜んです" sẽ nối với từ loại ở thể thường đứng trước nó (Tuy nhiên, trong trường hợp là danh từ và tính từ đuôi - ナ thì "だ" → "〜な"). ⇒Bảng ở trang tiếp theo (Thể thường).

11 謙遜する・褒める

☺ 西川　：日本語（が）、上手ですね ↗
　アレン：いえいえ……。／いいえ、まだまだです。／ありがとうございます。

< 普通形　Plain form　普通形　보통형　Thể thường >

	非過去・肯定 non-past aff. 非过去・肯定 비과거・긍정 Phi quá khứ/ Khẳng định	非過去・否定 non-past neg. 非过去・否定 비과거・부정 Phi quá khứ/ Phủ định	過去・肯定 past aff. 过去・肯定 과거・긍정 Quá khứ/ Khẳng định	過去・否定 past neg. 过去・否定 과거・부정 Quá khứ/ Phủ định
V 動詞	行く ある 見る する	行かない ない 見ない しない	行った あった 見た した	行かなかった なかった 見なかった しなかった
V普通形んです	行くんです	行かないんです	行ったんです	行かなかったんです
イA イ形容詞	大きい いい	大きくない よくない ――― ない	大きかった よかった ―――	大きくなかった よくなかった なかった
イA普通形んです	大きいんです	大きくないんです	大きかったんです	大きくなかったんです
ナA ナ形容詞	元気だ	元気じゃない (元気ではない)	元気だった	元気じゃなかった (元気ではなかった)
ナA普通形んです	元気なんです	元気じゃないんです	元気だったんです	元気じゃなかったんです
N 名詞	学生だ	学生じゃない (学生ではない)	学生だった	学生じゃなかった (学生ではなかった)
N普通形んです	学生なんです	学生じゃないんです	学生だったんです	学生じゃなかったんです

謝る
あやま

Apologizing　道歉
사과하기　Xin lỗi

指導教員のオフィスで： At your supervisor's office
しどうきょういん
　　　　　　　　　　　在指导老师的办公室
　　　　　　　　　　　지도 교원의 사무실에서
　　　　　　　　　　　Tại văn phòng giáo viên hướng dẫn

考えよう

レポートの締め切りはきのうでした。でも、あなたはまだ書いていません。今週中
　　　　　し　き　　　　　　　　　　　　　　　　　　　　　　　か　　　　　　　　こんしゅうちゅう
に出したいです。先生に何と言いますか。
　だ　　　　　　せんせい　なん　い

The deadline for submitting a report was yesterday. But you have not written the report yet. You want to submit it within this week. What do you say to your teacher?

报告的截止日期是昨天。可是你还没有写。你想本周之内提交。你该怎么对老师说？

레포트 마감일은 어제였습니다. 그렇지만 여러분은 아직 쓰지 않았습니다. 이번주 중으로 내고 싶습니다. 선생님께 뭐라고 말합니까？

Hạn nộp báo cáo là hôm qua. Tuy nhiên, bạn vẫn chưa viết xong. Bạn muốn nộp trong tuần này. Bạn nói với thày giáo như thế nào?

125

練習 A-1

アレン　　：あのう先生。すみません。①レポート¹（を）まだ書いていないんですが……。　▶ NOTES 1, 2

山本先生：えっ、②まだなんですか↑　▶ NOTES 3

例）①レポート、まだ書いていません　　②まだなんですか
1）①借りた² Ｄ Ｖ Ｄ³、まだ見ていません　②まだ見ていないんですか
2）①借りた本、まだ読んでいません　　　②まだなんですか
3）①漢字の宿題、まだ全部していません　②まだ終わって⁴いないんですか

ーきょうは宿題の締め切りですが、アレンさんはまだしていません。ー

The deadline for some homework is today. But Allen has not done it yet.
今天是提交家庭作业的截止日。可是阿伦还没做。
오늘은 숙제 제출 마감일입니다. 그렇지만 앨런 씨는 아직 하지 않았습니다.
Hôm qua là hạn cuối nộp bài tập nhưng Allen vẫn chưa làm xong.

✕　森先生：もう宿題を出しました⁵か↑
　　アレン：すみません。まだ宿題を出しません。

聞いて答えよう 🔊 75

先生が何か言いました。何と答えますか。

The teacher says something. How do you respond?
老师说了些什么。你该怎么回答？
선생님이 무언가 말했습니다. 뭐라고 대답합니까?
Giáo viên đã nói gì? Bạn sẽ trả lời như thế nào?

1）あなたはかぜをひいて２、３日寝ていました。
　　先生に言います。

You caught a cold and slept for a couple of days. Explain this to your teacher.
你对老师说，因为感冒，躺了两三天。
여러분은 감기에 걸려서 2, 3일 동안 자고 있었습니다. 선생님께 말합니다.
Bạn bị cảm và nằm hai, ba hôm.

1　レポート　2　借ります　3　ＤＶＤ　4　終わります　5　出します

2）自分で理由を考えて答えてください。

Think up your own reason and answer. 请自己想个理由回答。
스스로 이유를 생각하고 대답하십시오.　Hãy tự nghĩ lý do và trả lời.

練習A-2

山本先生：えっ、まだなんですか↑　締め切り¹はきのうでしたけど、
　　　　　どうしたんですか²↑
アレン　：かぜをひいて³、寝て⁴いたんです。
山本先生：そうですか。

例）かぜをひいて、寝ていました
1）同じ国の友だちが熱を出して⁵、病院⁶へ行っていました
2）－森先生に－　インターンシップ⁷があって、東京⁸に行っていました
3）－森先生に－　実験⁹が忙しくて、時間がありませんでした

練習A-3

アレン　：①レポートは、かならず②今週中に¹⁰出します。　▶ NOTES 4
　　　　　いいでしょうか……。
山本先生：ええ。じゃあ、かならず出してくださいね↗
アレン　：はい。すみませんでした。

例）①レポート　　②今週中に出す
1）①宿題　　　　②きょう中に出す
2）①論文¹¹　　　②今月中に書く

---

1 締め切り　**2** どうしたんですか　**3** かぜをひきます　**4** 寝ます　**5** 熱を出します　**6** 病院
7 インターンシップ　**8** 東京（地名）　**9** 実験　**10** 〜中に　**11** 論文

練習B 🔊 76

以下の会話を練習してから1）、2）の状況で会話をしてください。
After practicing the conversation below, make conversations for situations 1) and 2).
练习以下会话，然后按1）、2）的状况进行会话。
아래의 회화를 연습한 후 1), 2) 와 같은 상황에서 이야기를 해 보십시오.
Hãy tập nói theo hội thoại dưới đây và sau đó hội thoại theo tình huống 1), 2).

アレン ：あのう、先生。すみません。まだレポートを書いていないんですが……。
山本先生：えっ、まだなんですか↑ 締め切りはきのうでしたけど、どうしたんですか↑
アレン ：かぜをひいて、寝ていたんです。
山本先生：あ、そうですか。もうよく¹なりましたか↑
アレン ：はい、もうだいぶ²よくなりました。　▶ NOTES 5
　　　　　レポートはかならず今週中に出します。いいでしょうか。
山本先生：ええ。じゃあ、かならず出してくださいね↗
アレン ：はい。すみませんでした。

---

1) 作文の宿題の締め切りはきょうです。でもあなたは宿題をして来ませんでした。あなたの専門の学会があって京都へ行っていました。先生に理由を言って、謝ります。

The deadline for your composition homework is today. But you have not yet written it, as you were at a conference in Kyoto. Give the reason and apologize to the teacher.
提交作文的截止日期是今天。可是你没有做。因为你有专业学会，去了一趟京都。请向老师说明原因并道歉。
작문 숙제 마감일은 오늘입니다. 그렇지만 여러분은 숙제를 해 오지 않았습니다. 전공에 관련된 학회가 있어서 교토에 갔었습니다. 선생님께 이유를 말하고 사죄합니다.
Hôm nay là hạn nộp bài tập làm văn. Thế nhưng bạn chưa làm xong. Bạn có buổi hội thảo chuyên ngành nên đã đi Kyoto. Bạn nói lý do và xin lỗi thày giáo.

2) あなたは友だちから本を借りました。きょう返す約束をしましたが、まだ全部読んでいません。理由を言って、謝ります。

You have borrowed a book from a friend. You promised to return it today, but you did not bring it because you have not finished reading it yet. Give the reason and apologize to your friend.
你向朋友借了书。本来约好了今天还，可是你还没有看完。请向朋友说明原因并道歉。
여러분은 친구에게서 책을 빌렸습니다. 오늘 돌려주기로 약속을 했습니다만, 아직 다 읽지 않았습니다. 이유를 말하고 사과합니다.
Bạn mượn sách của bạn. Hôm nay là ngày bạn hẹn trả sách nhưng bạn chưa đọc xong hết. Bạn nói lý do và xin lỗi bạn.

---

1 よく　**2** だいぶ

ロールプレイ

ロールプレイカード 12-1　12-2

応用練習　🔊 77

アレンさんは先週森先生の本を借りて、きょう返す約束をしました。
Allen borrowed a book from Ms. Mori last week and promised to return it today.
阿伦上周借了森老师的书，约好了今天还。　앨런 씨는 지난주 모리 선생님의 책을 빌려서 오늘 돌려주기로 약속했습니다.
Tuần trước, Allen mượn sách của cô Mori và hẹn hôm nay sẽ trả sách cho cô.

―日本語の教室で―　In Japanese class　在日语教室　일본어 교실에서　Tại lớp học tiếng Nhật

アレン：あのう、先生。すみません。お借りした¹本をまだ全部読んでいないんですが……。

森先生：えっ、まだ読んでいないんですか↑　どうしたんですか↑

アレン：実は²、専門のレポートがたくさんあって、とても忙しかったんです。それで³時間がなかったんです……。

森先生：そうですか。

アレン：あと2、3日⁴お借りしてもいいでしょうか⁵。

森先生：いいですよ↗　では、今週中に持って来てくださいね↗

アレン：ありがとうございます。どうもすみませんでした。

1) 先週友だちに借りたＤＶＤをまだ見ていません。理由を言って、友だちに謝ります。

   You have not watched the DVD you borrowed from your friend last week. Give the reason and apologize to your friend.　你上周向朋友借的DVD还没看。向朋友说明原因并道歉。
   지난주에 친구에게 빌린 DVD를 아직 보지 않았습니다. 이유를 말하고 친구에게 사과합니다.
   Bạn chưa xem xong DVD mà bạn đã mượn bạn mình vào tuần trước. Bạn nói lý do và xin lỗi bạn.

2) レポートの宿題が全部終わっていません。理由を言って、先生に謝ります。

   You have not finished your report homework. Give the reason and apologize to your teacher.
   你没有写完报告。请向老师说明原因并道歉。
   레포트 숙제가 다 끝나지 않았습니다. 이유를 말하고 선생님께 사죄합니다.
   Bạn chưa xong hết bài tập viết báo cáo. Bạn nói lý do và xin lỗi thầy.

---

1 お借りします　**2** 実は　**3** それで　**4** あと2,3日　**5** ～てもいいでしょうか

違う場面で 🔊 78

アレンさんは小川さんと駅で待ち合わせをしました。

Allen meets Mr. Ogawa at the station.　阿伦和小川约定在车站见面。
앨런 씨는 오가와 군과 역에서 만나기로 했습니다.　Allen đợi gặp với Ogawa ở ga.

アレン：小川君¹、遅く²なってごめん³。
小川　：ううん⁴、だいじょうぶだよ。どうしたの↑
アレン：間違えて⁵、違う⁶方向⁷に行く電車に乗っ⁸ちゃった⁹んだ。
小川　：ええー、ほんとう↗
アレン：それが快速電車だったから、次の駅まで10分くらいかかっちゃって……。
小川　：そうかあ¹⁰。
アレン：それで、遅くなっちゃったんだ。
小川　：大変だったね。
アレン：ごめん。

---

1 ～君　2 遅い　3 ごめん　4 ううん　5 間違えます　6 違います　7 方向　8 乗ります
9 ～ちゃう　10 そうかあ

● 関連語彙　Related vocabulary　有关词汇　관련 어휘　Từ vựng liên quan

期限（〜中に）と期間（〜中）： Time limits and periods of time　期限和期间
きげん　　ちゅう　　　きかん　　ちゅう
　　　　　　　　　　　　　　　　　기한(〜 중에)와 기간(〜 내내)
　　　　　　　　　　　　　　　　　Thời hạn (trong/nội trong 〜) và quãng thời gian (cả〜)

きょう中に	: during today	今天之内　오늘 중에　trong ngày hôm nay
今週中／中に	: within this week	本周内　이번주 중에　trong tuần này
今月中／中に	: within this month	本月内　이번달 중에　trong tháng này
今年中に	: within this year	年内　올해 중에　trong năm nay
1日中	: all day long	整天　하루종일　cả ngày hôm nay
今週中／中	: all through the week	整周　이번주 내내　cả tuần này
今月中／中	: all through the month	整月　이번달 내내　cả tháng này
1年中	: all year round	整年、全年　일년 내내　cả năm
一晩中	: all night	整夜　밤새도록　cả đêm

病気の表現： Expressions for sickness　病症用语　질병에 관한 표현　Cách nói về bệnh tật và thương tích

かぜをひきます	: to catch a cold	感冒　감기에 걸리다　bị cảm
頭が痛い	: to have a headache	头疼　머리가 아프다　đau đầu
歯が痛い	: to have a toothache	牙疼　이가 아프다　đau răng
おなかが痛い	: to have a stomachache	肚子疼　배가 아프다　đau bụng
熱があります	: to have a fever	发烧　열이 있다　có sốt
熱が出ます	: to run a fever	发烧　열이 나다　bị sốt
気分が悪い	: to feel sick	身体不舒服、难受　몸이 안 좋다　trong người khó chịu

NOTES

1. レポート（を）<u>まだ書いていない</u>んですが……(Vていない／Vていません)

「Vていない（Vていません）」は、しようと思っている行為がまだ実現していない場合に使います。「まだ」といっしょに使うことが多いです。「まだ書きません」は、あとで書くつもりがあっても「（今は）まだ書くつもりがない」という話し手の意志を示すことになり、誤用となります。また、「まだ」と「Vませんでした」はいっしょに使わないため、「まだ書きませんでした」は文法的に誤りです。

「Vていない（Vていません）」is used to express that you have not completely done something that you intended to do, and is often used with「まだ」. If you are going to write it later,「まだ書きません」does not work properly because it implies that you don't intend to write anything yet at the moment.「まだ書きませんでした」is grammatically incorrect, because「まだ」cannot be used with「Vませんでした」, the past tense of「Vません」.

「Vていない（Vていません）」用于想要做的行为还没有实现的情况。很多时候和「まだ」一起使用。「まだ書きません」表达了有之后要写的打算，可是现在还不打算写这样的说话人的意志的意思，是错误的用法。「まだ」和「Vませんでした」不可以一起使用，所以「まだ書きませんでした」在语法上是不正确的表现。

「Vていない（Vていません）」은 하려고 하는 행위가 아직 실현되지 않은 경우에 사용합니다. 「まだ」와 같이 사용하는 경우가 많습니다. 「まだ書きません」은 나중에 쓰려고하지만「(지금은) 아직 쓸 생각이 없다」는 화자의 의지를 나타내게 되므로 틀린 용법입니다. 또한「まだ」와「Vませんでした」는 같이 사용하지 않으므로「まだ書きませんでした」는 문법적인 오류입니다.

"Vていない（Vていません）" được sử dụng trong trường hợp hành động định làm vẫn chưa được thực hiện. Rất hay đi cùng với từ "まだ" (vẫn). "まだ書きません" thể hiện ý của người nói rằng, mặc dù sau đây tôi có dự định viết chứ "bây giờ thì vẫn chưa định viết" nên ý nghĩa bị khác đi. Ngoài ra, "まだ" không đi với "Vませんでした" nên cách nói "まだ書きませんでした" là sai về ngữ pháp.

2. レポート（を）まだ書いていない<u>んですが……</u>

▶ 10課 **NOTES 3**　▶ 13課 **NOTES 2**

ここでは、話し手が言いにくい状況を説明して、相手の反応を待つ場合に使います。

Here,「んですが…」is used to explain a situation that the speaker finds difficult to express, and to allow the listener to respond.

在这里，用于说话人说明了难于言表的情况，在等候对方反应时。

여기에서는 화자가 말하기 어려운 상황을 설명하고 상대의 반응을 기다리는 경우에 사용합니다.

Ở đây, người nói muốn giải thích về một tình trạng khó nói và chờ phản ứng của đối phương.

3. まだなんですか ↑

「まだです」は、ある状態が変化していないことを示します。「まだなんです」は、「まだ」に「～んです」を付けた形です。この課の「まだなんですか」は、「まだ書いていないんですか」の動詞を省略した形で、書いていない理由の説明を相手に求める気持ちが含まれます。

「まだです」conveys that a situation or condition remains unchanged.「まだなんです」is the combination of「まだ」with「～んです」. Here the verb in「まだ書いていないんですか」is omitted to make the shortened form of「まだなんですか」, which conveys the feeling of wanting an explanation of why the report has not been written.

「まだです」表示了某种状态没有发生变化。「まだなんです」是「まだ」后加「～んです」的形式。在本课，「まだなんですか」是把「まだ書いていないんですか」的动词省略了的形式。含有要求对方把没有写出来的理由加

以説明的心情。

「まだです」는 어떤 상태가 변화하지 않은 것을 나타냅니다. 「まだなんです」는 「まだ」에 「～んです」를 붙인 형태입니다. 이 과의 「まだなんですか」는 「まだ書いていないんですか」의 동사를 생략한 형태로, 쓰지 않았던 이유에 대한 설명을 상대에게 요구하는 마음이 포함됩니다.

"まだです" biểu thị sự không thay đổi của tình trạng nào đó. "まだなんです" là hình thức thêm "～んです" vào sau "まだ". "まだなんですか" trong bài này là hình thức lược bỏ động từ trong "まだ書いていないんですか", bao hàm tâm trạng đòi hỏi đối phương giải thích lý do chưa viết.

4. レポートは、かならず今週中に出します

ここでは、約束や指示が確実に行われるようにする場合に使っています。

「かならず」 is used to express that a promise or instruction will definitely be carried out.

在这里，用于督促约定、指示等确实被执行时。

여기에서는 약속이나 지시가 확실하게 행해질 수 있도록 하는 경우에 사용하고 있습니다.

Ở đây nó được sử dụng trong trường hợp làm thế nào để lời hứa hay một chỉ thị sẽ được tiến hành chắc chắn.

例1） 先生　　：あした、かならず宿題を出してください。
　　　 アレン　：はい、かならず出します。

例2） アレン　：きょう、リーさんにかならず電話して[1]ね ↗
　　　 ナタリー：うん、わかった。

5. もうだいぶよくなりました（だいぶAdj. く／になりました）

「だいぶ（イ形容詞）く／（ナ形容詞）に　なりました」は、以前と比べて、状態が大きく変化したことを示します。ここの「だいぶよくなりました」は、大きく快方に向かったが、まだ完全には治っていない状態を表しています。

「だいぶ（イ-Adjective）く／（ナ-Adjective）に　なりました」 is used to convey that the condition of something has changed greatly compared with before. 「だいぶよくなりました」 here shows that while the person's condition has greatly improved, he has not completely recovered.

「だいぶ（イ形容詞）く／（ナ形容詞）に　なりました」是表示与以前相比，状况发生了很大的变化。这里的「だいぶよくなりました」是表示病情已经大有好转，但尚未痊愈的状态。

「だいぶ（イ형용사）く／（ナ형용사）に　なりました」는 이전과 비교해서 상태가 크게 변화된 것을 나타냅니다. 여기에서「だいぶよくなりました」는 크게 좋아졌지만 아직 완전히 낫지 않은 상태를 나타내고 있습니다.

"だいぶ (Tính từ đuôi－イ) く／(Tính từ đuôi－ナ) に" diễn đạt một việc mà trạng thái của nó đã thay đổi nhiều so với trước đó. "だいぶよくなりました" ở đây diễn tả một trạng thái đã có hướng tốt lên rất nhiều nhưng vẫn chưa tốt hoàn toàn.

例） 先生：リーさん、かぜはどうですか ↑
　　 リー：だいぶよくなりました。／ちょっとよくなりました。／
　　　　　まだあまりよくないです。

☺ 森先生：もう宿題を出しましたか ↑
　　 アレン：すみません。まだ出していません。

---

[1] 電話します

13 苦情を言う
   くじょう　い

Complaining　提出不满意见
불평을 말하기　Phàn nàn

寮で：In a dormitory
りょう
在宿舍
기숙사에서
Tại ký túc xá

考えよう1

あなたはあした、試験があって、勉強をしています。でも、隣の部屋の音楽の音が
　　　　　　　　　しけん　　　　べんきょう　　　　　　　となり　へや　おんがく　おと
とてもうるさいです。隣の人に何と言いますか。
　　　　　　　　となり　ひと　なん　い

You have an examination tomorrow, and you are studying now. However, the sound of music from the next room is very noisy. What do you say to the person in the next room?

因为明天有考试，你在学习。可是，隔壁房间的音乐声很吵。你该对隔壁的人说什么?

여러분은 내일 시험이 있어서 공부를 하고 있습니다. 그렇지만 옆방의 음악 소리가 너무 시끄럽습니다. 옆방 사람에게 뭐라고 말합니까?

Ngày mai, bạn thi. Bây giờ, bạn đang học bài. Vậy mà, tiếng nhạc của phòng bên cạnh rất ồn. Bạn sẽ nói gì với người bên cạnh?

練習A-1

```
アレン    ：あのう、ちょっと音楽¹の音²が大きいんですが……。 ▶ NOTES 1, 2
隣の人³  ：あっ、そうですか。すみません。
```

1) 声⁴が大きい
2) テレビの音が大きい
3) (少しはっきり言う場合　If you want to express a complaint more clearly
   稍微说得明白一点的时候　조금 확실하게 말할 경우
   Trường hợp nói rõ hơn một chút)

うるさい⁵

— 隣の人がうるさいです。— Your neighbor is making a noise.　隔壁的人很吵。
옆방 사람이 시끄럽습니다.　Người sống bên cạnh ồn ào.

```
アレン   ：うるさいですよ ↗
隣の人  ：あっ、そうですか。すみません。
```

考えよう2

1) あなたは新幹線に乗りました。あなたの席はB-20です。その席に誰かが座っています。あなたは何と言いますか。

You are on a bullet train. Your seat number is B20, but somebody is sitting there. What do you say to the person?
你上了新干线。你的座位是 B-20。你的位子上有人坐着。你该说什么?
여러분은 신칸센을 탔습니다. 여러분의 좌석은 B-20입니다. 그 좌석에 누군가가 앉아 있습니다. 여러분은 뭐라고 말합니까?
Bạn đã lên tàu Shinkansen. Chỗ của bạn là B-20. Chỗ đó đã có người ngồi. Bạn sẽ nói gì với người đó?

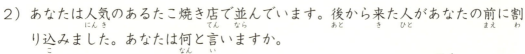

2) あなたは人気のあるたこ焼き店で並んでいます。後から来た人があなたの前に割り込みました。あなたは何と言いますか。

You are queuing in front of a popular takoyaki stand. Somebody cuts in line in front of you. What do you say to him/her?
你在很受欢迎的烤章鱼丸店排队，后来的人加塞到你的面前。你该说什么?
여러분은 인기 있는 다코야키집 앞에서 줄을 서 있습니다. 나중에 온 사람이 여러분 앞에 끼어들었습니다. 여러분은 뭐라고 말합니까?
Bạn đang xếp hàng ở cửa hàng đồ nướng rất đông khách. Một người đến sau bạn đã chen ngang trước mặt bạn. Bạn sẽ nói gì với người đó?

---

1 音楽　**2** 音　**3** 隣の人　**4** 声　**5** うるさい

練習 A-2

1. －新幹線の中で－ On a bullet train　在新干线里　신칸센 안에서　Trong tàu Shinkansen

   アレン　：あのう、ここはわたしの席なんですが……。
   乗客[1]：え、そうですか↗

2. －たこ焼き店の前で－ In front of a takoyaki stand　在烤章鱼丸店前　다코야키집 앞에서
   Trước cửa hàng bánh nướng

   アレン　　　：あのう……みんな[2]並んで[3]いるんですが……。
   割り込み客[4]：あ、そうですか。すみません。

   Cf. レストランでかつ丼セットを注文しました

   You have ordered a Katsudon set meal at a restaurant.　在餐厅点了猪排盖饭套餐。
   레스토랑에서 가츠동 세트를 주문했습니다.　Tại nhà hàng, bạn đặt một suất cơm thịt lợn rán tẩm bột.

   店員　：お待たせいたしました。かつ丼です。
   アレン：え、かつ丼セットを注文した[5]んですが……。
   店員　：あ、申し訳ありません[6]。今お取り換えします[7]。

聞いて考えよう　🔊 79

寮の上の部屋から、ずっと大きな音が聞こえて、うるさいです。上の部屋に行って、「ちょっと音が大きいんですが」と言ったら、その部屋の人が何か言いました。その答えの後半部分を予測してみましょう。

A person is being very noisy upstairs in your dormitory. You go up there and say to the person, "The noise is a bit loud." She says something. Guess what she is going to say after that.

从你宿舍楼上的房间一直传来很大的声音，非常吵。你去楼上的房间对那个人说"声音有点儿大，……"，那个房间的人说了些什么。请推测一下她回答的后半部分。

기숙사 윗방에서 계속 큰 소리가 들려서 시끄럽습니다. 윗방에 가서「조금 소리가 큰데요」라고 말했더니 그 방 사람이 무언가 말했습니다. 그 대답의 후반 부분을 예측해 봅시다.

Bạn cứ nghe thấy tiếng động lớn từ phòng bên trên của ký túc xá rất ồn. Bạn lên phòng bên trên và nói "Chuyện là tiếng nhạc phòng bạn hơi bị to". Khi nói thế, bạn thử đoán câu trả sau đó lời sẽ là gì?

---

1 乗客　**2** みんな　**3** 並びます　**4** 割り込み客　**5** 注文します　**6** 申し訳ありません
7 お取り換えします

練習A-3

1. －寮で－

   アレン　　　：あのう、ちょっと音が大きいんですが……。
   上の階の人：すみません。あした引っ越し¹するんです。それで、今準備して²いるんです。
   ▶ NOTES 3

   例) ①引っ越しします　　　②今準備しています
   1) ①引っ越しします　　　②片付けて³います
   2) ①大学祭⁴があります　　②練習しています
   3) －隣の人に－
   　　①クラスで発表します⁵　②みんなで相談して⁶います

2. －研究室で－

   小川　：アレンさん、①宿題ですか↑
   アレン：いえ、あした、日本語の試験があるんです。
   　　　　それで、②勉強しているんです。

   例) ①宿題です　　　　②勉強しています
   1) ①レポートです　　②復習して⁷います
   2) ①もう帰るんです　②図書館へ行きます
   3) ①ゼミ⁸の準備です　②ノートを見ています

---

1 引っ越し　**2** 準備します　**3** 片付けます　**4** 大学祭　**5** 発表します　**6** 相談します
7 復習します　**8** ゼミ

練習B 🔊 80

以下の会話を練習してから1)、2)の状況で会話をしてください。

After practicing the conversation below, make conversations for situations 1) and 2).
练习以下会话，然后按1)、2)的状况进行会话。
아래의 회화를 연습한 후 1), 2)와 같은 상황에서 이야기를 해 보십시오.
Hãy tập nói theo hội thoại dưới đây và sau đó hội thoại theo tình huống 1), 2).

アレン：（隣の部屋のドアをノックする　Allen knocks on the door of the next room.
　　　　敲隔壁房间的门　옆 방 문을 노크한다
　　　　gõ cửa phòng bên cạnh）

隣の人：はい。どなたですか↑

アレン：あの、隣のアレンですが。

隣の人：はい。（ドアを開ける　opening the door　打开门　문을 연다　mở cửa）
　　　　何でしょうか。

アレン：あのう、ちょっと音楽の音が大きいんですが……。

隣の人：あ、うるさいですか↑

アレン：ええ、ちょっと……。あした、試験があるんです。それで、今、勉強しているんですけど……。　▶ NOTES 2

隣の人：あっ、そうですか。すみません。今、小さくします[1]。

アレン：お願いします。

---

1) あなたは、寮に住んでいます。今、夜の12時で寝ようと思っています。でも、隣の部屋でパーティーをしていてうるさいです。隣の人に話します。

You live in a dormitory. It is now midnight and you are trying to go to sleep. But your neighbor is having a party and it is noisy. Talk to him/her.

你住在宿舍里。现在是晚上十二点，你想睡觉。可是隔壁的房间在开聚会，很吵。跟隔壁的人说说。

여러분은 기숙사에 살고 있습니다. 지금 밤 12시이고 자려고 합니다. 그렇지만 옆방에서 파티를 하고 있어서 시끄럽습니다. 옆방 사람에게 말합니다.

Bạn đang sống ở ký túc xá. Bây giờ là 12 giờ đêm, bạn định đi ngủ. Thế nhưng, phòng bên cạnh của bạn đang tổ chức tiệc rất ầm ĩ. Bạn sẽ nói chuyện với người hàng xóm.

1　〜くします

2) あなたは、寮に住んでいます。今、夜の11時です。あなたはレポートを書いています。隣の友だちの部屋から聞こえるギターの音がうるさくて、集中できません。友だちに話します。

You live in a dormitory. Now it's 11:00 p.m. and you are writing a report. But you can't concentrate, because the sound of a guitar from your neighbor's room is noisy. Talk to him/her.

你住在宿舍里。现在是晚上十一点。你在写报告。从隔壁朋友的房间传来了吉他声，吵得让你不能集中精神。跟你的朋友说说。

여러분은 기숙사에 살고 있습니다. 지금 밤 11시입니다. 여러분은 레포트를 쓰고 있습니다. 옆의 친구 방에서 들리는 기타 소리가 시끄러워서 집중할 수 없습니다. 친구에게 말합니다.

Bạn đang sống ở ký túc xá. Bây giờ là 11giờ đêm. Bạn đang viết báo cáo. Tiếng đàn ghi-ta từ phòng bên cạnh khá ồn ào khiến bạn không thể tập trung được. Bạn sẽ nói chuyện với bạn phòng đó.

ロールプレイ

ロールプレイカード 13-1 13-2 ／イラストカード 8A. チケット 8B. チケット

応用練習 🔊 81

きのう、アレンさんは本屋で本を買いました。帰って読んでいたら、破れていることに気がつきました。アレンさんは本屋に交換に行きました。

Allen bought a book at a bookstore yesterday. He found a torn page when reading it. He has gone back to the bookstore to exchange it for a new one.

昨天阿伦在书店买了一本书。回家阅读的时候，他发现书有破损的地方。他去书店要求换书。

앨런 씨는 어제 서점에서 책을 샀습니다. 돌아와서 읽는 도중에 찢어져 있는 것을 발견했습니다. 앨런 씨는 서점에 교환하러 갔습니다.

Hôm qua Allen đến hiệu sách để mua sách. Về nhà đọc thì phát hiện ra có chỗ bị rách. Allen đã quay lại hiệu sách để đổi.

店員　：いらっしゃいませ。
アレン：すみません、きのう、この本を買ったんですが、このページ[1]が破れて[2]いたんですが……。
店員　：そうですか。申し訳ありません。
アレン：それで、交換して[3]もらい[4]たいんですが……。
店員　：はい、かしこまりました。レシート[5]をお持ちですか↑
アレン：はい、あります。これです。
店員　：（レシートを受け取る　taking the receipt　接过收据　영수증을 받는다　nhận biên lai tính tiền）

はい。では、少々お待ちください。
　　　　　：
店員　：お待たせいたしました。新しいものをお持ちしました。
　　　　大変⁶申し訳ありませんでした。
アレン：いいえ。

1) あなたは来週、面接に行くのでスーツをクリーニングに出しました。きょう、クリーニング屋に取りに行ってスーツを見てみると、まだ汚れていました。店の人と話します。

> You took your suit to the cleaner's, as you wanted it cleaned for an interview next week. Today you have gone back to the cleaner's to collect it, but it is still dirty. Talk to the store clerk about it.
>
> 下周要去面试，你把西服拿到了干洗店干洗。今天你去干洗店拿西服一看，西服还有脏的地方。跟干洗店的人说说。
>
> 여러분은 다음주에 면접을 보러 가기 때문에 양복을 세탁소에 맡겼습니다. 오늘 세탁소에 찾으러 가 보니 아직 세탁을 하지 않은 상태였습니다. 가게 사람과 이야기합니다.
>
> Vì tuần tới phải đi phỏng vấn nên bạn đã mang bộ vest đến hiệu giặt là. Hôm nay, bạn đến hiệu giặt là để lấy thì thấy vẫn còn bẩn. Bạn nói chuyện với người của cửa hàng.

2) 店の自動販売機でジュースを買おうと思って、お金を入れました。ボタンを押しましたが、ジュースが出て来ません。店の人を呼んで話します。

> You put coins into a vending machine to buy a can of juice. You pressed the button, but the juice didn't come out. Talk to the store clerk about it.
>
> 你想在店里的自动售货机买果汁。放了钱进去，可是按了按钮果汁却没有出来。把店里的人叫来并告诉他。
>
> 가게의 자동판매기에서 주스를 사려고 돈을 넣었습니다. 버튼을 눌렀지만 주스가 나오지 않습니다. 가게 사람을 불러서 말합니다.
>
> Bạn định mua nước hoa quả ở máy bán hàng tự động trong cửa hàng, bạn cho tiền vào máy. Bạn ấn nút nhưng không thấy nước hoa quả ra. Bạn gọi người của cửa hàng để nói chuyện.

1　ページ　2　破れます　3　交換します　4　〜てもらいます　5　レシート　6　大変

違う場面で 🔊 82

レストランで他の客のグループが騒いでいます。

At a restaurant a group of other guests are being noisy.
在餐厅里，别的一拨客人很吵。
레스토랑에서 다른 손님 그룹이 떠들고 있습니다.
Tại cửa hàng, một nhóm khách khác gây ồn ào.

アレン　　：あの人¹たち²、さっきから声が大きいね。

ナタリー　：うん、誰か³の誕生日⁴みたい⁵だけど、騒ぎすぎ⁶だよね。
　　　　　　ゆっくり⁷食事し⁸たいのに⁹。

アレン　　：ナタリーさんの声も聞こえ¹⁰ないよ。店¹¹の人に言ってもらおうか¹²。

ナタリー　：そうだね。

アレン　　：すみませーん。（店員を呼ぶ　calling the waitress　招呼服务员　점원을 부른다
　　　　　　　　　　　　　　　　　gọi nhân viên nhà hàng)

店員　　　：はい、お待たせしました。

アレン　　：すみません、あそこのお客さん¹³たちの声が大きくて、ゆっくり食事
　　　　　　できないんですが……。

店員　　　：そうですね、大変申し訳ありません。少々お待ちください。

アレン　　：すみません、お願いします。

店員　　　：（うるさい客のところへ行く　The waitress goes up to the noisy guests.
　　　　　　　　　　　　　　　　　　　　店里服务员走到吵闹的客人那里。
　　　　　　　　　　　　　　　　　　　　시끄러운 손님에게 간다.
　　　　　　　　　　　　　　　　　　　　Nhân viên nhà hàng đi đến chỗ khách làm ồn)

　　　　　　お客様、申し訳ありませんが、お声を少し落として¹⁴いただけますで
　　　　　　しょうか¹⁵。

客　　　　：あっ、うるさかったですか。すみません。気をつけます。

---

1 あの人　2 ～たち　3 誰か　4 誕生日　5 ～みたい[な]　6 騒ぎすぎ　7 ゆっくり
8 食事します　9 ～のに　10 聞こえます　11 店　12 言ってもらおうか　13 お客さん
14 声を落とします　15 ～ていただけますでしょうか

NOTES

1. <u>ちょっと</u>音楽の音が大きいんですが……

程度が低いことや、量が少ないことを表す言葉です。苦情や断りなど、言いにくいことを言うときにも使われ、直接的ではなく柔らかく相手に伝える働きがあります。この課のように、音楽の音が実際にはとても大きかったとしても、「ちょっと」を使います。

This is used to express the low degree or small amount of something. If you have to say something that might be difficult to express, such as a complaint or refusal, you can use「ちょっと」to make it softer and indirect. Although the music volume is very loud in fact, you should use「ちょっと」, which means a little, to describe the volume of the music as in the conversations in this lesson.

是表示程度低、数量小的词。在诉说不满、提出拒绝等难于言表的事情的时候使用。它有不是直截了当，而是婉转地告诉对方的作用。如本课中，音乐声的声音即使实际上很大，也使用「ちょっと」。

정도가 낮은 것이나 양이 적은 것을 나타내는 말입니다. 불평이나 거절 등 말하기 어려운 것을 말할 때도 사용되고, 상대에게 직접적이 아닌 부드러운 태도로 전하는 역할을 합니다. 이 과에서처럼 음악 소리가 실제로 상당히 컸어도 「ちょっと」를 사용합니다.

Là từ biểu thị việc có mức độ thấp hoặc số lượng ít. Nó cũng còn được sử dụng khi nói một việc khó nói như than phiền hay từ chối, v.v. và có tác dụng truyền đạt cho đối phương một cách mềm dẻo chứ không trực tiếp. Giống như trong bài này, tiếng nhạc cho dù là rất to nhưng vẫn sử dụng từ "ちょっと".

2. ちょっと音楽の音が大きい<u>んですが／けど</u>……

▶ 10課 NOTES 3 ▶ 12課 NOTES 2

「〜んですが」に続く後半の文は、文脈や状況から明らかな場合や、話し手がはっきり言いたくない場合などに、よく省略します。ここでは、話し手が婉曲に苦情を言うときの表現として使っています。「静かにしてください」や「小さくしてください」という部分を省略しています。他に「〜んですけど……」という言い方もあります。これは「〜んですが……」より少し丁寧さが下がります。

「〜んですが」is often used to leave out the last part of the sentence as the speaker thinks it is understood clearly from the context or situation, or he/she does not want to say it directly. Here it is used for complaining indirectly. The part of an actual request such as「静かにしてください」or「小さくしてください」is left out.「〜んですけど……」can also be used, though this is slightly less polite than「〜んですが……」.

接在「〜んですが」后面的句子，在上下文、情况很清楚的时候，以及说话人不想言明的时候，常常省略。在这里是作为说话人委婉地提出不满的表现来使用的。省略了「静かにしてください」「小さくしてください」等部分。其他还有「〜んですけど……」的说法。这比「〜んですが……」的礼貌程度要低一些。

「〜んですが」에 이어지는 후반 부분의 문장은 문맥이나 상황에서 분명한 경우나 화자가 확실히 말하고 싶지 않을 때 등에 자주 생략됩니다. 여기에서는 화자가 완곡하게 불평을 말할 때의 표현으로써 사용하고 있습니다. 「静かにしてください」나 「小さくしてください」라는 부분을 생략했습니다. 그 밖에 「〜んですけど……」라는 표현도 있습니다. 이것은 「〜んですが……」보다 정중함의 정도가 약간 낮습니다.

Vế sau của câu đứng sau "〜んですが" thường được lược bỏ trong trường hợp nó đã rõ ràng dựa vào mạch văn hay tình huống hoặc trường hợp người nói không muốn nói rõ. Ở đây, nó được sử dụng như là một cách nói thể hiện ý than phiền một cách uyển chuyển của người nói. Vế câu đáng nhẽ nói tiếp đằng sau là "静かにしてください" hay "小さくしてください" đã được lược bỏ. Ngoài ra, cũng có cách nói "〜んですけど……" nhưng mức độ lịch sự kém hơn "〜んですが" một chút.

3. あした引っ越しするんです。それで、今準備しているんです。

「それで」は、ここでは、「あした、引っ越しする」という状況を理由として、そのために「準備している」という結果を示しています。前半の理由から自然に後半の行為になった、というニュアンスがあります。後半部分には、「準備しましょう」や、「準備してください」のような表現は来ません。

「それで」 is used to express that an act, in this case「準備している」, is being performed as a result of the condition,「あした、引っ越しする」. In this way,「それで」 carries a cause-and-effect nuance where the first half of the sentence represents a reason or condition and the second half represents an act that is performed as a natural response to that reason or condition. Such expressions as「準備しましょう」and「準備してください」 do not come in the second half of sentences.

「それで」在这里是用来表示因果关系的，即由于「あした、引っ越しする」，所以「準備している」。有从前面的理由自然发展到后面的行为的这种微妙语感。后半部分不能接续「準備しましょう」「準備してください」这样的说法。

「それで」는 여기에서는 「あした、引っ越しする」라는 상황을 이유로, 그 때문에 「準備している」라는 결과를 나타내고 있습니다. 전반의 이유에서 자연스럽게 후반의 행위에 달했다는 뉘앙스가 있습니다. 후반 부분에 「準備しましょう」나 「準備してください」와 같은 표현은 오지 않습니다.

"それで" ở đây thể hiện kết quả "準備している" bởi lý do là "あした、引っ越しする". Nó mang hàm ý rằng, vì lý do ở câu trước mà tự nhiên có hành động ở câu sau. Trong phần sau của câu này, không đi cùng với dạng động từ kiểu như: "準備しましょう" hay "準備してください".

☺ 〔アレン ：ちょっと、声が大きいんですが……。／ちょっと、うるさいんですが……。
  隣の人：あっ、そうですか。すみません。

14 独り言を言う・申し出る・電話をかける

Saying things to oneself, offering to do things and making telephone calls
自言自语・提议・打电话　혼잣말 하기・자청하기・전화 걸기
Nói một mình/Đề xuất/Gọi điện thoại

> 日本語の教室で：
> In the Japanese language classroom
> 在日语教室　일본어 교실에서
> Tại phòng học tiếng Nhật

考えよう1

今、日本語の試験が終わりました。あなたはうれしいです。何と独り言を言いますか。

Your Japanese language examination has just finished and you are very happy. What do you say to yourself?
日语考试刚刚结束。你非常高兴。你自言自语地说什么？
지금 일본어 시험이 끝났습니다. 여러분은 기쁩니다. 뭐라고 혼잣말을 합니까？
Bây giờ giờ thi tiếng Nhật đã xong. Bạn rất vui mừng. Bạn tự nói gì với bản thân mình?

練習 A-1

下の1）から3）を例）のように独り言にしてください。

As shown in the example, Change the phrases in 1) to 3) to things people would say to themselves.
下面的 1) 到 3)，模仿例句，请把它们改成自言自语的话。 아래의 1)~3)을 예)와 같이 혼잣말로 바꾸십시오.
Hãy tự nói với mình giống như ví dụ từ 1 đến 3 ở dưới.

アレン：ああ、（試験が）終わった。 ▶ NOTES 1

例） －試験が終わって－　After finishing an exam　考试结束后　시험이 끝나고　Thi xong
　　　ああ、（試験が）終わりました。
1） －かばんの中を探して－
　　　Looking for something in your bag　在包里找着
　　　가방 안을 찾아보고　Tìm trong cặp sách
　　　あ、かぎ¹ がありません。
2） －かばんの中を探して－
　　　宿題を忘れました。
3） －外を見て－　Looking outside　看外面　밖을 보고　Nhìn ra ngoài
　　　雨が降って² います。

考えよう 2

今、日本語の試験が終わりました。友だちとパーティーをしたいです。みんなに何と言いますか。

Your Japanese language examination has finished and you want to have a party. How do you invite your friends?
日语考试刚刚结束。你想和朋友开一个聚会。你对大家说什么？
지금 일본어 시험이 끝났습니다. 친구들과 파티를 하고 싶습니다. 모두에게 뭐라고 말합니까?
Bây giờ, bài thi tiếng Nhật đã xong. Bạn muốn tổ chức liên hoan với bạn. Bạn nói như thế nào với mọi người?

---

1 かぎ　**2** 雨が降ります

練習A-2

ナタリー：①今晩、うちでパーティー（を）しませんか↑
アレン　：②いいですね。国の料理を持って行きましょうか。 ▶ NOTES 2
ナタリー：ありがとうございます。③お願いします。 ▶ NOTES 3

例）①今晩、うちでパーティー（を）しませんか↑
　　②いいですね。国の料理を持って行く
　　③お願いします

1) ①こんにちは、アレンさん。
　②あ、こんにちは。重そうですね。持つ¹
　③お願いします

2) ①ちょっと暗い²ですね。　②そうですね。電気³をつける⁴
　③お願いします

3) ①来週、引っ越し（を）するんです。
　②そうですか。手伝う
　③でも、だいじょうぶです

4) ①このコーヒーおいしいですね。　②もう1杯⁵いれる⁶
　③でも、もういいです

聞いて考えよう 🔊83

ナタリーさんがアレンさんにパーティーをしようと言いました。会話を聞いて、ナタリーさんの発話の続きを考えてください。

Natalie suggests to Allen that they hold a party. Listen to the conversation and think about what Natalie will say next.

纳塔丽对阿伦说开个聚会吧。听了会话后，请想一下纳塔丽谈话的后续部分。

나타리 씨가 앨런 씨에게 파티를 하자고 말했습니다. 회화를 듣고 앨런 씨의 말에 이어질 내용을 생각하십시오.

Natalie nói với Allen rằng định làm bữa liên hoan. Hãy nghe hội thoại đó và nghĩ xem Natalie sẽ nói gì tiếp theo?

---

1 持ちます　2 暗い　3 電気　4 つけます　5 もう1杯　6 いれます

練習 A-3

ナタリー：①今晩、うちでパーティー（を）しませんか ↑
アレン　：②いいですね。
　　　　　何か¹買って行きましょうか。
ナタリー：③ありがとう。
　　　　　じゃあ、④飲み物をお願いします。

▶ NOTES 4

1) ①こんにちは。　　　　②こんにちは。重そうですね。持ちましょうか
　 ③ありがとう　　　　　④半分²お願いします

2) ①日曜日に引っ越し（を）するんです。
　 ②そうですか。手伝いましょうか
　 ③ありがとう
　 ④10時に来てください

3) ①土曜日、暇ですか ↑
　 ②いえ、土曜日はちょっと
　 ③そうですか　　　　　④ (゜)?

※　先生：アレンさん、あとで³ちょっと来てください。
　　アレン：じゃあ、行きます。

---

1 何か　**2** 半分　**3** あとで

練習 B-1 🔊 84

以下の会話を練習してから 1)、2) の状況で会話をしてください。

After practicing the conversation below, make conversations for situations 1) and 2).
练习以下会话，然后按1)、2) 的状况进行会话。
아래의 회화를 연습한 후 1), 2) 와 같은 상황에서 이야기를 해 보십시오.
Hãy tập nói theo hội thoại dưới đây và sau đó hội thoại theo tình huống 1), 2).

アレン　　：ああ、試験が終わった！
ナタリー：アレンさん。あした、わたしの部屋でパーティー（を）しませんか↑
アレン　　：いいですねえ。何時からしますか↑
ナタリー：午後6時からはどうですか↑
アレン　　：いいですよ↗　何か飲み物を買って行きましょうか。
ナタリー：ありがとう。じゃあ、ビール¹ をお願いします。
　　　　　　わたしはジュースを買っておきます² ね↗
アレン　　：食べ物はどうしますか³ ↑
ナタリー：ピザ⁴ を注文しましょう。
アレン　　：いいですね。じゃ、またあした6時に。
ナタリー：じゃ、また。

---

1) 土曜日はリーさんの誕生日です。クラスの友だちと誕生日のパーティーをしようと思っています。友だちと話します。

Saturday is your friend Lee's birthday. You want to have a birthday party with your classmates for Lee. Talk to them.　星期六是小李的生日。你想和同班的朋友给小李开个生日会。和你的朋友商量一下。
토요일은 리 씨의 생일입니다. 클래스 친구와 생일 파티를 하려고 합니다. 친구와 이야기합니다.
Thứ bảy là sinh nhật của Lee. Bạn định tổ chức sinh nhật với các bạn trong lớp. Bạn nói với các bạn.

2) あなたが友だちの部屋へ行ったら、友だちはかぜをひいて寝ていました。何か手伝いをしたいです。友だちと話します。

You have visited your friend in his/her room, and found he/she is in bed with a cold. You want to do something for him/her. Talk to him/her.
你去朋友的房间，你的朋友感冒在床。你想帮朋友做点儿什么。和你的朋友交谈。
여러분이 친구 방에 갔더니 친구가 감기에 걸려서 자고 있었습니다.
무언가 도와주고 싶습니다. 친구와 이야기합니다.
Bạn đến phòng của bạn thì thấy bạn bị cảm và đang nằm. Bạn muốn giúp làm cái gì đó. Bạn nói chuyện với bạn mình.

1　ビール　2　〜ておきます　3　どうしますか　4　ピザ

ロールプレイ

ロールプレイカード 14-1 14-2

聞いて答えよう 🔊 85

ピザ屋の「ピザホット」に電話をしました。相手が何か言いました。あなたは何と言いますか。

You have called the pizza shop "Pizza Hot." The person who answers the phone says something. What do you say in return? 你给比萨饼店「热比萨」打了个电话。对方说了些什么。你该说些什么？
피자집「피자핫」에 전화를 했습니다. 상대가 무언가 말했습니다. 여러분은 뭐라고 말합니까?
Bạn gọi điện đến cửa hàng Pizza Hot. Người ở cửa hàng đã nói những gì? Bạn sẽ nói như thế nào?

練習 A-4

女の人： ①はい、レストラン田中です。
アレン： ②ピザホットではありませんか ↑
女の人： ③はい、違います¹。
アレン： すみません、まちがえました。

1) ①はい　②ピザホットですか　③いいえ、違います

---

1 違います

練習 B-2 🔊 86

以下の会話を練習してから1）の状況で会話をしてください。

アレンさんはピザ屋の「ピザホット」に電話をして、ピザを注文します。
Allen calls Pizza Hot and orders some pizzas.　阿伦给比萨饼店「热比萨」打电话订比萨饼。
앨런 씨는 피자집「피자핫」에 전화를 해서 피자를 주문합니다.　Allen gọi điện đến cửa hàng Pizza Hot để đặt pizza.

アレン　：（電話をかける）
女の人　：はい、レストラン田中です。
アレン　：ピザホットではありませんか↑
女の人　：はい、違います。
アレン　：すみません、まちがえました。
　　　　　⋮
アレン　：（もう一度電話をかける）
店員　　：はい、ピザホットです。
アレン　：配達[1]お願いします。
店員　　：ありがとうございます。では、お名前、ご住所、お電話番号をお願いします。
アレン　：リーバークウィルです。住所は北区、星が丘、6の4、若葉大学寮501です。
店員　　：若葉大学寮501のリーバークウィルさんですね↗
　　　　　ご注文をどうぞ。
アレン　：「ベジタリアン[2]」のM1つと「シーフード[3]」のL2つお願いします。
店員　　：「ベジタリアン」のMお1つと、「シーフード」のLお2つですね↗
アレン　：はい。
店員　　：ありがとうございます。全部で3,800円になります。
アレン　：3,800円ですね↗
店員　　：はい。それでは[4]、20分ほどで[5]お届けいたします[6]。
アレン　：はい、お願いします。

1）4人でお昼ご飯を食べます。ピザ屋に電話してピザと飲み物を注文します。
You are going to eat lunch with three of your friends. Call a pizza shop and order some pizzas and drinks.
你们四个人一起吃午饭。你给比萨饼店打电话订比萨饼和饮料。
4명이서 점심을 먹습니다. 피자집에 전화를 해서 피자와 음료를 주문합니다.
Bạn ăn trưa với 3 người bạn. Bạn gọi điện tới cửa hàng Pizza để đặt pizza và đồ uống.

---

1 配達　**2** ベジタリアン　**3** シーフード　**4** それでは　**5** 〜ほどで　**6** お届けいたします

応用練習 🔊87

アレンさんはナタリーさんと食堂に行って、かばんの中に財布がないことに気がつきました。

Allen goes to the cafeteria with Natalie and then notices his wallet isn't in his bag.
阿伦和纳塔丽丽去食堂，发现包里没有钱包。　앨런 씨는 나타리 씨와 식당에 갔을 때 가방 안에 지갑이 없다는 것을 알았습니다.
Allen đi đến nhà ăn cùng với Natalie và chợt nhận ra là không mang ví tiền trong cặp.

－食堂で－

ナタリー：ああ、おなかすいた[1]。何、食べよう。

アレン　：あれ↑

ナタリー：どうしたんですか。

アレン　：財布がないんです。

ナタリー：えーっ、教室に忘れたのかもしれません[2]ね。

アレン　：そうですね。じゃ、取りに行ってきます[3]。

ナタリー：じゃ、私が昼ご飯、買っておきましょうか。

アレン　：ああ、お願いします。じゃ、B定食[4]、お願いします。

ナタリー：はい、わかりました。じゃ、見つかったら連絡してくださいね↗

アレン　：はい、連絡します。

　　　　　　　　　…

－教室に戻って－

アレン　：あ、あった。よかった。

アレン　：（ナタリーさんに電話をかける）もしもし、ナタリーさん↗

ナタリー：はい。アレンさん、見つかりましたか↑

アレン　：はい、机[5]の下に落ちて[6]いました。

ナタリー：よかったですね。

アレン　：ええ、よかったです。じゃ、すぐに食堂に行きますね↗

ナタリー：はーい。待って[7](い)ます。

1）あなたは食堂に行って、かばんの中にペンケースがないことに気がつきました。

You go to the cafeteria and then notice your pen case isn't in your bag.　你去食堂，发现包里没有铅笔盒。
여러분은 식당에 갔을 때 가방 안에 펜케이스가 없다는 것을 알았습니다.
Bạn đi đến nhà ăn thì chợt nhận ra không mang hộp bút trong cặp.

---

1 おなかがすきます　**2** ～かもしれません　**3** 取りに行ってきます　**4** B定食　**5** 机
6 落ちます　**7** 待ちます

違う場面で 🔊 88

居酒屋「串ざむらい」に予約の電話をかけます。
Phoning Japanese style pub「串ざむらい」to make a reservation　给酒馆「串ざむらい」打电话订餐。
술집「구시자무라이」에 예약 전화를 겁니다.　Gọi điện đến quán nhậu "Kushi Zamurai" để đặt chỗ.

店員　：はい、「串ざむらい[1]」でございます[2]。
アレン：すみません、予約[3]をしたいんですが。
店員　：ご予約ですね↗　何日をご希望[4]ですか↑
アレン：16日の夜7時からお願いしたいんですが。
店員　：16日の19時からですね↗　何名様[5]ですか↑
アレン：5人です。
店員　：16日、19時から5名様で。少々お待ちください。確認いたします[6]。
　　　　お待たせしました。16日19時から5名様でご予約 お取りできます[7]。
アレン：じゃ、お願いします。
店員　：お客様のお名前とお電話番号をお願いできますか[8]↑
アレン：アレン・リーバークウィルです。
店員　：アレン・リーバークウィル様[9]ですね↗
アレン：はい。電話番号は、080-1234-5678です。
店員　：080-1234-5678ですね↗
アレン：はい。あと[10]、「飲みログ[11]」に載って[12]いた「2時間飲み放題[13]コース[14]
　　　　B」は電話予約[15]でもだいじょうぶですか↑
店員　：はい、だいじょうぶです。
アレン：では、それでお願いします。
店員　：はい。それでは、16日、19時から5名様、2時間飲み放題コースBで
　　　　ご予約、お受けしました[16]。
アレン：よろしくお願いします。
店員　：お待ちしております[17]。ありがとうございました。

1　串ざむらい(店名)　2　～でございます　3　予約　4　希望　5　～名様　6　確認いたします
7　お取りできます　8　お願いできますか　9　～様　10　あと　11　飲みログ(ウェブサイト名)
12　載ります　13　飲み放題　14　コース　15　電話予約　16　お受けします　17　お待ちしております

NOTES

1. **ああ、（試験が）終わった**
   独り言を言うときは、普通体を使います。丁寧体を使うと、周りの人に話しかけることになります。

   When saying something to yourself, you should use plain-style language. If you use polite-style language, people around you may think you are talking to them.
   自言自语的时候，使用简体。如果使用敬体的话，就变成了向周围的人搭话。
   혼잣말을 할 때는 보통체를 사용합니다. 정중체를 사용하면 주변 사람에게 말을 건네는 것이 됩니다.
   Khi nói chuyện một mình ta dùng thể thường. Nếu dùng thể lịch sự, sẽ có nghĩa là ta đang bắt chuyện với người xung quanh.

2. **持って行きましょうか（Vマスform ましょうか）**
   相手のために話し手が何かをすることを申し出るときに使います。文末は上昇イントネーションと下降イントネーションのどちらも使います。

   「Vましょうか」 is used when offering to do something for someone. At the end of the sentence you can use either rising or falling intonation.
   用于说话人提议为对方做些什么时。句末声调可以上扬，也可以下降。
   상대를 위해서 화자가 무언가를 하려고 자청할 때 사용합니다. 문말의 억양은 상승조와 하강조를 모두 사용합니다.
   Sử dụng khi người nói đề xuất làm một điều gì đó cho đối phương. Ngữ điệu cuối câu có thể lên giọng hoặc xuống giọng đều được.

3. **ありがとうございます**
   申し出への応答は、まず「ありがとう（ございます）」と言うことが多いです。申し出を受けるときは、「お願いします」、断るときは、「でも、いいです」と言います。他に「でも、けっこうです」も使います。また、手伝いや助けの内容の申し出を断るときは、「でも、だいじょうぶです」も使います。

   When someone offers to do something for you, it is customary to first of all respond with 「ありがとう（ございます）」. After this, you can say 「お願いします」 to accept the offer, or 「でも、いいです」 to decline the offer. 「でも、けっこうです」 can also be used. Also, 「でも、だいじょうぶです」 can be used to reject an offer of help or assistance.
   对提议的回答在很多时候先要说「ありがとう（ございます）」。接受提议的时候说「お願いします」，拒绝的时候说「でも、いいです」。也可以使用「でも、けっこうです」。在拒绝帮助、援助的提议时，也可以使用「でも、だいじょうぶです」。
   상대가 자청해서 하겠다는 것에 대한 대답은 우선「ありがとう（ございます）」라고 말하는 경우가 많습니다. 자청을 받아들일 때는「お願いします」, 거절할 때는「でも、いいです」라고 말합니다. 그 밖에도「でも、けっこうです」도 사용합니다. 또 심부름이나 도와주겠다는 자청을 거절할 때는「でも、だいじょうぶです」도 사용합니다.
   Đáp lại lời đề xuất của người khác, đầu tiên hay nói câu: "ありがとう（ございます）". Khi đồng ý tiếp nhận lời đề xuất của đối phương ta nói: "お願いします", còn khi từ chối ta nói: "でも、いいです". Ngoài ra, còn dùng cả câu: "でも、けっこうです". Ngoài ra, khi từ chối đề xuất với nội dung giúp đỡ, ta cũng có thể dùng câu: "でも、だいじょうぶです".

4. じゃあ、飲み物をお願いします

相手の話の内容を受けて、話し手が今判断した結果を話すときに使います。質問に対する答えには使いません。目上の人からの依頼、誘い、命令に対する答えに使うと、失礼になることがあります。

This is used to begin a sentence after you have come to a conclusion or made a judgement about something based on what someone has just told you. It is not used in response to questions. Also, it is considered rude to use it in response to a request, invitation or order from a superior.

用于听了对方谈话内容以后，说话人说出现在判断的结果时。不可以用于对问题的回答。回答身份地位比自己高的人的要求、邀请及命令时使用，会很失礼。

상대방이 말하는 내용을 받아들여 화자가 지금 판단한 결과를 말할 때 사용합니다. 질문에 대한 답으로는 사용하지 않습니다. 윗사람에게서의 의뢰, 권유, 명령에 대한 대답으로 사용하면 실례가 되는 경우가 있습니다.

Dùng khi sau khi tiếp nhận nội dung nói chuyện của đối phương, người nói nói về kết quả mà bây giờ nhận định được. Không sử dụng để trả lời câu hỏi. Nếu sử dụng để trả lời cho câu nhờ vả, mời rủ, mệnh lệnh từ người trên nhiều khi sẽ bị xem là thất lễ.

例）

× ［ A：どんな食べ物が好きですか ↑
　　 B：<u>じゃあ</u>、肉料理¹が好きです。］

○ ［ A：どんな食べ物が好きですか ↑
　　 B：そうですねえ、肉料理が好きです。］

× ［ 先生：今度のパーティーで、国の料理を作ってください。
　　 学生：<u>じゃあ</u>、作ります。］

○ ［ 先生：今度のパーティーで、国の料理を作ってください。
　　 学生：はい、作ります。］

☺ ［ 先生　：アレンさん、あとでちょっと来てください。
　　 アレン：はい、わかりました。］

---

1 肉料理

●こんなときは 3

電話での会話1

－電話でランチタイムを確認する－

Telephone conversation 1 – Confirming lunchtime opening hours by phone –
电话交谈1 －打电话确认午餐时间－　전화에서의 회화 1 – 전화로 런치타임을 확인하다 –
Nói chuyện qua điện thoại 1 – Xác nhận thời gian ăn trưa qua điện thoại –

店員：はい、カフェホワイト[1]星見店[2]でございます。
アレン：すみません、ランチタイム[3]のことで、ちょっとお聞きし[4]たいんですが。
店員：はい。
アレン：あのう、ホームページ[5]では、ランチタイムは11時から15時と出て[6]いたんですが、ラストオーダー[7]が15時ということでしょうか[8]。
店員：すみません、ラストオーダーは14時半になっております[9]ので、それまでにお越しいただければ[10]だいじょうぶなんですが。
アレン：そうですか。わかりました。予約はできますか↑
店員：申し訳ありません、ご予約はお受けしてないんです。
アレン：そうですか。だいぶ混む[11]と聞いたんですが、どのぐらい並びますか↑
店員：そうですねえ、日によって[12]違う[13]んですが、週末[14]ですとだいたい30分から40分、平日[15]でしたら15分ぐらいですね。
アレン：そうですか。わかりました。今は何分待ち[16]ぐらいでしょうか。
店員：ええと、今でしたら10分ほどでお入りいただけます[17]。
アレン：そうですか、わかりました。いろいろお聞きしてすみませんでした。
店員：いえ、他にご不明な点[18]はございません[19]か↑
アレン：はい、だいじょうぶです。ありがとうございました。
店員：ご来店[20]、お待ちしております。
アレン：はい、失礼します。
店員：失礼いたします[21]。

1　カフェホワイト(店名)　2　～店　3　ランチタイム　4　お聞きします　5　ホームページ　6　出ます
7　ラストオーダー　8　～ということでしょうか　9　なっております　10　お越しいただければ
11　混みます　12　日によって　13　違います　14　週末　15　平日　16　～待ち
17　お入りいただけます　18　不明な点　19　ございます　20　ご来店　21　失礼いたします

15 親しい友だちと話す
しんはな

Talking with close friends　和亲密朋友交谈
친한 친구와 이야기하기　Nói chuyện với bạn thân

教室で：In a classroom
きょうしつ　　在教室
　　　　　　교실에서
　　　　　　Tại phòng học

考えよう

あなたはあした映画を見に行きます。親しい友だちを誘うとき、あなたは何と言いますか。

You are going to see a movie tomorrow. You want to invite a close friend. What do you say to him/her?
你明天去看电影。你邀请你的好友时，该说什么？
여러분은 내일 영화를 보러 갑니다. 친한 친구에게 같이 가자고 권유할 때 여러분은 뭐라고 말합니까?
Ngày mai bạn đi xem phim. Khi bạn mời người bạn thân của bạn đi xem, bạn sẽ nói như thế nào?

練習 A-1

アレン　：ナタリーさん、①あした、映画（を）見に行かない¹ ↑ ▶ NOTES 1, 2
ナタリー：②うん、行きたい。

例）①あした、映画（を）見に行きます
　　②はい、行きたいです

1) ①いっしょにバドミントン²（を）します　②ああ、いいですね
2) ①今から昼ご飯（を）食べに行きます　　②ええ、行きましょう
3) ①今晩お酒³（を）飲みに行きます
　　②いいですね。行きます、行きます

＜話し言葉のくだけた言い方　Casual style　口语中的随便说法
会話体의 스스럼없는 말투　Cách nói thân mật với ngôn ngữ nói＞

	丁寧体　polite style 敬体　정중체　Thể lịch sự		非丁寧(普通)体　casual style 简体　비정중(보통)체　Thể không lịch sự
V ます	行きます 行きません 行きました 行きませんでした	普通形 plain form 普通形 보통형 Thể thường	行く 行かない 行った 行かなかった
イA です	大きいです 大きくないです 大きかったです 大きくなかったです	普通形	大きい 大きくない 大きかった 大きくなかった
ナA です／ N です	元気／学生です 元気／学生じゃありません 元気／学生でした 元気／学生じゃありませんでした	普通形(だ)	元気／学生 元気／学生じゃない 元気／学生だった 元気／学生じゃなかった
V ますか ↑	行きますか ↑	普通形 ↑	行く ↑
イA ですか ↑	大きいですか ↑	普通形 ↑	大きい ↑

1　〜に行きます　2　バドミントン　3　お酒

丁寧体 polite style 敬体　정중체　Thể lịch sự		非丁寧(普通)体 casual style 简体　비정중(보통)체　Thể không lịch sự	
ナAですか ↑ Nですか ↑	元気ですか ↑ 学生ですか ↑	普通形(だ) ↑	元気 ↑ 学生 ↑
〜んです／ 〜んですか ↑	行くんです／行くんですか ↑	〜んだ／ 〜の ↑	行くんだ／行くの ↑
〜んですが／ 〜んですけど	行くんですが／行くんですけど	〜んだけど	行くんだけど
Vマスましょう	行きましょう 見ましょう しましょう	意向形 volitional form 意志形 의향형 Thể ý chí	行こう 見よう しよう
〜ます／です＋ よ／ね	行きますよ／行きますね 大きいですよ／大きいですね	普通形＋よ／ね	行くよ／行くね 大きいよ／大きいね
「はい／ええ」・「いいえ」		「うん」・「ううん／いいや」	
「そうですね」・「そうですか」		「そうだね／そうね」・「そうか／そう」	

練習 A-2

アレン　　：ナタリーさん、①おもしろいＤＶＤがあるんだけど、
　　　　　　②いっしょに見ない↑
ナタリー：③うん、見る。

例）①おもしろいＤＶＤがあります
　　②いっしょに見ませんか
　　③はい、見ます

1) ①映画のチケットが２枚あります　　②😊?
　　③はい、いいですね。行きます

2) ①おいしいワイン[1]があります　　②😊?
　　③はい、飲みたいです

3) ①日曜日にうちでパーティーをします　　②😊?
　　③ありがとうございます。行きます

[1] ワイン

聞いて答えよう1 🔊 90

あなたは今晩、忙しいです。親しい友だちが、何か言いました。あなたは何と言いますか。

You are busy this evening. A close friend says something. How do you respond?

今天晚上你很忙。你的好友说了些什么。你该说什么呢?

여러분은 오늘 저녁에 바쁩니다. 친한 친구가 무언가 말했습니다. 여러분은 뭐라고 말합니까?

Tối nay bạn bận. Người bạn thân đã nói những gì? Bạn sẽ nói như thế nào?

練習A-3

ナタリー：①今晩、うちでパーティー（を）するんだけど、よかったら¹アレンさんも②来ない↑

アレン：③んー、残念だけど……。ごめんね。　▶ NOTES 3, 4

例) ①今晩、うちでパーティー（を）します　②来ませんか
　　③んー、残念ですけど……

1) ①クラスのあとで映画（を）見に行きます　② 😮❓
　　③んー、残念ですが、きょうは用事²があるんです

2) ①国の料理を作りました　② 😮❓
　　③あ、残念ですが、これから³出かける⁴んです

3) ①これから みんなでおすし⁵（を）食べに行きます
　　② 😮❓
　　③おすしはちょっと……

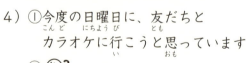

4) ①今度の日曜日に、友だちと
　　カラオケに行こうと思っています
　　② 😮❓
　　③残念ですが、アルバイトに
　　行かなければならない⁶んです

1　よかったら　2　用事　3　これから　4　出かけます　5　おすし　6　〜なければならない

練習B 🔊91

以下の会話を練習してから1)、2)の状況で会話をしてください。

After practicing the conversation below, make conversations for situations 1) and 2).
练习以下会话，然后按1)、2) 的状况进行会话。
아래의 회화를 연습한 후 1), 2)와 같은 상황에서 이야기를 해 보십시오.
Hãy tập nói theo hội thoại dưới đây và sau đó hội thoại theo tình huống 1), 2).

アレン　：あした、時間（が）ある↑

ナタリー：何↑

アレン　：映画（を）見に行こうと思って（い）るんだけど、　▶ NOTES 5
　　　　　いっしょに行かない↑

ナタリー：何時ごろ行くの↑

アレン　：5時ごろ行こうと思って（い）るんだけど。

ナタリー：んー、残念だけど、6時から友だちとコンサートに行くんだ〈行くの〉。

アレン　：そっかあ[1]〈そうなのー〉。

ナタリー：ごめん。

〈　〉：女性的な表現　Feminine expressions　女性用语表现　여성스러운 표현　Cách nói nữ

▶ NOTES 6

1) 今夜のクラシックコンサートのチケットを2枚もらいました。友だちを誘います。

　　You have received two tickets for a classical concert tonight. You are going to invite your friend to it.
　　你得到两张今天晚上的古典音乐会票。邀请你的朋友一起去。
　　오늘 저녁에 있는 클래식 콘서트의 티켓을 2장 받았습니다. 친구에게 같이 가자고 권유합니다.
　　Bạn có hai vé xem buổi hòa nhạc cổ điển vào tối nay. Bạn sẽ rủ bạn đi cùng.

2) 今夜、日本人の友だちとお酒を飲みに行きます。クラスの友だちを誘います。

　　You are going out for a drink with your Japanese friends tonight, and you want to invite a classmate.
　　今天晚上，你要去和日本朋友一起喝酒。邀请你的同班朋友一起去。
　　오늘 저녁에 일본인 친구와 술을 마시러 갑니다. 클래스 친구에게 같이 가자고 권유합니다.
　　Tối nay, bạn sẽ cùng đi uống rượu với bạn người Nhật. Bạn rủ bạn cùng lớp đi cùng.

---

1 そっか

聞いて答えよう2 🔊 92

あなたはきのう映画を見に行きました。ナタリーさんはいっしょに行きませんでした。ナタリーさんが次のように聞きました。あなたは何と言いますか。

Yesterday you went to see a movie. Natalie didn't go with you. Natalie asks you the following. What do you say?

你昨天去看电影了。纳塔丽没跟你一起去。纳塔丽像下面这样问你。你该说什么呢?

여러분은 어제 영화를 보러 갔습니다. 나타리 씨는 같이 가지 않았습니다. 나타리 씨가 다음과 같이 물었습니다. 여러분은 뭐라고 말합니까?

Hôm qua, bạn đi xem phim. Natalie không đi cùng bạn. Natalie đã hỏi bạn để lần sau. Bạn sẽ nói như thế nào?

練習A-4

ナタリー：きのうの①映画どうだった¹ ↑
アレン　：②すごくおもしろかったよ。

例) ①映画　　　　　　　②すごくおもしろかったです
1) ①パーティー　　　　②みんなで踊って² 楽しかったです
2) ①サッカー³の試合⁴　②負けて⁵ 残念でした
3) ①コンサート　　　　②😮?

ロールプレイ

ロールプレイカード 15-1 15-2

応用練習 🔊 93

ナタリーさんは、カラオケの割引券をもらったので、アレンさんと行きたいです。でも、アレンさんがカラオケが好きかどうか知りません。

Natalie has a karaoke discount coupon and wants to go with Allen. However, she does not know whether he likes karaoke or not.

因为纳塔丽得到了卡拉OK的打折券，她想和阿伦一起去。可是她不知道阿伦喜不喜欢卡拉OK。

나타리 씨는 노래방 할인권을 받아서 앨런 씨와 같이 가고 싶습니다. 하지만 앨런 씨가 노래방을 좋아하는지 어떤지 모릅니다.

Natalie có vé giảm giá đi hát karaoke và muốn đi cùng với Allen. Thế nhưng lại không biết Allen có thích hát karaoke hay không.

---

1 どうだった　2 踊ります　3 サッカー　4 試合　5 負けます

―寮で―
ナタリー：アレンさん、カラオケ好き↑
アレン　：好きだけど、何↑
ナタリー：割引券¹もらったんだけど、いっしょに行かない↑
アレン　：いいね、行く、行く。いつ行く↑
ナタリー：あしたの夜は↑
アレン　：あしたはちょっと……。研究室²に行かなきゃならない³んだ。
ナタリー：そっかあ。じゃあ、あさっては↑
アレン　：あさってなら⁴、何時でも⁵いいよ↗
ナタリー：じゃあ、あさっての夜7時はどう↑
アレン　：うん、いいよ↗
ナタリー：リーさんも誘おう⁶か。
アレン　：そうだね。じゃ、ぼく⁷が言っておくね。
ナタリー：よろしく。じゃ、またね。
アレン　：じゃ、またあさって。

1) 今週の土曜日、あなたはサッカーの試合を見に行きます。友だちを誘います。
   You are going to see a soccer game this Saturday and invite a friend.
   这周六，你要去看足球比赛。邀请你的朋友一起去。
   이번주 토요일에 여러분은 축구 경기를 보러 갑니다. 친구에게 같이 가자고 권유합니다.
   Thứ bảy tuần này, bạn sẽ đi xem trận đấu bóng đá. Bạn rủ bạn đi cùng.

2) 今、映画館であなたの好きな映画をやっています。友だちを誘います。
   Your favorite movie is being shown at a theater now and you want to invite a friend.
   电影院现在正在上演你喜欢的电影。邀请你的朋友一起去。
   지금 영화관에서 여러분이 좋아하는 영화를 하고 있습니다. 친구에게 같이 가자고 권유합니다.
   Bây giờ ở rạp chiếu phim đang chiếu bộ phim mà bạn thích. Bạn rủ bạn đi cùng.

---

1 割引券　2 研究室　3 行かなきゃならない(=行かなければならない)　4 〜なら　5 何時でも
6 誘います　7 ぼく

違う場面で　🔊94

ナタリーさんがアレンさんを映画に誘います。
Natalie invites Allen to go to see a movie.　納塔丽邀请阿伦一起去看电影。
나타리 씨가 앨런 씨에게 영화를 보러 가자고 권유합니다.　Natalie rủ Allen đi xem phim.

ナタリー：こんにちは、アレンさん。
アレン　：あ、ナタリーさん、こんにちは。
ナタリー：アレンさん、今、「ひまわり畑で会いましょう¹」という²映画をやって（い）るんだけど、いっしょに見に行かない↑
アレン　：え、いいね。ぼくも見たいと思って（い）たんだ。
ナタリー：あ、ほんと、よかった。じゃ、今度の土曜日はどう↑
アレン　：今度の土曜日は、アルバイトがあるんだ。
ナタリー：そうなんだあ³。
アレン　：でも、日曜日ならだいじょうぶだよ。ナタリーさんはどう↑
ナタリー：わたしもだいじょうぶ。
アレン　：よかった。じゃ、何時に行く↑
ナタリー：4時から始まる⁴のがあるから、それに行かない↑
アレン　：いいよ。終わったら、いっしょに晩ご飯⁵食べようか。
ナタリー：いいねいいね。おいしいもの、食べよう。
　　　　　じゃ、星見駅の北口で3時半に待ち合わせしようか。
アレン　：いいよ↑　星見駅で3時半ね↑
ナタリー：うん。じゃ、また日曜日。楽しみにして（い）る⁶ね。
アレン　：ぼくも。じゃ、またね。
　　　　　：
－映画が終わってから－
アレン　：おもしろい映画だったね↑
ナタリー：ほんと、おもしろかった。特に最初⁷のダンス⁸がかっこよかったね。
アレン　：そうそう。それに⁹、感動的な¹⁰シーン¹¹もあって、いろいろ楽しめた¹²ね↑
ナタリー：そうね。笑ったり泣いたり¹³してあっという間¹⁴だった。
アレン　：そうだね。絶対¹⁵おすすめ¹⁶の映画だよね¹⁷↑

---

1 「ひまわり畑で会いましょう」（映画名）　2 ～という～　3 そうなんだあ　4 始まります
5 晩ご飯　6 楽しみにしています　7 最初　8 ダンス　9 それに　10 感動的[な]　11 シーン
12 楽しめます　13 笑ったり泣いたり　14 あっという間　15 絶対　16 おすすめ　17 ～よね

NOTES

1. あした、映画（を）見に行かない↑　　　　　　　　　　▶ 4課 NOTES 1

日常会話のくだけた会話では、「を」が省略されることが多いです。省略されても誤解が起きないからです。他にも「が」、「(場所) に／へ行く／来る／帰る」の「に／へ」が省略されやすいです。

　例1）あした、雨、降るよ。
　例2）図書館、行こう。

In informal daily-conversation, the particle 「を」 is often omitted, because it won't cause misunderstanding. The particle 「が」 and 「に／へ」 of 「(場所) に／へ行く／来る／帰る」 are also easily omitted.

日常会话中随便的说法，常常省略助词「を」。因为即使省略「を」也不会引起误解。除此以外，「が」、「(场所) に／へ行く／来る／帰る」的「に／へ」也容易被省略。

스스럼 없는 일상 회화에서는 「を」가 생략되는 경우가 많습니다. 생략되어도 오해가 생기지 않기 때문입니다. 그 밖에도 「が」, 「(장소) に／へ行く／来る／帰る」의 「に／へ」가 생략되기 쉽습니다.

Trong hội thoại thân mật thường nhật, nhiều khi trợ từ " を " được lược bỏ. Bởi vì nó không gây hiểu nhầm về nghĩa cho dù có bị lược bỏ. Ngoài ra, những trợ khác như " が ", " に／へ " trong "(địa điểm) に／へ行く／来る／帰る " cũng dễ bị lược bỏ.

2. あした、映画を見に行かない↑（〜Vない↑）　　　　　　▶ 6課 NOTES 1

「〜Vませんか↑」の普通体です。親しい友だちを誘うときに使います。普通体は、目上の人には使いません。

This is the casual style form of 「〜Vませんか↑」. It is used when inviting close friends to do things. The casual style should not be used toward your superiors.

是「〜Vませんか↑」的简体。用于邀请关系亲密的朋友时。简体不可以对身份地位比自己高的人使用。

「〜Vませんか↑」의 보통체입니다. 친한 친구에게 권유할 때 사용합니다. 보통체는 윗사람에게는 사용하지 않습니다.

Đây là thể thường của "〜Vませんか". Dùng khi rủ bạn bè thân thiết. Thể thường không sử dụng cho người trên.

3. んー、残念だけど……

ここでは、何かを言うことを躊躇していることを表します。

This is a sound that is made when hesitating during speech.

在这里表示在犹豫要说什么。

여기에서는 무언가 말하기를 주저하고 있는 것을 나타냅니다.

Ở đây thể hiện việc đang lưỡng lự nói một điều gì đó.

4. んー、残念だけど／残念ですが……

「残念だ」は「思うようにならなくて、満足しない、気持ちが後まで残っている」という心情を表します。ここでは、誘いに応じられないとき、柔らかく断る表現として使っています。目上の人からの誘いに対しては、この表現の前に「すみません」や「ありがとうございます」などの謝罪や感謝の言葉が必要です。

The expression 「残念だ」 is used to convey that you find a situation or circumstance unfortunate. To this extent, when you cannot accept an invitation, it can be used to gently turn down the offer. However, when used to a superior, it is necessary to precede 「残念だ」 with an expression of apology or gratitude such as 「すみません」 or 「ありがとうございます」.

「残念だ」表达的是因为不能如愿而感到"不满意"和"遗憾"的心情。在这里，作为不能接受邀请而婉言拒绝的表现来使用。对于身份地位比自己高的人的邀请，有必要在这个表现的前面加上「すみません」「ありがとうございます」等道歉、感谢的话。

「残念だ」는 「생각대로 되지 않아서 만족할 수 없는 기분이 나중까지 남아 있다」라는 심정을 나타냅니다. 여기에서는 권유에 응할 수 없을 때 부드럽게 거절하는 표현으로써 사용하고 있습니다. 윗사람의 권유에 대해서는 이 표현 앞에 「すみません」이나 「ありがとうございます」 등 사죄나 감사의 말이 필요합니다.

"残念だ" diễn tả tâm trạng "không được như mình nghĩ nên không hài lòng, tình cảm đang còn vấn vương ở phía sau" Ở đây, được dùng như là một cách từ chối khéo khi không đáp ứng được lời mời mọc rủ rê. Đối với lời mời mọc rủ rê của người trên thì cần phải có lời xin lỗi hay cám ơn trước khi nói câu này, chẳng hạn như "すみません" hay "ありがとうございます".

5. 映画（を）見に行こうと思って（い）るんだけど

くだけた会話では、「思っている」が「思ってる」になるように、「い」が脱落することが多いです。

In informal conversation, it is common to drop the 「い」 from 「いる」, as in 「思ってる」.

在随便的会话中，「思っている」会变成「思ってる」，去掉「い」的情况很多。

스스럼없는 회화에서는 「思っている」가 「思ってる」처럼 「い」 가 탈락되는 경우가 많습니다.

Trong hội thoại thân mật, nhiều khi "い" bị bỏ đi khi nói, ví dụ "思っている" thì thành "思ってる".

例）A：レポート終わった↑
　　B：ううん、今書いてる。

6. 女性的な表現　Feminine expressions　女性用语表现　여성스러운 표현　Cách nói nữ

普通体のくだけた言い方には、文末の表現に性差が見られることがあります。例えば、「雨だよ」を「雨よ」、「そうなんだ」を「そうなの」のように、「だ」を言わなかったり、「行くよ」を「行くわよ」のように、「わ」という終助詞を使ったりすると、女性的になります。ただ、最近は、女性であっても女性的な言葉を使わない人も増えています。

In informal, plain-style speech, there are differences in the usage of sentence-final expressions by men and women. For example, if you say 「雨よ」 or 「そうなの」 by dropping 「だ」 from 「雨だよ」 and 「そうなんだ」 or 「行くわよ」 by adding 「わ」 to 「行くよ」, it sounds feminine. However, recently, the number of women who do not use feminine expressions is increasing.

简体的随便说法中，常常可以从句末的表现看出性别。例如：将「雨だよ」说成「雨よ」,「そうなんだ」说成「そうなの」, 这样不说「だ」的用法，以及将「行くよ」说成「行くわよ」, 这样使用终助词「わ」的，都较女性化。可是，最近不使用女性用语的人也在增加。

보통체의 스스럼없는 말투에서는 문말 표현에 성차를 보이는 경우가 있습니다. 예를 들면 「雨だよ」를 「雨よ」, 「そうなんだ」 를 「そうなの」 라고 하는 것처럼 「だ」 를 말하지 않거나, 「行くよ」를 「行くわよ」라고 말하는 것처럼 「わ」 라는 종조사를 사용하면 여성적인 말투가 됩니다. 단, 최근에는 여성이라도 여성적인 말투를 사용하지 않는 사람도 늘고 있습니다.

Trong cách nói thân mật dùng thể thường ta hay thấy có sự khác nhau về giới tính trong cách nói ở cuối câu. Chẳng hạn, không nói "だ" như: 雨だよ" thì thành "雨よ", "そうなんだ" thì thành "そうなの" hay sử dụng trợ từ cuối câu "わ" như "行くよ" thì thành "行くわよ". Khi thay đổi trợ từ cuối câu như thế, câu văn sẽ trở thành cách nói của nữ. Tuy nhiên, gần đây xu hướng phụ nữ không dùng cách nói nữ tính đang tăng lên.

許可を求める
きょか もと

Asking for permission　请求许可
승낙 받기　Xin phép

> 日本語の 教室で：
> にほんご きょうしつ
> 　　In the Japanese language classroom
> 　在日语教室　일본어 교실에서
> 　Tại lớp học tiếng Nhật

考えよう1

あなたはあしたの日本語のクラスを休みたいと思っています。先生に何と言って話し
　　　　　にほんご　　　　　やす　　　おも　　　　　　せんせい　なん　い　　はな
始めますか。
はじ

You want to be absent from Japanese class tomorrow. What do you say to your Japanese teacher at first?
明天的日语课，你想请假。你该怎么向老师开口请假呢？
여러분은 내일 일본어 수업을 쉬고 싶습니다. 선생님께 무슨 말로 이야기를 시작합니까？
Ngày mai, bạn muốn nghỉ học tiếng Nhật. Bạn sẽ nói chuyện với giáo viên như thế nào để bắt đầu câu chuyện?

練習A-1

1. アレン：先生、あしたのクラスのことなんですが……。 ▶ NOTES 1
   森先生：はい、何ですか↑

   1) あしたの漢字のテスト
   2) 来週の試験
   3) 今度の学会[1]

2. アレン：リーさん、来週のパーティーのことなんだけど……。 ▶ NOTES 1
   リー　：うん、何↑

   1) 作文[2]の宿題　　2) アルバイト　　3) 先週借りた本

   －ナタリーさんはアレンさんがきのう本を買ったことを知りません。－

   Natalie does not know that Allen bought a book yesterday.　纳塔丽不知道阿伦昨天买了书。
   나타리 씨는 앨런 씨가 어제 책을 산 것을 모릅니다.
   Natalie không biết Allen đã mua quyển sách vào ngày hôm qua.

   ❽ アレン　：ナタリーさん、きのう買った本のことなんだけど……。
   　 ナタリー：……。

考えよう2

あした、あなたの両親が国から日本へ来ます。空港に迎えに行かなければならないので、早く帰りたいです。先生に何と言いますか。

Your parents will come to Japan from your country tomorrow. You would like to leave the class early tomorrow to meet them at the airport. What do you say to the teacher?
你的父母明天从国内到日本来，你必须去机场迎接，所以你想早点回去。你该对老师说什么呢？
내일 여러분의 부모님이 일본에 오십니다.
공항에 마중을 나가야 하기 때문에 빨리 돌아가고 싶습니다. 선생님께 뭐라고 말합니까?
Ngày mai, bố mẹ bạn sẽ từ bên nước sang Nhật Bản. Bạn phải đi đón nên muốn về sớm. Bạn sẽ nói với thầy/cô giáo như thế nào?

---

1 学会　2 作文

練習A-2

1. アレン：あのう、①あした少し早く帰りたいんですが、よろしい／いいでしょうか。
   ▶ NOTES 2
   先生　：どうしたんですか↑
   アレン：②国から両親が来るんです。

   例）①あした少し早く帰ります　　②国から両親が来ます
   1）①あしたの授業¹を休みます²　②病院に行きたいです
   2）①きょうのゼミを休みます　　②かぜをひいて熱があります
   3）①先生の本をお借りします　　②調べたいこと³があります

2. －電器店で－　In an electrical appliance store　在电器店　전기제품 가게에서　Tại cửa hàng điện thoại

   アレン：あのう、このカタログ⁴をもらいたいんですけど、いいですか↑
   店員　：どうぞ。
   アレン：ありがとうございます。

3. －友だちに－

   アレン：リーさんの電子辞書、ちょっと借りたいんだけど、いい↑
   リー　：いいよ↗
   アレン：ありがとう。

---

1 授業　**2** 休みます　**3** こと　**4** カタログ

16 許可を求める

練習A-3

アレン：①頭¹が痛い²んです。②すみませんが、午後の授業を休んでもよろしい／
いいでしょうか。　　　　　　　　　　　　　　　　　　　▶ NOTES 3
先生　：いいですよ ↗

例）①頭が痛いです
　　②すみませんが、午後の授業を休みます
1）①2時から、ゼミの発表³があります
　　②すみませんが、1時半に帰ります
2）①食堂に財布を忘れました
　　②すみませんが、取りに戻ります⁴
3）―店員に― To a sales clerk　对服务员　점원에게　Nói với nhân viên bán hàng
　　①サイズ⁵がわかりません
　　②これを着てみます

Cf.　アレン　　：あしたのクラスを休ませていただけませんか ↑　▶ NOTES 4
　　山本先生：どうしたんですか ↑
　　アレン　　：インターンシップの面接⁶があるんです。
　　山本先生：そうですか。わかりました。

練習B 🔊 95

以下の会話を練習してから1）、2）の状況で会話をしてください。
After practicing the conversation below, make conversations for situations 1) and 2).
练习以下会话，然后按1）、2）的状况进行会话。
아래의 회화를 연습한 후 1), 2) 와 같은 상황에서 이야기를 해 보십시오.
Hãy tập nói theo hội thoại dưới đây và sau đó hội thoại theo tình huống 1), 2).

アレン：先生、あしたの授業のことなんですけど……。
森先生：何ですか ↑
アレン：すみません。少し早く帰りたいんですが、よろしいでしょうか。

---

1 頭　2 痛い　3 発表　4 取りに戻ります　5 サイズ　6 面接

森先生：どうしたんですか ↑
アレン：実は、国から両親が来るんです。それで、空港¹に迎えに行か²なければならないんです。
森先生：そうですか。何時にいらっしゃる³んですか ↑
アレン：3時に着く⁴予定⁵です。1時半ごろ、帰ってもいいでしょうか。
森先生：いいですよ ↗
アレン：ありがとうございます。

1) あなたは、あした特別に午前10時半まで研究室のゼミがあります。日本語の授業は毎日午前10時半から始まります。日本語の先生に授業に遅れることを話します。

You have a special seminar in the study room until 10:30 a.m. tomorrow. But you have Japanese language class from 10:30 a.m. every day. Tell your Japanese teacher that you will come late to class.

明天，你有一个研究室的特别讨论课，到上午十点半。日语课每天都是从上午十点半开始的。告诉你的日语老师，你上课会迟到。

여러분은 특별히 내일 오전 10시 반까지 연구실에서 세미나가 있습니다. 일본어 수업은 매일 오전 10시 반부터 시작됩니다. 일본어 선생님께 수업에 늦는다고 말합니다.

Ngày mai, bạn có cuộc hội thảo đặc biệt cho đến 10:30 sáng tại phòng nghiên cứu. Giờ học tiếng Nhật bắt đầu vào 10:30 sáng hàng ngày. Bạn nói chuyện với giáo viên tiếng Nhật về việc sẽ muộn giờ học.

2) あなたは、きょう午後5時に友だちのうちに行く約束をしました。でも実験が6時ごろまでかかりそうです。友だちに遅れることを話します。

You have arranged to visit your friend's house at 5:00 p.m. today. It seems, however, that your experiment will take until about 6:00 p.m. Tell him/her that you will be late.

你约好了今天下午五点去朋友家。可是，试验好像会做到六点左右。告诉你的朋友你会晚去。

여러분은 오늘 오후 5시에 친구 집에 가기로 약속했습니다. 그렇지만 실험이 6시쯤까지 걸릴 것 같습니다. 친구에게 늦는다고 말합니다.

Hôm nay, bạn có hẹn với bạn sẽ đến nhà bạn vào lúc 5 giờ chiều. Thế nhưng, thí nghiệm có thể sẽ kéo dài đến khoảng 6:00. Bạn nói với bạn về việc đến muộn.

ロールプレイ

ロールプレイカード 16-1 16-2

---

1 空港 2 迎えに行きます 3 いらっしゃいます 4 着きます 5 予定

応用練習 🔊 96

今週の木曜日から東京で学会があります。アレンさんはそこで発表します。日本語の授業を休まなければならないので、森先生に話します。

There is a conference in Tokyo from this Thursday. Allen will make a presentation at the conference. He has to be absent from Japanese language class. He tells his Japanese teacher about this.

从本周的星期四开始，在东京有个学会。阿伦要在学会上发表，所以日语课不得不请假。告诉森老师。

이번주 목요일부터 도쿄에서 학회가 있습니다. 앨런 씨는 거기에서 발표를 합니다. 일본어 수업을 쉬지 않으면 안되기 때문에 모리 선생님께 말합니다.

Từ thứ năm tuần này, có buổi hội thảo khoa học tại Tokyo. Allen sẽ phát biểu ở đó. Vì Allen sẽ phải nghỉ học tiếng Nhật nên Allen đã nói chuyện với cô Mori.

―日本語の教室で―

アレン：先生、今週の授業のことなんですけど……。

森先生：何ですか↑

アレン：すみません。今週の木曜日と金曜日の授業を休みたいんですが、よろしいでしょうか。

森先生：どうしたんですか↑

アレン：実は、東京で学会があるんです。それで、指導教員[1]といっしょに行かなければならないんです。

森先生：わかりました。いいですよ↗

アレン：すみません。

森先生：アレンさんも発表するんですか↑

アレン：はい。準備が大変です。

森先生：ああ、そうですか。
頑張ってくださいね↗

アレン：どうもありがとうございます。

---

1) きょうは月曜日です。レポートの締め切りはきょうです。でも、あなたは先週末、病気になってしまって、まだ全部書いていません。あさって出したいです。先生と話します。

It's Monday today, the deadline for your report. But you have not finished it, because you were sick last weekend. You would like to submit it the day after tomorrow. Explain this to your teacher.

今天是星期一，提交报告的截止日期是今天。可是你因为上周末生病，所以没能全部写完。你想后天提交，跟老师说一下。

오늘은 월요일입니다. 레포트 마감일은 오늘입니다. 그렇지만 여러분은 지난 주말 몸이 아파서 아직 다 쓰지 못했습니다. 모레 내고 싶습니다. 선생님과 이야기합니다.

Hôm nay là thứ hai. Hạn nộp báo cáo là hôm nay. Thế nhưng, do cuối tuần trước bạn bị ốm nên bạn vẫn chưa viết xong. Bạn muốn nộp vào ngày kia. Bạn nói chuyện với giáo viên về việc đó.

---

[1] 指導教員

2）あなたは、今、先生に本を借りていて、あした返さなければなりません。でも、まだ全部読んでいないので、もう1週間借りたいと思っています。先生と話します。

You borrowed a book from your teacher and have to return it tomorrow. But you have not finished reading it yet and would like to borrow it for one more week. Explain this to your teacher.
你向老师借了书，明天必须归还。可是你还没有全部看完，你想再借一个星期。跟老师说一下。
여러분은 내일 선생님께 빌린 책을 돌려주지 않으면 안됩니다. 그렇지만 아직 다 읽지 않아서 1주일 더 빌리고 싶습니다. 선생님과 이야기합니다.
Bạn đang mượn giáo viên sách và ngày mai phải trả. Thế nhưng, vì bạn chưa đọc xong hết nên bạn muốn mượn thêm một tuần nữa. Bạn nói chuyện với giáo viên.

違う場面で 🔊 97

森先生の部屋に行きました。
You have gone to Ms. Mori's office.　去了森老师的研究室。
모리 선생님 연구실에 갔습니다.　Đi đến phòng nghiên cứu của cô Mori.

アレン：先生、ちょっとよろしいでしょうか。
森先生：はい、いいですよ。
アレン：金曜日の授業のことなんですが……。
森先生：何ですか↑
アレン：すみませんが、金曜日にインターンシップの面接があるので、休ませていただけませんか↑
森先生：そうですか。面接は何時からですか↑
アレン：11時からです。
森先生：ちょうどクラスの時間ですね。それじゃ、しかたがない¹ですね。
アレン：はい、すみません。
森先生：来週はアレンさんの発表ですけど、準備はだいじょうぶですか↑
アレン：はい。週末、頑張ります。
森先生：じゃ、今週の課題²はメールで送るか、誰か友だちに渡して³ください。
アレン：はい、わかりました。
森先生：じゃ、面接、頑張ってください。
アレン：ありがとうございました。失礼します。

1　しかたがない　2　課題　3　渡します

16 許可を求める

NOTES

1. あしたのクラスのことなんですが／だけど（Nのことなんですが／だけど）

話題を提示するときに使う表現です。その話題は話し手と聞き手が共有している情報や事柄に限られます。ここでは、用件を切り出すために使っています。

This is an expression used when presenting a topic of discussion that both the speaker and the listener are familiar with. It is often used in this way to bring up a matter of business.

是提示话题时使用的表现。提示的话题只限于说话人和听话人所共有的信息、事情。在这里，是用于开始谈正事时。

화제를 제시할 때 사용하는 표현입니다. 그 화제는 화자와 청자가 공유하고 있는 정보나 사항에 한정됩니다. 여기에서는 용건을 꺼내기 위해서 사용하고 있습니다.

Đây là cách nói được dùng khi muốn đưa ra chủ đề câu chuyện. Chủ đề đó được giới hạn bởi một thông tin hay nội dung sự việc nào đó mà cả người nói và người nghe đều biết. Ở đây dùng để mào đầu câu chuyện.

例）ーきのうアレンさんがイヤホン[1]を買った店でー
　アレン：きのう買ったイヤホンのことなんですけど。
　店員　：はい、何でしょうか。
　アレン：音がちょっと変[2]なんです。

2. 早く帰りたいんですが／けど、よろしいでしょうか／いいでしょうか／いいですか

相手に自分の希望を伝えて許可を求める表現です。「いいでしょうか」を省略して、「〜たいんですが……」と言うこともあります。

This is an expression used to convey that you want to do something, while asking for the listener's permission.「いいでしょうか」can be omitted, such as in the following:「〜たいんですが……」.

是向对方转达自己的希望，恳求许可的表现。有时候可以省略「いいでしょうか」，而只说「〜たいんですが……」。

상대에게 자신이 원하는 것을 전해서 승낙을 구하는 표현입니다. 「いいでしょうか」를 생략하고「〜たいんですが……」라고 말하는 경우도 있습니다.

Đây là cách nói truyền đạt nguyện vọng của mình cho đối phương và xin đối phương cho phép mình làm một việc gì đó. Cũng có khi sẽ lược bỏ phần "いいでしょうか" mà chỉ nói "〜たいんですが……".

3. 午後の授業を休んでもよろしい／いいでしょうか（Vてもよろしい／いいでしょうか）

「Vてもいいでしょうか」は話し手のしたい行為（V）の可否を聞き、許可を求める表現です。ここでは、午後の授業を休むことが容認されるかどうかを聞き、許可を求めています。「Vてもよろしいでしょうか」「Vてもいいですか↑」や「Vてもいい↑」（友だちに）という言い方もあります。 NOTES 2 の「〜たいんですが、いいでしょうか」はこの表現よりやや婉曲的な言い方です。

---

1 イヤホン　**2** 変[な]

「Ｖてもいいでしょうか」 is used to ask for permission by confirming if it is possible to do something (V) or not. Here, it is being used to ask for permission to be absent from class in the afternoon. Other than this expression, 「Ｖてもよろしいでしょうか」「Ｖてもいいですか ↑」 and 「Ｖてもいい ↑」, which is used to friends or one's junior, can be used to ask for permission. The phrase 「～たいんですが、いいでしょうか」 (NOTES 2) is a slightly less direct way of asking for permission.

「Ｖてもいいでしょうか」是向对方询问说话人想做的行为（Ｖ）的可否，恳求对方许可的表现。在这里，是询问对方下午的课能否请假，希望得到批准。和它作用一样的说法还有「Ｖてもよろしいでしょうか」「Ｖてもいいですか ↑」「Ｖてもいい ↑」（对朋友）。(NOTES 2) 的「～たいんですが、いいでしょうか」是比这个表现稍稍委婉一些的说法。

「Ｖてもいいでしょうか」는 화자가 하고 싶은 행위(V)의 가부를 묻고 허락을 구하는 표현입니다. 여기에서는 오후 수업을 쉬는 것이 용인되는가를 묻고 허락을 구하고 있습니다. 「Ｖてもよろしいでしょうか」「Ｖてもいいですか ↑」나 「Ｖてもいい ↑」(친구에게)라는 표현도 있습니다. (NOTES 2) 의 「～たいんですが、いいでしょうか」는 이 표현보다 약간 완곡한 말투입니다.

"Ｖてもいいでしょうか" là cách nói để xin phép, hỏi xem đối phương có tán thành, đồng ý với việc mình muốn làm hay không. Trong trường hợp này, người nói muốn hỏi xin phép và để xác nhận xem mình có thể "nghỉ giờ học buổi chiều" hay không. Ngoài ra, ta có thể sử dụng mẫu câu "Ｖてもよろしいでしょうか", "Ｖてもいいです" hay "Ｖてもいい" để hỏi bạn bè. Mẫu câu "～たいんですが、いいでしょうか" ở (NOTES 2) là cách nói uyển chuyển hơn mẫu câu này.

4. あしたのクラスを休ませていただけませんか ↑（Ｖさせていただけませんか ↑）
とても丁寧に許可をもらう表現です。(NOTES 2)「Ｖたいんですが、いいでしょうか」
(NOTES 3)「Ｖてもいいでしょうか」よりあらたまった表現です。「休ませていただきたいんですが、よろしいでしょうか」という表現も使うことがあります。

This is a very polite way of asking for permission. It is politer than (NOTES 2)「Ｖたいんですが、いいでしょうか」 or (NOTES 3)「Ｖてもいいでしょうか」. The expression 「休ませていただきたいんですが、よろしいでしょうか」 can also be used.

是非常有礼貌的请求许可的用法。比 (NOTES 2)「Ｖたいんですが、いいでしょうか」, (NOTES 3)「Ｖてもいいでしょうか」更正式的用法。有时也用「休ませていただきたいんですが、よろしいでしょうか」。

허락을 구하는 매우 정중한 표현입니다. (NOTES 2)「Ｖたいんですが、いいでしょうか」, (NOTES 3)「Ｖてもいいでしょうか」보다 더 격식을 차린 표현입니다. 「休ませていただきたいんですが、よろしいでしょうか」라는 표현도 사용하는 경우가 있습니다.

Là cách xin phép rất lịch sự. Cách nói này trang trọng hơn (NOTES 2)「Ｖたいんですが、いいでしょうか」 (NOTES 3)「Ｖてもいいでしょうか」. Nhiều khi cũng sử dụng cách nói 「休ませていただきたいんですが、よろしいでしょうか」.

例）－アルバイトで－

アレン：あのう、今度の土曜日はアルバイトを休ませていただきたいんですが、よろしいでしょうか。
店長：どうしたんですか↑
アレン：インターンシップの面接があるんです。
店長：そうですか。わかりました。
アレン：ありがとうございます。

☺ アレン　：ナタリーさん、きのう本を買ったんだけど……。
ナタリー：あ、そう。どうしたの↑

● こんなときは　4　　　　　　　　　　　　　　　🔊 98

電話での会話2

－アルバイト情報誌の求人広告を見て、問い合わせの電話をする－

Telephone conversation 2 –Phoning about a part-time job advertised in a magazine –
电话交谈2　－看了临时工信息杂志的招聘广告之后，打电话去询问－
전화에서의 회화 2　－아르바이트 정보지의 구인 광고를 보고 문의 전화를 하다 －
Nói chuyện qua điện thoại 2 – Xem quảng cáo tuyển người trên trang thông tin việc làm thêm, và gọi điện thoại liên hệ –

店の人：はい。レストラン田中でございます。
アレン：すみません。「ワークマガジン¹」のアルバイト求人²を見てお電話したんですが……。
店の人：はい、わたくし³担当⁴の山崎です。お電話ありがとうございます。
アレン：若葉大学の留学生のアレン・リーバークウィルと申します。アルバイトに応募し⁵たいのですが。まだアルバイトは募集中⁶でしょうか。
店の人：はい、募集しております⁷。「資格外活動許可書⁸」をお持ちですか↑
アレン：はい、あります。
店の人：それでは、早速ですが⁹、あしたの午後4時にこちら¹⁰の店に面接に来ていただけますか↑
アレン：はい、わかりました。何を持って行けばよろしいでしょうか¹¹。
店の人：履歴書¹²と、学生証と、資格外活動許可書を持って来てください。
アレン：はい、わかりました。
店の人：携帯番号¹³、教えていただけますか↑
アレン：はい、080-1234-5678です。
店の人：080-1234-5678ですね↗
アレン：はい、そうです。
店の人：それでは、あした、午後4時に来てください。
アレン：はい、あした午後4時にうかがいます¹⁴。どうぞよろしくお願いいたします。
店の人：よろしくお願いします。失礼します。
アレン：ありがとうございました。失礼いたします。

1　ワークマガジン（アルバイト情報誌名）　2　求人　3　わたくし　4　担当　5　応募します
6　募集中　7　募集しております　8　資格外活動許可書　9　早速ですが　10　こちら
11　持って行けばよろしいでしょうか　12　履歴書　13　携帯番号　14　うかがいます

176

お見舞いに行く
みま

Visiting a sick/injured person 探望问候
병문안 가기　Đi thăm người ốm

病院の病室で： On a hospital ward
びょういん びょうしつ
在医院的病房
병원 병실에서
Tại phòng bệnh của bệnh viện

聞いて考えよう1　🔊 99

キムさんが、テニスをしているときに足の骨を折って、入院しています。あなたは
　　　　　　　　　　　　　　　　　あし　ほね　お　　　　　にゅういん
病院へお見舞いに行ったとき、何と言いますか。音声を聞いて考えてください。
びょういん　みま　　い　　　　　　　なん　い　　　　　　　おんせい　き　　かんが

Ms. Kim broke her leg when she was playing tennis and she is in the hospital. What do you say when you go to visit her in the hospital?

小金打网球的时候脚骨折住院了。你去医院探病的时候该说什么呢？请听完语音后想一下。

김 씨가 테니스를 치다가 발 뼈가 부러져서 입원해 있습니다. 여러분은 병원에 문병을 갔을 때 뭐라고 말합니까? 음성을 듣고 생각해 보십시오.

Chị Kim bị gẫy chân khi chơi ten-nít và phải nhập viện. Khi bạn đi thăm Kim ở bệnh viện, bạn sẽ nói gì? Hãy nghe băng và suy nghĩ.

練習A-1

1. －病院で－
   - アレン：足¹はどうですか ↑
   - キム　：①まだちょっと痛いんです。
   - アレン：そうですか。②大変ですね。　▶ NOTES 1

   1) ①まだ歩け²ないんです　　　　②大変ですね
   2) ①もうだいぶよくなりました　　②よかったですね
   3) ①今は痛くないですけど、転んだ³とき⁴はすごく痛かったです
      ②大変でしたね　▶ NOTES 1

2. －大学で－
   - 高木：キムさん、①足、どうしたの ↑
   - キム：テニスで②転んでしまったんだ／転んじゃったんだ。
   - 高木：そっか。大変だったね。

   例）①足　②テニス⁵で転んでしまいました
   1) ①手⁶　②自転車で転んでしまいました
   2) ①足　②スキー⁷で骨を折りました⁸

3. －教室で－
   - アレン：小川くん、きのう、クラスに来なかったね。どうしたの ↑
   - 小川　：おなか⁹の調子¹⁰が悪かった¹¹んだ。
   - アレン：そっか。大変だったね。

   例）①きのう、クラスに来ませんでした　②おなかの調子が悪かったです
   1) ①疲れて¹²いるみたいです
      ②午前中¹³、発表と試験がありました
   2) ①きょう、遅かったです　　　　　　②バスを間違えてしまいました

---

1 足　2 歩けます　3 転びます　4 ～とき　5 テニス　6 手　7 スキー　8 骨を折ります
9 おなか　10 調子　11 悪い　12 疲れます　13 午前中

⊗ ｜ アレン：その足、どうしたんですか↑
　｜ キム　：階段から落ちて、けがをした¹んです。
　｜ アレン：それは残念でしたねえ。

聞いて考えよう2　🔊 100

次の２つの会話を聞いてください。どう違いますか。
Listen to the two following conversations. How are they different?
请听一下下面的两个会话。它们有什么不同之处？
다음 2개의 대화를 들으십시오. 어떻게 다릅니까?
Hãy nghe hai đoạn hội thoại dưới đây. Chúng khác nhau như thế nào?

1）
2）

練習 A-2

｜ アレン：①いつごろ²退院できる³んですか↑
｜ キム　：あと②1週間ぐらいかかるそうです⁴。

▶ NOTES 2　▶ 巻末A4

1）－医者に－　To a doctor　対医生　의사에게　Hỏi bác sỹ
　①どのぐらいで治ります⁵か　　②1か月ぐらいかかりますよ
2）－研究室で－
　①いつごろその実験が終わるんですか
　②2日ぐらいです
3）－レストランで店の人に－
　①どのぐらい待ちますか
　②10分ぐらいお待ちください

17 お見舞いに行く

---
1 けがをします　2 いつごろ　3 退院できます　4 ～そうです　5 治ります

Cf. 1. －桜台へ行く電車の中で－　On the train bound for Sakuradai　在去樱台的电车里
사쿠라다이로 가는 전철 안에서
Trong tàu điện đi đến Sakuradai

　アレン：桜台はまだですか↑
　高木　：あと15分ぐらいかかりますよ↗

2. －教室で－

　アレン：宿題はもう出した↑
　リー　：いや¹、まだだよ。締め切りまであと2日あるから。

3. －映画館で－

　アレン：遅れてすいません。
　中田　：急ぎ²ましょう。
　　　　　あと10分で映画が始まりますよ↗

練習A-3

1. 　アレン：①いつ退院できますか↑
　　キム　：②あと1週間ぐらいだそうです。
　　アレン：そうですか。思ったより³ ③早くてよかったです。

　1) ①かぜはどうですか
　　　②だいぶよくなりました。あと、2、3日で学校⁴へ行け⁵ると思います
　　　③元気で⁶よかったです
　2) ①ナタリーさんのかぜはどうですか
　　　②来週まで休むそうです
　　　③長くかかりますね

---

1 いや　**2** 急ぎます　**3** 思ったより　**4** 学校　**5** 行けます　**6** 元気[な]

2. 中田　：①テストはどうでしたか ↑
　　アレン：思ったより②やさしかったです。

例) ①テストはどうでしたか　　　　　　　　②やさしい
1) ①新しい100円ショップ¹はどうでしたか　②品物²が多い³
2) ①納豆⁴はどうですか　　　　　　　　　　②おいしい
3) ①【今、住んで⁵いるところ】はどうですか　② (•́)?

Cf.　高木：日本の町⁶はどうですか ↑
　　キム：思ったとおり⁷道⁸がきれいですね。

練習A-4

アレン：①かぜはどう ↑
リー　：②まだよくならないんだ。
アレン：そう、**お大事に**。　　　　　　　　　▶ NOTES 3
リー　：ありがとう。

1) ①おなか　　②まだあまり調子がよくない
2) ①頭痛⁹　　②さっきよりいいけど、まだちょっと痛い

Cf. 1.　アレン　　：その腕¹⁰、どうなさったんですか¹¹ ↑
　　　　山本先生：ちょっと、テニスでね。
　　　　アレン　　：あ、そうですか。お大事に。
　　　　山本先生：ありがとう。

2.　アレン　　：お子さん¹²、お元気ですか ↑
　　山本先生：いやあ¹³、かぜをひいて、熱があるんですよ。
　　アレン　　：そうですか、大変ですね。どうぞお大事に。
　　山本先生：ありがとう。

1 100円ショップ　2 品物　3 多い　4 納豆　5 住みます　6 町　7 思ったとおり
8 道　9 頭痛　10 腕　11 どうなさったんですか　12 お子さん　13 いやあ

練習B 🔊 101

以下の会話を練習してから1)、2)の状況で会話をしてください。

After practicing the conversation below, make conversations for situations 1) and 2).
练习以下会话，然后按1)、2)的状况进行会话。
아래의 회화를 연습한 후 1), 2)와 같은 상황에서 이야기를 해 보십시오.
Hãy tập nói theo hội thoại dưới đây và sau đó hội thoại theo tình huống 1), 2).

アレン：失礼します¹。
キム　：あ、アレンさん！
アレン：キムさん、足はどうですか↑
キム　：ええ、今は痛くないんですけど、転んだときはすごく痛かったです。
アレン：そうですか。大変でしたねえ。いつごろ退院できるんですか↑
キム　：あと1週間ぐらいかかるそうです。
アレン：あ、そうですか。思ったより早くてよかったですね。
　　　　　　　　：
アレン：じゃあ、みんな待って（い）ますから、早く戻って来て²くださいね↗
キム　：うん、ありがとう。みんなによろしく³ね↗
アレン：はい。じゃあ、お大事に。

---

1) 先輩が腕にけがをして、入院しています。お見舞いに来ました。けがをした理由も聞きます。

A student senior to you has injured his/her arm and gone into hospital. You visit him/her and ask him/her how he/she got injured. 你的学长胳膊受伤住院了，你去探病。请问一下他受伤的原因。
선배가 팔을 다쳐서 입원해 있습니다. 문병을 왔습니다. 다친 이유도 묻습니다.
Anh/chị bạn học khóa trên bị thương ở cánh tay và phải nhập viện. Bạn đã đến thăm. Bạn hỏi lý do vì sao bị thương ở tay.

2) クラスの友だちがかぜで大学を休みました。友だちの部屋へお見舞いに行きます。きょうの宿題を渡します。

Your friend been absent from college because of a cold. You visit him/her and give him/her today's homework. 同班的朋友因为感冒请假。你去朋友的房间探病，并转交给他今天的作业。
클래스 친구가 감기로 학교를 쉬었습니다. 친구 방에 문병을 갑니다. 그리고 오늘 숙제를 건네줍니다.
Bạn học cùng lớp đại học nghỉ học vì bị cảm. Bạn đã đến phòng để thăm. Bạn đưa bài tập ngày hôm nay cho bạn ấy.

---

1 失礼します　**2** 戻って来ます　**3** よろしく

ロールプレイ

ロールプレイカード 17-1 17-2

応用練習 🔊 102

森先生が病気で入院しています。アレンさんはカナダの写真集を持ってお見舞いに行きます。

Ms. Mori has gone into hospital because of sickness. Allen is visiting her and has brought a book of photos of Canada.
森老师因病住院了。阿伦带着加拿大的摄影集去探病。
모리 선생님이 병으로 입원해 있습니다. 앨런 씨는 캐나다의 사진집을 가지고 문병을 갑니다.
Cô Mori do bị ốm đang nằm viện. Allen đến thăm cô và mang theo một bức ảnh về Ca-na-da.

アレン：失礼します。
森先生：ああ、アレンさん、来てくれた¹んですか。
アレン：はい。先生、具合²はいかが³ですか↑
森先生：ええ、もうだいぶよくなったんですけどね。
アレン：ああ、それはよかったですねえ。
　　　　思ったよりお元気そうで安心しました⁴。
　　　　あの、これ、カナダの写真集⁵なんですけど、よろしかったら⁶、ご覧になって⁷ください。
森先生：ああ、ありがとう。うれしい⁸です。ゆっくり楽しみ⁹ながら¹⁰見ますね。
　　　　：
アレン：それでは、みんな待っていますから、早く戻って（い）らしてください¹¹。
森先生：ああ、ありがとう。みなさん¹²によろしくね。
アレン：はい。どうぞお大事に。
森先生：じゃあ、また大学で。
アレン：失礼します。

---

1 来てくれます　2 具合　3 いかが　4 安心します　5 写真集　6 よろしかったら
7 ご覧になります　8 うれしい　9 楽しみます　10 〜ながら　11 戻って（い）らしてください
12 みなさん

1) 友だちがけがで入院しています。雑誌を持ってお見舞いに行きます。くだけた表現を使って話します。

Your friend has gone into hospital because of an injury. You are visiting him/her and have brought a magazine. Talk with him/her using casual style speech.
朋友受伤住院了。你带着杂志去探病。使用随便的谈话表现跟朋友交谈。
친구가 부상으로 입원해 있습니다. 잡지를 가지고 병문안을 갑니다. 스스럼 없는 표현을 사용해서 말합니다.
Bạn của bạn bị thương phải nhập viện. Bạn mang tạp chí đến thăm. Bạn sử dụng cách nói thân mật để nói chuyện với bạn.

違う場面で 🔊 103

リーさんの部屋にお見舞いに行きました。

Visiting Mr. Lee who is ill in his room　去小李的房间探病。　리 씨 방에 병문안을 갑니다.
Đi đến phòng Lee để thăm Lee ốm

アレン：リーさん、こんばんは。アレンです。
リー　：ああ、アレンさん、どうぞ。
アレン：リーさん、熱があるそうだね。具合はどう↗
リー　：うん、薬[1]を飲んだから、少し熱は下がった[2]んだけど……。
アレン：そっか、まだ熱があるんだね。
リー　：そう。でも、気分はだいぶよく[3]なったよ。
アレン：それはよかった。少し何か食べられそう↗
リー　：そうだね。気分がよくなってきた[4]から、おなかがすいてきた。
アレン：何か食べたほうがいい[5]よ。朝から何も食べて（い）ないんでしょ↗
リー　：そうなんだ。
アレン：ぼく、何か買ってこようか↗
リー　：ほんと↗　ありがとう。
アレン：何が食べたい↗
リー　：そうだなあ。あったかい[6]うどん[7]が食べたいな。
アレン：わかった。じゃ、カップうどん[8]買って、お湯[9]入れて持ってくるよ。
リー　：わあ、助かる[10]よ。
アレン：じゃ、ちょっと待って（い）て。
　　　　あ、そうだ[11]。これ、授業のプリント。ここに置いて[12]おくよ。
リー　：うん、ありがとう。

1 薬　2 下がります　3 気分がいい　4 〜てきます　5 〜たほうがいい　6 あったかい
7 うどん　8 カップうどん　9 お湯　10 助かります　11 そうだ　12 置きます

●関連語彙　Related vocabulary　有关词汇　관련 어휘　Từ vựng liên quan

病気とけがの表現：Expressions for sickness and injury　病症用语　병과 부상에 관한 표현
Cách nói về bệnh tật và thương tích

のどが痛い	：to have a sore throat　嗓子疼　목이 아프다　đau họng
せきが出ます	：to have a cough　咳嗽　기침이 나다　bị ho
くしゃみが出ます	：to sneeze　打喷嚏　재채기가 나다　bị hắt xì hơi
鼻水が出ます	：to have a runny nose　流鼻涕　콧물이 나다　bị xổ mũi
鼻がつまります	：to have blocked nose　鼻塞　코가 막히다　bị nghẹt mũi
おなかをこわします	：to have loose bowels　腹泻、闹肚子　배탈이 나다　bị hỏng bụng, bị đi ngoài
寒気がします	：to feel shivery　发冷　오한이 나다　ớn lạnh
吐き気がします	：to feel nauseous　恶心、想呕吐　구토증이 나다　buồn nôn
めまいがします	：to feel dizzy　头晕　현기증이 나다　chóng mặt
食欲がない	：to have no appetite　没有食欲　식욕이 없다　chán ăn
けがをします	：to get hurt　受伤　다치다　bị thương
やけどをします	：to get burned　烧伤、烫伤　화상을 입다　bị bỏng
血が出ます	：to bleed　出血　피가 나다　bị chảy máu
指を切ります	：to cut one's finger　切伤手指　손가락(발가락)을 베다　bị đứt tay
足首を捻挫します	：to sprain one's ankle　扭伤脚　발목을 삐다　bị trẹo chân, bị trật khớp cổ chân

17　お見舞いに行く

NOTES

1. 大変ですね／大変でしたね

「大変ですね」は相手の現在や未来の状況に同情を示す表現です。「大変でしたね」は相手の過去の状況に同情を示す表現です。

「大変ですね」is used to express sympathy toward an event or circumstance that exists in the listener's present or future. The expression「大変でしたね」is used for an event or circumstance that has already occurred.

「大変ですね」则是表示同情对方现在和将来的状况。而「大変でしたね」是表示同情对方过去发生的状况。

「大変ですね」는 상대의 현재나 미래의 상황에 동정을 나타내는 표현입니다. 「大変でしたね」는 상대의 과거의 상황에 동정을 나타내는 표현입니다.

"大変ですね" là cách nói biểu thị sự đồng cảm với tình hình hiện tại hoặc tương lai của đối phương. "大変でしたね" là cách nói thể hiện sự đồng cảm với tình hình trong quá khứ của đối phương.

2. あと〜（時間／日など）

何かが完了するまでに必要な時間、日数、あるいは残っている時間、日数を示すときに使います。

This expression is used to describe the number of days or time required remaining before something is completed.

用于表示到什么结束时所需的时间、日期、或所剩下的时间、日期。

무언가가 완료될 때까지 필요한 시간이나 일수 또는 남아 있는 시간이나 일수를 나타낼 때 사용합니다.

Dùng để biểu thị thời gian, số ngày cần thiết hoặc thời gian, số ngày còn lại cho đến khi hoàn thành một cái gì đó.

3. お大事に

「体を大事にしてください」という意味のあいさつ表現です。病気やけがをしている人やその家族に言います。別れるときによく使います。他に別れるときに使う表現として「気をつけて」があります。これは「事故に気をつけて行って／帰ってください」などのように、無事に帰れるよう相手を思いやる表現です。

「お大事に」means "Please take care of yourself." It is used toward a person who is ill or has suffered an injury or his/her family. "It is often used when saying goodbye to the person. The phrase「気をつけて」is also used in this way, and means "Be careful on your way there/home." It is an expression that shows consideration for the other person, indicating that you want that person to get home safely.

是表示"保重身体"这一意思的寒暄语。对生病、受伤的人及其家人说。在分别的时候也常常使用。除此以外，作为分别时使用的寒暄语还有「気をつけて」。这是表达"去（或）回去时，要小心（不要遇到什么）事故"等的意思，是希望对方平安回来的表现。

「몸조리 잘 하십시오」라는 의미의 인사 표현입니다. 병을 앓거나 부상을 입은 사람이나 그 가족에게 말합니다. 헤어질 때 자주 사용합니다. 그 밖에 헤어질 때 사용하는 표현으로써「気をつけて」가 있습니다. 이것은「사고를 당하지 않도록 조심해서 가십시오/들어가십시오」와 같이 무사히 갈 수 있도록 상대를 배려하는 표현입니다.

Đây là câu chào với ý nghĩa "Hãy giữ gìn sức khỏe". Dùng để nói với người đang bị ốm đau hoặc bị thương hoặc người nhà của bệnh nhân đó. Khi chào chia tay hay dùng từ này. Ngoài ra, khi chào lúc chia tay cũng hay dùng câu "気をつけて". Đây là cách nói thể hiện sự quan tâm đến đối phương và mong cho đối phương đi về bình an vô sự theo kiểu: "Đi cẩn thận nhé/Về cẩn thận nhé".

例)　アレン：高木さん、旅行¹ですか↑
　　　高木　：ええ、2、3日²、東京へ行って来ます。
　　　アレン：そうですか。気をつけて。
　　　高木　：はい。

☺　アレン：その足、どうしたんですか↑
　　キム　：階段から落ちて、けがをしたんです。
　　アレン：それは大変でしたねえ。

1 旅行　2 2、3日

申し込みをする
もうこ

Making an application　申请
신청하기　Đăng ký

事務室で：At the office
じむしつ
　　　　在办公室
　　　　사무실에서
　　　　Tại văn phòng

考えよう

あなたは、ホームステイの申し込みをしようと思って、事務室に来ました。あなたは
　　　　　　　　　　　もうこ　　　　　　おも　　　　じむしつ　き
何と言いますか。
なん　い

You have come to the office in order to apply for a homestay program. What do you say to the person in the office?

因为想申请家庭寄宿，你来到办公室。你该说什么呢？

여러분은 홈스테이 신청을 하려고 사무실에 왔습니다. 뭐라고 말합니까?

Bạn đi đến văn phòng định đăng ký đi homestay. Bạn sẽ nói như thế nào?

練習 A-1

アレン　　：あのう、すみません。ホームステイ¹の申し込み²に来たんですが……。

▶ NOTES 1

事務の人：はい、ホームステイですね↗

例）ホームステイの申し込みに来ました
1) 奨学金³を申し込みに来ました
2) 証明書⁴をもらいに来ました
3) アパートを探し⁵たいです
4) －銀行で－　口座⁶を開き⁷たいです

▶ NOTES 1

聞いて答えよう 🔊 104

ホームステイの申し込みに行ったあなたに、事務の人は用紙を見せて何か言いました。何と答えますか。

While applying for a homestay program, the person in the office says something while showing you the application form. What do you say in reply?
你去申请家庭寄宿，办公室的人让你看了申请表并说了些什么。你回答什么呢？
홈스테이 신청을 하러 간 여러분에게 사무실 직원이 용지를 보여 주면서 무언가 말했습니다. 뭐라고 대답합니까?
Người ở văn phòng cho bạn xem mẫu đơn xin đăng ký homestay. Bạn sẽ trả lời như thế nào?

練習 A-2

1.　事務の人：じゃあ、この用紙⁸に書いてください。
　　　　　　　ここにお願いします。

▶ 別冊イラストカード
▶ NOTES 2

アレン　　：はい、わかりました。

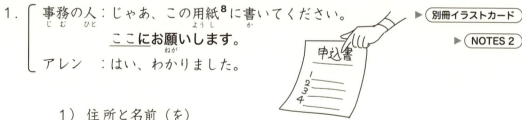

1) 住所と名前（を）
2) 1から4まで
3) ボールペンで

---

1 ホームステイ　2 申し込み　3 奨学金　4 証明書　5 探します　6 口座　7 開きます
8 用紙

2．パーティーの準備をしています。　Preparing for a party　正在做聚会的准备
　　　　　　じゅんび　　　　　　　　　　　　　　　　　　　　파티 준비를 하고 있습니다.　Đang chuẩn bị tiệc.

　　┌ アレン：中田さん、①（お）皿はどこに置きますか↑
　　│　　　　　なかた　　　　　さら　　　　　　お
　　│ 中田　：②テーブル¹の上にお願いします。
　　│ なかた　　　　　　　　　うえ　ねが
　　└ アレン：わかりました。

　　　　　例）①（お）皿をどこに置く　　②テーブルの上
　　　　　　れい　　　　　さら　　　　お　　　　　　　　　うえ
　　　　　1）①グラスをどこに置く　　　②（お）皿のそば
　　　　　　　　　　　　　　　　お　　　　　　　さら
　　　　　2）①ジュースをどこで買う　　②コンビニ
　　　　　　　　　　　　　　　　　か
　　　　　3）－パーティーで－

　　　　　　　①写真をどこで撮る　　　②
　　　　　　　しゃしん　　　　　　と

3．－教室で－
　　　きょうしつ
　　┌ アレン　：先生、①プリント（が）1枚足りません²。
　　│　　　　　　せんせい　　　　　　　　　まいた
　　│ 先生　　：あ、そうですか。ナタリーさん、②これ、アレンさんにお願いします。
　　│ せんせい　　　　　　　　　　　　　　　　　　　　　　　　　　　　　ねが
　　└ ナタリー：はい。

　　　　　1）①リーさんは休み³です
　　　　　　　　　　　　やす
　　　　　　②このプリント、リーさん

　　　　　2）①これはわたしの宿題ではありません。
　　　　　　　　　　　　　　　しゅくだい
　　　　　　　リーさんのです

　　　　　②これ、アレンさん

　　　－教室で－
　　　　きょうしつ
㊦　┌ リー　：これはわたしの宿題ではありません。
　　│　　　　　　　　　　　　しゅくだい
　　│　　　　　アレンさん、ナタリーさんお願いします。
　　│　　　　　　　　　　　　　　　　　　ねが
　　└ アレン：はい。

---

1 テーブル　**2** 足ります　**3** 休み
　　　　　　　　　　た　　　　　　　やす

練習B 🔊 105

以下の会話を練習してから1）、2）の状況で会話をしてください。
After practicing the conversation below, make conversations for situations 1) and 2).
练习以下会话，然后按1）、2）的状况进行会话。
아래의 회화를 연습한 후 1), 2) 와 같은 상황에서 이야기를 해 보십시오.
Hãy tập nói theo hội thoại dưới đây và sau đó hội thoại theo tình huống 1), 2).

アレン　　：あの、ちょっとすみません。ホームステイの申し込みに来たんですが……。

事務の人　：えーと、夏休み¹のホームステイですね↗

アレン　　：はい。

事務の人　：じゃあ、この用紙に書いてください。こことここにお願いします。

アレン　　：はい。ここにも書きますか↗

事務の人　：いいえ。そこには書かなくてもいい²です。

アレン　　：はい。わかりました。

事務の人　：名前の横³にサイン⁴をお願いします。

アレン　　：はい。（用紙に書く　He completes the form.　填写表格　용지에 쓴다　Viết vào tờ khai）
　　　　　　これでいいですか↗

事務の人　：ええ。いいですよ↗

アレン　　：じゃあ、お願いします。

---

1) あなたは、奨学金を申し込みたいです。事務の人に話します。
　　You want to apply for a scholarship. Talk to someone in the office about it.
　　你想申请奖学金。跟办公室的人说话。　여러분은 장학금을 신청하고 싶습니다. 사무실 사람에게 이야기합니다.
　　Bạn muốn xin học bổng. Bạn sẽ nói chuyện với người ở văn phòng.

2) あなたは、電器店でポイントカードを作りたいです。店員に話します。
　　You want to get a point card at an electrical appliance store. Talk to a store clerk.
　　你想办一张电器店的积分卡。跟店员说话。
　　여러분은 전기제품 가게에서 포인트 카드를 만들고 싶습니다.
　　점원에게 이야기합니다.
　　Tại cửa hàng đồ điện, bạn muốn làm thẻ tích điểm.
　　Bạn nói chuyện với nhân viên cửa hàng.

---

1 夏休み　**2** ～てもいい　**3** 横　**4** サイン

ロールプレイ

ロールプレイカード 18-1 18-2 ／
イラストカード 9. ホームステイプログラムパンフレット 10. バスツアーパンフレット

応用練習 🔊 106

アレンさんは銀行へ口座を開きに行きました。

Allen has gone to a bank to open an account.　阿伦去银行开户头。
앨런 씨는 은행에 계좌를 만들러 왔습니다.　Allen đi đến ngân hàng để mở tài khoản.

アレン：あのう、ちょっとすみません。口座を開きたいんですが……。
銀行員：はい。身分証明書[1]をお持ちでしょうか。
アレン：はい。これです。
銀行員：コピーして[2]もよろしいでしょうか。
アレン：ええ。どうぞ。
銀行員：では、この用紙に書いてください。こことここにお願いします。
アレン：はい。（用紙に書く）これでいいですか↑
銀行員：はい、けっこう[3]です。ここに印鑑[4]をお願いします。
アレン：はい。
銀行員：それから[5]、ＡＴＭで使う[6]カードをお作りします[7]ので、暗証番号[8]を決めて[9]ください。
アレン：どこに書くんですか↑
銀行員：ここにお願いします。
アレン：はい。（暗証番号を書く　He writes his PIN number.　写密码　비밀번호를 쓴다　Viết số mật khẩu）

お願いします。
銀行員：はい。では、カードは書留でお送りします[10]。２週間ほどかかると思います。
アレン：わかりました。じゃ、お願いします。
銀行員：ありがとうございました。

---

1 身分証明書　2 コピーします　3 けっこう[な]　4 印鑑　5 それから　6 使います
7 お作りします　8 暗証番号　9 決めます　10 お送りします

18 申し込みをする

違う場面で 🔊 107

アレンさんは初めて市立図書館に行きました。
Allen goes to a city library for the first time. 阿伦第一次去市立图书馆。
앨런 씨는 처음 시립 도서관에 갔습니다. Allen lần đầu tiên đi đến thư viện thành phố.

アレン ：すみません、きょう、初めて[1]なんですが……。
受付[2]：では、こちらで利用者カード[3]をお作りしますね。
アレン ：はい、お願いします。
受付 ：ご住所を確認できる[4]ものをお持ちですか↑
アレン ：はい。在留カードがあります。
受付 ：それでは、こちらの用紙のここにお名前とご住所を記入していただいて[5]、
　　　　在留カードといっしょにお持ちください[6]。
アレン ：わかりました。（記入する）
　　　　　　　　　　：
アレン ：これでいいですか↑
受付 ：はい、お預かりいたします[7]。
　　　　カードをお作りしますので、少々お待ちください。
　　　　　　　　　　：
－5分後－
受付 ：お待たせいたしました。こちらが、利用者カードです。
　　　　「利用案内[8]」のパンフレット[9]は、日本語版[10]と英語版がありますが……。
アレン ：じゃ、両方いただけますか↑
受付 ：はい、どうぞ。こちらに書いてありますが、本・雑誌[11]は10点[12]まで、
　　　　ＣＤ[13]・ＤＶＤは2点まで、2週間借りることができます。「利用案
　　　　内」をよくお読みください[14]。
アレン ：はい。
受付 ：わからないことがありましたら、お尋ねください[15]。
アレン ：はい。どうもありがとうございました。

---

1 初めて　2 受付　3 利用者カード　4 確認できます　5 記入していただきます
6 お持ちください　7 お預かりいたします　8 利用案内　9 パンフレット　10 〜版　11 雑誌
12 〜点　13 ＣＤ　14 お読みください　15 お尋ねください

194

NOTES

1. 申し込みに来たんですが／探したいんですが……

用件を提示する表現です。「～に来たんですが」は、事務室や役所の窓口などで、用件を提示するときに使います。「～たいんですが」は、話し手の願望を伝えて、用件を提示します。

This is an expression used to indicate the matter of one's business. 「～に来たんですが」 is used at a reception desk, of a school or city office, etc. 「～たいんですが」 is used to convey a wish or desire when stating the matter of one's business.

用于提出要办的事情时。「～に来たんですが」是用于在办公室、政府部门的办公窗口等地方，提出要办的事情时使用。而「～たいんですが」则用于表达说话人的愿望，提出要办的事情时。

용건을 제시하는 표현입니다. 「～に来たんですが」는 사무실이나 관공서 창구 등에서 용건을 제시할 때 사용합니다. 「～たいんですが」는 화자가 원하는 것을 전하고, 용건을 제시합니다.

Đây là cách nói khi đặt vấn đề. "～に来たんですが" thường được sử dụng khi trình bày vấn đề chẳng hạn như tại văn phòng hay quầy giao dịch của tòa thị chính. "～たいんですが" truyền đạt nguyện vọng của người nói rồi nêu ra vấn đề.

2. ここにお願いします（Nに／から～まで／でお願いします）

▶ 1課 NOTES 3 ▶ 2課 NOTES 2

この「お願いします」は、状況や会話の流れから動詞が明らかな場合「Vてください」の代わりに使います。この場合は「（ここに）書いてください」の代わりになります。ですから、元の文（ここに書いてください）と同じ助詞を使います。目的語の「を」は会話ではよく省略されますが、対象の「に」を省略すると意味が不明確になります。

In this case, 「お願いします」 is used instead of 「Vてください」 as the omitted verb can be understood from the context. For example, 「ここにお願いします」 could be said in place of 「ここに書いてください」, as long as the particle is the same as in the original. The object marker 「を」 is often omitted in conversation, but if you omit the indirect object marker 「に」, then the meaning becomes ambiguous.

这里的「お願いします」是所处状况、会话前后关系的动词明确的情况下，代替「Vてください」的用法。在这里它是代替了「（ここに）書いてください」。所以和本来的句子「（ここに）書いてください」一样，使用相同的助词。表示宾语的「を」在会话中常常被省略。但如果省略表示对象的「に」的话，意思则变得不清楚了。

이 「お願いします」는 상황이나 회화의 흐름에서 동사가 명확한 경우 「Vてください」 대신에 사용합니다. 이 경우는 「（ここに）書いてください」 대신 사용할 수 있습니다. 그러므로 원래의 문장 (ここに書いてください) 와 같은 조사를 사용합니다. 주어를 나타내는 「が」나 목적어를 나타내는 「を」는 회화에서는 자주 생략되지만, 대상을 나타내는 「に」를 생략하면 의미가 명확하지 않게 됩니다.

"お願いします" ở đây dùng thay cho "Vてください" khi mà động từ đã được biết rõ trong tình huống hoặc trong quá trình hội thoại. Trong trường hợp này, nó thay cho "（ここに）書いてください". Trợ từ bổ ngữ "を" thường được lược bỏ trong hội thoại nhưng riêng đối với trợ từ "に" chỉ đối tượng của hành động, nếu bị lược bỏ thì thông tin sẽ trở nên không rõ ràng.

☺
－教室で－
リー ：これはわたしの宿題ではありません。
　　　　アレンさん、ナタリーさんにお願いします。
アレン：はい。

19 頼む・頼まれる

Asking and being asked a favor　委托・被委托
부탁하기・부탁 받기　Nhờ/Bị nhờ

研究室で：
In the study room
在研究室
연구실에서
Tại phòng nghiên cứu

考えよう1

あなたは日本語でレポートを書きました。先輩の高木さんにチェックしてもらいたいです。高木さんは研究室で、本を読んでいます。はじめに何と言いますか。

You have written a report in Japanese. You would like to ask a senior student Ms. Takagi, to check it but she is reading a book in the study room. What do you say to her at first?
你用日语写了报告。你想请学长高木给你检查一下。高木在研究室里，可是正在看书。你怎么开口跟高木说呢？
여러분은 일본어 레포트를 썼습니다. 선배인 다카기 씨에게 체크를 받고 싶습니다. 다카기 씨는 연구실에서 책을 읽고 있습니다. 처음에 뭐라고 말합니까?
Bạn đã viết báo cáo bằng tiếng Nhật. Bạn muốn nhờ người khóa trên mình là chị Takagi kiểm tra giúp. Chị Takagi đang đọc sách tại phòng nghiên cứu. Đầu tiên, bạn sẽ nói với chị Takagi như thế nào?

聞いて答えよう1　🔊 108

今、あなたは研究室で本を読んでいます。友だちが来て何か言いました。何と答えますか。

You are reading a book in the study room now. Your friend comes and speaks to you. How do you respond?
现在你在研究室里看书。你的朋友来到研究室，说了些什么。你该回答什么呢？
여러분은 지금 연구실에서 책을 읽고 있습니다. 친구가 와서 무언가 말했습니다. 뭐라고 대답합니까?
Bây giờ, bạn đang đọc sách tại phòng nghiên cứu. Bạn của bạn đến và nói gì? Bạn sẽ trả lời như thế nào?

練習 A-1

アレン：あのう、①お願いしたいことがあるんですけど……。 ▶ NOTES 1
高木（たかぎ）：②はい、何（なん）ですか↑

1) ①お願いがあるんですが　　　　　　　②はい、何ですか↑
2) －友だちに－
   ①お願いしたいことがあるんだけど　　②うん、何↑
3) －友だちに－
   ①頼（たの）み¹たいことがあるんだけど　　②うん、何↑
4) －先生に－
   ①お願いしたいことがあるんですが　　②はい、何でしょうか。

－アレンさんは、図書館で本を借ります。－

Allen is borrowing a book at a library.　阿伦在图书馆借书。
앨런 씨는 도서관에서 책을 빌립니다.　Allen mượn sách ở thư viện.

例1
アレン　　　：あのう、お願いしたいことがあるんですが……。
図書館の人：はい。

考えよう 2

あなたは日本語でレポートを書きました。先輩の高木さんにチェックしてもらいたいです。何と言って頼みますか。

You have written a report in Japanese. You want to ask a senior student, Ms. Takagi, to check it. How do you ask her?

你用日语写了报告。你想请学长高木给你检查一下。你该说什么拜托她呢？

여러분은 일본어로 레포트를 썼습니다. 선배인 다카기 씨에게 체크를 받고 싶습니다. 뭐라고 부탁합니까?

Bạn đã viết báo cáo bằng tiếng Nhật. Bạn muốn nhờ chị Takagi, người khóa trên, kiểm tra giúp. Bạn sẽ nói như thế nào để nhờ?

1　頼（たの）みます

練習A-2

1． －先輩に－
   - アレン：あのう、お願いしたいことがあるんですけど……。
   - 高木：はい、何ですか↑
   - アレン：日本語をチェックして¹いただけませんか／くださいませんか↑
   ▶ NOTES 2
   - 高木：ええ、いいですよ↗

   1） －先輩に－　プリンター²の使い方を教えてもらえませんか／くれませんか
   2） －友だちに－　情報工学³の辞書を貸してもらえますか／くれますか
   3） －先生に－　この日本語を説明していただけませんか／くださいませんか

2． －友だちに－
   - アレン：あのう、お願いがあるんだけど……。
   - 中田：うん、何↑
   - アレン：京都⁴のガイドブック⁵を貸してもらえない／くれない↑
   - 中田：うん、いいよ↗

   例） 京都のガイドブックを貸す　　1） プリンターの使い方を教える
   2） この宿題を先生に渡す　　3） この日本語の手紙を説明する

聞いて答えよう2　🔊 109

研究室の先輩、高木さんが何か言いました。あなたはこれから先生と会う約束があります。何と答えますか。

Ms. Takagi, a student senior to you, has asked you something. You have an appointment to see your teacher from now. How do you answer?

研究室的学长高木说了些什么。过一会儿，你跟老师有个约会。你该怎么回答呢？

연구실 선배인 다카기 씨가 무언가 말했습니다. 여러분은 이제부터 선생님과 약속이 있습니다. 뭐라고 대답합니까?

Tại phòng nghiên cứu, chị Takagi đã nói những gì? Ngay bây giờ bạn có cuộc hẹn với thầy giáo. Bạn sẽ trả lời như thế nào?

---

1 チェックします　2 プリンター　3 情報工学　4 京都(地名)　5 ガイドブック

練習 A-3

1. 高木　：アレンさん、お願いしたいことがあるんですけど……。
   アレン：何ですか↑
   高木　：①パソコン¹が動か²ないんですけど、②ちょっと見てもらえませんか／
   　　　　くれませんか↑
   アレン：すみません、③今はちょっと……。先生と約束があるんです。

   例）①パソコンが動きません　②ちょっと見ます
   　　③今はちょっと……。先生と約束があります
   1) ①水曜日にアメリカ人³の先生がいらっしゃいます　②通訳します⁴
   　　③😟?
   2) ①日曜日に引っ越しします　　　　　　　　　　②手伝います
   　　③😟?

2. ー友だちにー
   ナタリー：アレンさん、お願いがあるんだけど……。
   アレン　：うん、何↑
   ナタリー：①ちょっと自転車貸してもらえない／くれない↑
   アレン　：ごめん。②ぼく（わたし）もこれから使うんだ〈使うの〉。
   　　　　　　　　　　　　　　　〈　〉：女性的な表現

   例）①ちょっと自転車貸します
   　　②ぼく（わたし）もこれから使います
   1) ①あしたのパーティーでギター⁵を弾きます⁶
   　　②ギターが壊れて⁷います
   2) ①😟?
   　　②😟?

---

1 パソコン　2 動きます　3 アメリカ人　4 通訳します　5 ギター　6 弾きます　7 壊れます

－アレンさんは消しゴムを借ります。－

※2
アレン：お願いしたいことがあるんだけど。
中田　：何↑
アレン：消しゴム¹、貸してくれない↑
中田　：いいよ↗

練習A-4

1. アレン：すみませんが、①日本語をチェックしていただけませんか／くださいませんか↑
   高木　：いいですよ↗　いつまでにするんですか↑　▶ NOTES 3
   アレン：②来週の金曜日までにお願いします。

   例）①日本語をチェックする　　　　　　　　②来週の金曜日
   1）－先生に－①推薦状²を書く　　　　　　②来月の1日
   2）－キムさんに－①日本語を韓国語³に翻訳する⁴　②今月末⁵

2. 事務の人：①この紙に書いて、出してください。
   アレン　：いつまでに②出せば⁶いいですか↑
   事務の人：③今月の28日までにお願いします。

   例）①この紙に書いて、出す　　②出す
   　　③今月の28日
   1）①奨学金の申込書⁷を出す　　②出す
   　　③来週の月曜日の5時
   2）①寮の部屋代⁸を払う⁹　　　②払う
   　　③毎月20日

   Cf. －パーティーで－

   日本人：いつまで日本にいるんですか↑　▶ NOTES 3
   アレン：来年の3月までいます。

---

1 消しゴム　2 推薦状　3 韓国語　4 翻訳します　5 今月末　6 〜ば　7 申込書　8 部屋代
9 払います

練習B 🔊110

以下の会話を練習してから1）、2）の状況で会話をしてください。
After practicing the conversation below, make conversations for situations 1) and 2).
练习以下会话，然后按1）、2）的状况进行会话。
아래의 회화를 연습한 후 1), 2)와 같은 상황에서 이야기를 해 보십시오.
Hãy tập nói theo hội thoại dưới đây và sau đó hội thoại theo tình huống 1), 2).

アレン：高木さん、今、ちょっといいですか↑
高木　：ええ。
アレン：お願いしたいことがあるんですけど……。
高木　：はい、何ですか↑
アレン：日本語でレポートを書いたんですけど、チェックしていただけませんか↑
高木　：今ですか↑
アレン：いいえ。来週の金曜日までにお願いしたいんですが……。
高木　：来週の終わり[1]ですか。ええ、いいですよ↗
アレン：ありがとうございます。じゃ、よろしくお願いします。

1）日本語の手紙が来ました。でも、意味がよくわかりません。日本人の先輩に説明してもらいたいです。

　You have received a letter written in Japanese, but you can't understand the meaning well. You want to ask a Japanese student senior to you to explain it.
　你收到一封日语来信。可是你不太明白是什么意思。你想请日本人学长给你说明一下。
　일본어로 쓴 편지가 왔습니다. 그렇지만 의미를 모릅니다. 일본인 선배에게 설명을 듣고 싶습니다.
　Bạn có thư bằng tiếng Nhật gửi đến. Thế nhưng, bạn không hiểu nhiều lắm. Bạn muốn nhờ anh chị khóa trên người Nhật giải thích giúp.

2）『日本の文化』という本を探しています。でも、図書館で見つかりませんでした。先生／友だちに本を貸してもらいたいです。

　You have been looking for the book "Japanese Culture," but cannot find it in the library. You want to borrow it from a friend or your teacher.
　你在找《日本文化》这本书，可是在图书馆里没找到。你想请你的老师／朋友借给你。
　『일본의 문화』라는 책을 찾고 있습니다. 그렇지만 도서관에서 못 찾았습니다. 선생님／친구에게 책을 빌리고 싶습니다.
　Bạn đang tìm kiếm cuốn " Văn hóa Nhật Bản". Bạn không tìm thấy ở thư viện. Bạn muốn nhờ giáo viên／bạn bè cho mượn sách.

---

[1] 終わり

ロールプレイ

ロールプレイカード 19-1　19-2

応用練習　🔊 111

アレンさんは奨学金を申し込みたいです。そのためには森先生の推薦状が必要です。森先生に頼みに行きました。

Allen wants to apply for a scholarship, and needs a letter of recommendation from Ms. Mori for the application. He has come to see Ms. Mori to ask for the letter.

阿伦想申请奖学金，为此需要森老师的推荐信。他来请求森老师帮忙。

앨런 씨는 장학금을 신청하고 싶습니다. 그러기 위해서는 모리 선생님의 추천장이 필요합니다. 모리 선생님께 부탁하러 갔습니다.

Allen muốn đăng ký xin học bổng. Vì thế cần phải có thư tiến cử của cô Mori. Allen đã đi đến nhờ cô Mori.

ー森先生の部屋でー

アレン：森先生、今ちょっとよろしいですか ↑

森先生：ええ。

アレン：お願いしたいことがあるんですが……。

森先生：はい、何ですか ↑

アレン：奨学金を申し込みたいんですけど、先生の推薦状が要る[1]んです。
　　　　すみませんが、推薦状を書いていただけませんか ↑

森先生：締め切りはいつですか ↑

アレン：来週の金曜日です。それで、木曜日までにお願いしたいんですが……。

森先生：木曜日ですね ↗ いいですよ ↗

アレン：ありがとうございます。

森先生：じゃ、木曜日の12時ごろ取りに来て[2]ください。

アレン：はい。よろしくお願いします。

1　要ります　2　取りに来ます

違う場面で 🔊 112

アレンさんはあしたの午前の授業を休みます。宿題を提出して、プリントをもらって来てくれるようにナタリーさんに頼みます。

Allen will be absent from tomorrow morning's class. He asks Natalie to hand in his homework and receive some handouts for him.
阿伦明天上午的课请假。他请纳塔丽替他交作业，并代他拿一下讲义。
앨런 씨는 내일 오전 수업을 쉽니다. 나타리 씨에게 숙제를 제출하고 프린트를 가지고 와 달라고 부탁합니다.
Allen sẽ nghỉ học giờ học buổi chiều ngày mai. Allen nhờ Natalie nộp hộ bài tập về nhà và mang về cho mình bài tập phát tay trên lớp.

アレン　　：ナタリーさん、ちょっとお願いしたいことがあるんだけど……。
ナタリー：何 ↑
アレン　　：あしたの２限のクラスに出る¹ よね ↗
ナタリー：うん、出るけど。
アレン　　：悪いけど²、先生にこの宿題渡してくれる ↑
ナタリー：いいけど、アレンさん出ないの ↑
アレン　　：うん。先月行ったボランティア活動³の報告会⁴があって、出席し⁵なければならないんだ。
ナタリー：ああ、そうなんだ。あしたは１日授業に出ないの ↑
アレン　　：ううん。お昼には終わると思うから、午後は出られる⁶よ。
ナタリー：わかった。じゃ、午後は会える⁷ね。
アレン　　：うん。先生には話してあるから、渡すだけでいいんだけど……。お願い。
ナタリー：うん、全然かまわない⁸よ ↗
アレン　　：それから、授業のプリント、ぼくのももらって来て⁹くれない ↑
ナタリー：ああ、そうだね。もちろんもらっておく。
アレン　　：助かるよ。じゃ、よろしくね。
ナタリー：オーケー¹⁰。じゃ、またあした。

---

1 出ます　2 悪いけど　3 ボランティア活動　4 報告会　5 出席します　6 出られます
7 会えます　8 かまいません　9 もらって来ます　10 オーケー

NOTES

1. お願いしたいことがあるんですが／けど……

依頼を切り出すときに使う表現です。相手が仕事上当然するべきことに対しては使いません。例えば、図書館、郵便局、銀行などです。また相手に負担をかけないと思う簡単な依頼には使いません。

This is an expression used when making a request. It is not used in situations where the requested action is a normal part of the listener's job or duties, for example, at a library, post office or bank. When making simple requests that do not burden the listener, this expression should not be used.

是提出请求时的用法。不用于对方工作上理所当然应该做的事情时。如在图书馆、邮局、银行等。也不用于不会给对方太添麻烦的简单请求上。

의뢰할 경우 말을 시작할 때 사용하는 표현입니다. 상대가 업무상 당연히 해야 하는 것에 대해서는 사용하지 않습니다. 예를 들면, 도서관, 우체국, 은행 등입니다. 상대에게 부담을 주지않는 간단한 의뢰에는 사용하지 않습니다.

Đây là câu nói mào đầu khi bạn muốn nhờ vả ai đó làm gì. Không dùng đối với những việc mà người nói đương nhiên phải làm trong công việc. Ví dụ như trong thư viện, bưu điện, ngân hàng, ... Hoặc là, nó cũng không dùng để nhờ vả những việc đơn giản mà mình không cho rằng nó gây gánh nặng cho đối phương.

例) － 教室で窓のそばにいるクラスメートに－

   To a classmate near a window 在教室，对坐在窗边的同班同学 교실에서 창가에 있는 클래스메이트에게
   Nói chuyện với người bạn học đang đứng bên cạnh cửa sổ lớp học

   アレン：すみません、窓¹を開けて²くれませんか ↑
   リー　：ええ、いいですよ ↗

2. チェックしていただけませんか／くださいませんか（Ｖていただけませんか／くださいませんか）　　▶9課 NOTES 4 ▶10課 NOTES 4

「Ｖていただけませんか／くださいませんか」は丁寧な依頼の表現です。「Ｖてください」は、指示や依頼（▶9課 NOTES 4 指示、▶10課 NOTES 4 依頼）の表現として勉強しました。このように２つの機能があるので、依頼するときには、指示として相手に受け取られないように次のページの表現をよく使います。

This is a polite expression used to make requests. You have learned the expression 「Ｖてください」 as a way of giving an instruction (▶9課 NOTES 4) or making a request (▶10課 NOTES 4). Because 「Ｖてください」 has two functions as you have learned, the expressions on the following page are frequently used to make requests so that the listener will not misunderstand them as an instructions.

「Ｖていただけませんか／くださいませんか」是礼貌的请求用法。「Ｖてください」作为指示、请求（▶9課 NOTES 4 指示、▶10課 NOTES 4 请求）的用法已经学习了。因为它有请求、指示这两个功能，在请求别人帮忙的时候，为了不让对方误解为指示（命令），所以常常使用下一页的说法。

「Ｖていただけませんか／くださいませんか」는 정중한 의뢰표현입니다. 「Ｖてください」는 지시나 의뢰(▶9課 NOTES 4 指示、▶10課 NOTES 4 依頼)의 표현으로써 공부했습니다. 이러한 2가지의 기능이 있기 때문에 의뢰할 때는 상대가 지시로 받아들이지 않도록 다음 페이지에 있는 표현을 자주 사용합니다.

"Ｖていただけませんか／くださいませんか" là cách nhờ vả lịch sự. "Ｖてください" chúng ta đã học được dùng như là cách nói ra chỉ thị, nhờ vả (▶9課 NOTES 4 Chỉ thị, ▶10課 NOTES 4 Nhờ vả). Như vậy, vì chúng có hai chức năng nên khi nhờ vả, để không mang nghĩa là ra chỉ thị người ta thường sử dụng các cách nói như ở trang tiếp theo.

---

1 窓　**2** 開けます

$$V\text{て} \begin{cases} \text{くれる} \uparrow \\ \text{くれない} \uparrow \\ \text{くれますか} \uparrow \\ \text{くれませんか} \uparrow \\ \text{くださいますか} \uparrow \\ \text{くださいませんか} \uparrow \end{cases} \quad V\text{て} \begin{cases} \text{もら\underline{え}る} \uparrow * \\ \text{もら\underline{え}ない} \uparrow \\ \text{もら\underline{え}ますか} \uparrow \\ \text{もら\underline{え}ませんか} \uparrow \\ \text{いただ\underline{け}ますか} \uparrow \\ \text{いただ\underline{け}ませんか} \uparrow \end{cases}$$

⟶ most polite　最礼貌　가장 정중　lịch sự nhất

＊「もらう」、「いただく」を使用した依頼表現には、下線のように可能形を使います。

When「もらう」and「いただく」are used for requests, they should be changed into the potential form (see underlined parts above).

在使用「もらう」「いただく」的请求表现时，用下划线的可能形。

「もらう」,「いただく」를 사용하는 의뢰 표현에는 밑줄 친 것과 같은 가능형을 사용합니다.

Sử dụng thể khả năng như đã gạch chân cho cách nói nhờ và dùng "もらう", "いただく".-2 lịch sự nhất

Cf. Ｖてもらってもいいですか

若い人は「Ｖてもらってもいいですか」をよく使っています。これは、依頼というより許可求めですので、丁寧に依頼したい時は使わないほうがいいです。

Young people frequently use「Ｖてもらってもいいですか」. Since this is used to seek permission rather than to make a request, it is better not to use it when you wish to make a polite request.

年轻人常常使用「Ｖてもらってもいいですか」。较之请求，这实际上是在争取许可，所以在比较郑重的请求时，还是不用为好。

젊은 사람은「Ｖてもらってもいいですか」를 자주 사용합니다. 이것은 의뢰라기보다는 허가를 구하는 표현이므로 정중히 의뢰하고 싶을 때는 사용하지 않는 것이 좋습니다.

Người trẻ tuổi thường dùng "Ｖてもらってもいいですか". Câu này có nghĩa xin phép hơn là nhờ và nên không nên dùng khi muốn nhờ ai đó một cách lịch sự.

3. いつまでに／まで

「までに」は、何かの動作が終わる最終時点を表します。したがって、ここでは「レポートを出す」という動作を終わらせるべき期限を表します。「まで」は、「レポートを書く」動作が継続する最終時点を表します。

「までに」represents a deadline before which a certain action will be performed and completed. Therefore, here it indicates the time by which「レポートを出す」should be done.「まで」represents a finishing point, where a certain action is performed continuously up until that time.

「までに」是表示某个动作完成的最后时间点。因此，在这里表示「レポートを出す（提交报告）」这一动作应该完成的期限。而「まで」是表示「レポートを書く」这个动作持续进行的最后时间点。

「までに」는 어떤 동작이 끝나는 최종 시점을 나타냅니다. 따라서 여기에서는「レポートを出す (레포트를 내는)」동작을 끝내야 하는 기한을 나타냅니다.「まで」는「レポートを書く (레포트를 쓰는)」동작이 계속되는 최종 시점을 나타냅니다.

"までに" diễn tả thời điểm cuối cùng phải xong một hành động nào đó. Do đó, ở đây nó biểu thị thời hạn phải kết thúc hành động gọi là "レポートを出す (nộp báo cáo)". "まで" thể hiện thời điểm cuối cùng mà hành động "レポートを書く (viết báo cáo)" được tiếp tục.

6時にレポートを出します。

I will submit a report at 6 o'clock
六点（在六点那一刻）交报告。　6시에 레포트를 냅니다.
Tôi sẽ nộp báo cáo lúc 6 giờ.

6時までにレポートを出します。

I will submit a report by 6 o'clock.
到六点为止交报告。　6시까지 레포트를 냅니다.
Cho đến lúc 6 giờ tôi sẽ nộp báo cáo.

6時までレポートを書きます。

I am writing a report until 6 o'clock.
写报告写到六点。　6시까지 레포트를 씁니다.
Tôi sẽ viết báo cáo cho đến 6 giờ.

19 頼む・頼まれる

☺ 1
- アレン　　：この本、お願いします／貸してください。
- 図書館の人：はい。

☺ 2
- アレン：中田さん。消しゴム、貸してくれない↑
- 中田　：いいよ ↗

20 アドバイスを求める

Asking for advice　征求建议
조언 구하기　Xin lời khuyên

研究室で : In the study room
在研究室
연구실에서
Tại phòng nghiên cứu

考えよう

あなたは、今度の土曜日、山本先生のうちに招待されました。お土産を持って行くかどうか迷っています。日本の習慣がよくわからないので、高木さんに相談します。何と言いますか。

You have been invited to dinner at Prof. Yamamoto's house this Saturday. However, you are not sure whether you should take a present or not. As you don't know the Japanese custom, talk to Ms. Takagi about it. What do you say to her?

你下周六被邀请到山本老师家玩儿。你在犹豫带不带礼物去。因为不了解日本的习惯，你去跟高木商量。你该说什么呢?

여러분은 이번 토요일 야마모토 선생님 댁에 초대를 받았습니다. 선물을 가지고 가야할지 어떨지 망설이고 있습니다. 일본의 관습을 잘 모르기 때문에 다카기 씨에게 의논을 합니다. 뭐라고 말합니까?

Thứ bảy này bạn được mời tới nhà thầy Yamamoto. Bạn phân vân không biết có nên mang theo quà hay không. Vì bạn không hiểu tập quán của người Nhật nên bạn xin chị Takagi tư vấn cho. Bạn sẽ nói như thế nào?

練習 A-1

アレン：①先生のお宅¹に行くんですけど、②何か持って行ったほうがいいですか↑
　　　　▶ NOTES 1

高木　：そうですね。②（何か）持って行ったほうがいいと思いますよ↗

　例）①先生のお宅に行きます　　　　　　②何か持って行きます
　1）①学会で発表します　　　　　　　　②スーツ²を着ます
　2）①飲み会³に遅れて⁴行きます　　　　②連絡します
　3）①ホームステイのうちでお世話になりました⁵
　　　②お礼⁶の手紙を出します
　4）①先生に聞きたいことがあります
　　　②夜遅く⁷は電話しません
　5）①この書類⁸を出さなければなりません
　　　②消せる⁹ボールペンで書きません

練習 A-2

アレン：①どんなものを持って行ったらいいですか↑／いいでしょうか。
　　　　▶ NOTES 2

高木　：そうですねえ。②果物はどうですか↑

　例）①どんなものを持って行きます　　　②果物はどうですか↑
　1）①何を買います　　　　　　　　　　②お菓子¹⁰がいいと思いますよ↗
　2）①どうやって¹¹行きます　　　　　　②地下鉄が便利だと思います。
　3）①何に気をつけます　　　　　　　　② (ʘ‿ʘ)?

✕　アレン：どんなものを持って行ったほうがいいですか↑
　　高木　：果物はどうですか↑

---

1 お宅　2 スーツ　3 飲み会　4 遅れます　5 お世話になります　6 お礼　7 夜遅く
8 書類　9 消せます　10 お菓子　11 どうやって

Cf. 1) －コンビニで－　At a convenience store　在便利店　편의점에서　Tại cửa hàng tiện lợi

アレン：すみません、このコピー機、**どうやって使ったらいいですか** ↑／**使えばいいですか** ↑　▶ NOTES 2

店員　：ええと、ここにお金を入れて[1]、ボタン[2]を押して[3]ください。

アレン：はい。ありがとうございます。

2) アレンさんはホームステイをしたいです。

Allen would like to stay with a Japanese family.　阿伦想参加家庭寄宿。
앨런 씨는 홈스테이를 하고 싶습니다.　　Allen muốn đi homestay

アレン：ホームステイをしたいんだけど、**どこで聞いた[4]らいい** ↑／**聞けばいい** ↑

小川　：国際交流課[5]の人に聞いたらいいと思うよ ↗

アレン：あ、そっか。わかった。ありがとう。

3) アレンさんの携帯電話が見つかりません。

Allen can't find his mobile phone.　阿伦没有找到自己的手机。
앨런 씨의 휴대 전화가 보이지 않습니다.　　Allen không tìm thấy điện thoại.

アレン：携帯電話をなくしてしまった[6]んですけど、**どうしたらいいですか** ↑／**どうすればいいですか** ↑

高木　：ええっと、じゃ、アレンさんの携帯[7]に電話してみましょう。

アレン：あ、そうですね。お願いします。

---

1 入れます　**2** ボタン　**3** 押します　**4** 聞きます　**5** 国際交流課　**6** なくしてしまいます
7 携帯

練習 A-3

アレン：①お土産（は）、どんなものを持って行ったらいいでしょうか……。
高木　：②日本人はよくお菓子とか¹ 果物を持って行きますよ ↗
アレン：そうですか。それなら、③ケーキにします²。

▶ NOTES 3

1) ①キムさんの誕生日プレゼント
   ②キムさんはお酒が好きですよ ↗
   ③😮?

2) ①お見舞い³
   ②入院⁴が長いなら、本や雑誌を持って行くのは
   どうですか ↗
   ③😮?

Cf. アレン：おいしいケーキを買いたいんですが。
　　高木　：それなら、駅前⁵の「ミルク・ハウス⁶」がいいですよ ↗

練習 A-4

高木　：先生は①お子さんがいらっしゃる⁷から、②お菓子がいいかもしれませんね。

▶ NOTES 4

アレン：ああ、そうですね。そうします。

例）①お子さんがいらっしゃいます　②お菓子
1) ①あまいもの⁸が好きです　②ケーキ
2) ①お酒を飲みません　②果物
3) ①めずらしい⁹ものが好きです　②国のもの

---

1 とか　2 ～にします　3 お見舞い　4 入院　5 駅前　6 ミルク・ハウス(店名)
7 いらっしゃいます　8 あまいもの　9 めずらしい

練習B 🔊 113

以下の会話を練習してから1)、2)の状況で会話をしてください。

After practicing the conversation below, make conversations for situations 1) and 2).
练习以下会话，然后按1)、2)的状况进行会话。
아래의 회화를 연습한 후 1), 2)와 같은 상황에서 이야기를 해 보십시오.
Hãy tập nói theo hội thoại dưới đây và sau đó hội thoại theo tình huống 1), 2).

アレン ：すみません、高木さん。**ちょっと聞きたいことがあるんですけど、今、いいですか**↑

高木 ：ええ、どうぞ。

アレン ：今度の土曜日、山本先生のお宅に行くんですけど、何か持って行ったほうがいいですか↑

高木 ：そうですね。そのほうがいいでしょうね。

アレン ：どんなものを持って行ったらいいでしょうか。

高木 ：日本人はよくお菓子とか、果物を持って行きますよ ↗

アレン ：そうですか。……それなら、食べ物にします。

高木 ：山本先生はお子さんがいらっしゃるから、あまいお菓子がいいかもしれませんね。

アレン ：ああ、そうですね。じゃ、そうします。
　　　　ありがとうございました。

---

1) あなたは先輩に大変お世話になっています。その先輩の誕生日に何かプレゼントをあげたいですが、何をあげたらいいかわかりません。友だちに相談します。

You want to give a birthday present to your senior because he/she takes care of you very much. But you have no idea of what to give him/her. Ask your friend for advice about it.
你的学长非常照顾你。学长生日的时候，你想送他生日礼物。可是你不知道送什么好。跟你的朋友商量一下。
여러분은 선배에게 신세를 많이 지고 있습니다. 그 선배 생일에 무언가 선물을 하고 싶습니다만, 무슨 선물을 해야 할지 모르겠습니다. 친구에게 의논합니다.
Bạn đã được anh/chị khóa trên giúp đỡ rất nhiều. Sinh nhật của người đó bạn muốn tặng một món quà nhưng bạn không biết nên tặng quà gì thì tốt. Bạn bàn với bạn mình.

20 アドバイスを求める

2）来週の日曜日に、留学生の友だちの結婚式があります。でも、何を着て行ったらいいかわかりません。友だちに相談します。

You are going to the wedding of a foreign student next Sunday. But you don't know what kind of clothes you should wear. Ask your friend for advice about it.

下星期天，有一个留学生朋友的婚礼。可是你不知道穿什么去好。跟你的朋友商量一下。

다음주 일요일에 유학생 친구의 결혼식이 있습니다. 그렇지만 무엇을 입고 가야 좋을지 모르겠습니다. 친구에게 의논합니다.

Chủ nhật tuần tới có lễ kết hôn một người bạn là du học sinh. Thế nhưng, bạn không biết nên mặc gì để tham dự. Bạn bàn với bạn mình.

聞いて答えよう 🔊 114

友だちが何か言いました。あなたの国の場合なら、何と答えますか。

Your friend says something. In the case of your country, how would you answer?

朋友对你说了些什么。如果是你的国家，你该如何回答？

친구가 무언가 말했습니다. 여러분의 나라에서는 뭐라고 대답합니까?

Bạn của bạn đã nói gì? Nếu là ở đất nước bạn thì bạn sẽ trả lời như thế nào?

1)
2)
3)

ロールプレイ

ロールプレイカード 20-1 20-2

応用練習 🔊 115

アレンさんは日本人の友だちに結婚パーティーに招待されましたが、わからないことがあります。中田さんに相談します。

Allen has been invited to his Japanese friend's wedding party, but there are things he is not sure about. He is asking for advice from Ms. Nakata. 阿伦被邀请参加日本朋友的婚宴，可是他有些不明白的事。他跟中田商量。

앨런 씨는 일본인 친구의 결혼 파티에 초대를 받았습니다만 모르는 것이 있습니다. 나카타 씨에게 의논합니다.

Allen được mời đến tiệc cưới của một người bạn là người Nhật nhưng có nhiều điều Allen không hiểu. Allen đã thảo luận với chị Nakata.

アレン：中田さん、ちょっと相談したいことがあるんだけど、今、いい↑
中田　：うん、何↑
アレン：友だちの結婚¹パーティーに招待された²んだけど、日本の習慣³が
　　　　わからなくて……。何を着て行ったらいい↑
中田　：どんなパーティー↑
アレン：フレンチレストラン⁴で、友だちだけが集まる⁵んだって。
中田　：そう。それなら、スーツかジャケット⁶にネクタイ⁷でいいと思うよ↗
　　　　でも、黒いネクタイはやめた⁸ほうがいいよ↗
アレン：そっか。わかった。あと、会費⁹の他にプレゼントもあげたほうが
　　　　いいかな¹⁰。
中田　：そうねえ。どっちでも¹¹いいと思うけど。アレンさん、ギター上手だか
　　　　ら、プレゼントにギターを弾いてあげたらどう¹²↑
アレン：それはいいね。じゃ、そうする。
中田　：それじゃ、パーティー、楽しんで来てね↗
アレン：うん。いろいろありがとう¹³。

1) 友だちの国へ旅行に行きたいです。いつ、どんなところへ行ったらいいか、また
どんなことに注意したらいいか、アドバイスを求めたいです。

You want to visit your friend's country. Ask for his/her advice about when and where you should go, or what sort of things you should be aware of.

你想去朋友的国家旅行。什么时候、去哪儿、还有要注意些什么为好，你想征求你朋友的建议。

친구의 나라에 여행을 가고 싶습니다. 언제, 어떤 곳에 가면 좋은지, 또 어떤 점에 주의해야 하는지 조언을 구하고 싶습니다.

Bạn muốn đi du lịch đến đất nước của người bạn. Bạn muốn xin lời khuyên xem khi nào đi, đi nơi nào thì tốt và cần chú ý những điều gì khi đi du lịch.

---

1 結婚　2 招待されます　3 習慣　4 フレンチレストラン　5 集まります　6 ジャケット
7 ネクタイ　8 やめます　9 会費　10 〜かな　11 どっちでも　12 〜てあげたらどう
13 いろいろありがとう

違う場面で 🔊 116

アレンさんは北海道に旅行に行きたいと思っています。中田さんに聞きます。

Allen wants to go on a trip to Hokkaido. He asks Ms. Nakata a question.　阿伦想去北海道旅行。他向中田打听。
앨런 씨는 홋카이도에 여행을 가고 싶습니다. 나카타 씨에게 물어봅니다.　Allen thích đi du lịch Hokkaido. Allen hỏi Nakata.

アレン：中田さん、ちょっと聞きたいことがあるんだけど、今いい↑
中田　：うん、いいよ↗
アレン：中田さんは、北海道[1]出身[2]だったよね↗
中田　：うん、そうだよ↗
アレン：実は、北海道を旅行したいと思っているんだけど……。
中田　：あ、いいね。何でも聞いて。
アレン：いつ行ったらいい↑
中田　：難しいな。それぞれ[3]の季節[4]で楽しめるから。アレンさんは、北海道で何をしたい↑
アレン：うーん、やっぱり[5]北海道らしい[6]景色[7]を見たい。
中田　：そうか。それなら、冬[8]がいいかな。雪まつり[9]でいろいろな雪[10]や氷[11]の像[12]が見られる[13]し、スキー場[14]に行けば、パウダースノー[15]が楽しめるし。
アレン：へえ、よさそうだね。
中田　：アレンさんは、もちろんスキーできるよね↗
アレン：もちろん。
中田　：それから、遠いけど、海[16]の方[17]に行けば流氷[18]を見ることもできるよ。
アレン：そうか。いいね。じゃ、今回[19]は冬に行ってみよう。
中田　：うん。でも、北海道は広くて移動[20]に時間がかかるから、計画を立てて[21]おいたほうがいいと思うよ↗
アレン：うん、わかった。いろいろありがとう。
中田　：いえ。また何か聞きたいことがあったら、いつでも[22]聞いて。
アレン：ありがと。じゃ、また。
中田　：じゃね。

1 北海道　2 出身　3 それぞれ　4 季節　5 やっぱり　6 〜らしい　7 景色　8 冬
9 雪まつり　10 雪　11 氷　12 像　13 見られます　14 スキー場　15 パウダースノー　16 海
17 方　18 流氷　19 今回　20 移動　21 計画を立てます　22 いつでも

NOTES

1. 何か持って行ったほうがいいですか ↑（Ｖたほうがいいですか ↑）

「Ｖたほうがいい」は、ある行為をするかしないか比較して、することが望ましいという話し手の判断を表す表現です。ここでは、何かを持って行くか行かないか、を比較しています。その行為をしないことが望ましい場合は「Ｖないほうがいい」になります。「Ｖたほうがいいですか」は、その行為をするかしないか相手にアドバイスを求めるときに使います。「ほうがいい」は二者択一のとき使うので、「何を持って行ったほうがいいですか」のように、二者択一ではない疑問詞といっしょには使いません。

The phrase「Ｖたほうがいい」conveys one's judgment that doing 'V' is better than not doing 'V.' The topic here is whether you can take something or not. To state the opinion that not doing 'V' is better, the phrase becomes「Ｖないほうがいい」.「Ｖたほうがいいですか」is used to ask for a person's advice on whether to do 'V' or not to do 'V.' Since「ほうがいい」is a "yes or no" type of expression, it cannot be used with a WH- question as in:「何を持って行ったほうがいいですか」.

「Ｖたほうがいい」表示的是：比较做不做某个行为，说话人判断做的话好。在这里，比较的是带不带什么东西去。如果不希望做那个行为的时候，使用「Ｖないほうがいい」。「Ｖたほうがいいですか」就是该做那个行为，向对方征询建议时使用。因为「ほうがいい」用于二者择其一的时候，所以不与像「何を持って行ったほうがいいですか」这样，有不是二者择一的疑问词的问句一起使用。

「Ｖたほうがいい」는 어떤 행위를 할 것인지 말 것인지 비교 검토한 결과 화자가 내린 '하는 편이 좋다'는 판단을 나타내는 표현입니다. 여기에서는 무언가를 가지고 갈 건지 아닌지를 비교하고 있습니다. 그 행위를 하지 않는 것이 바람직한 경우에는「Ｖないほうがいい」가 됩니다.「Ｖたほうがいいですか」는 그 행위를 해야 하는지 말아야 하는지 상대에게 조언을 구할 때 사용합니다.「ほうがいい」는 양자택일일 때 사용하기 때문에「何を持って行ったほうがいいですか」처럼 양자택일이 아닌 의문문과는 같이 사용하지 않습니다.

"Ｖたほうがいい" là cách nói diễn tả một nhận định của người nói rằng, so sánh giữa việc thực hiện hay không thực hiện một hành động nào đó thì việc thực hiện là tốt hơn. Ở câu này là so sánh giữa việc mang đi hay không mang đi cái gì đó theo. Trong trường hợp muốn diễn đạt ý không nên làm gì thì tốt hơn, ta dùng mẫu câu "Ｖないほうがいい". Mẫu câu "Ｖたほうがいいですか" được dùng khi xin lời khuyên của người khác xem có nên thực hiện hay không thực hiện hành động đó. "ほうがいい" được dùng khi phải lựa chọn một trong hai sự lựa chọn nên mẫu câu này không sử dụng với từ để hỏi cho câu hỏi mà không phải là sự lựa chọn một trong hai, dạng như câu "何を持って行った方がいいですか".

2. どんなものを持って行ったらいいですか／行けばいいですか ↑（疑問詞～Ｖたらいいですか／Ｖばいいですか ↑）

「疑問詞～Ｖたらいいですか／Ｖばいいですか ↑」は、二者択一ではないアドバイスを求めるときに、使います。例えば、「どうしたらいいですか／すればいいですか ↑」「いつ行ったらいいですか／行けばいいですか ↑」「何を見たらいいですか／見ればいいですか ↑」などです。

This expression is used to ask for advice when the question is not of the "yes or no" kind, such as「どうしたらいいですか／すればいいですか ↑」,「いつ行ったらいいですか／行けばいいですか ↑」and「何を見たらいいですか／見ればいいですか ↑」.

「疑問詞～Ｖたらいいですか／Ｖけばいいですか ↑」是在征询并非二者择其一的建议时使用。如：「どうしたらいいですか／どうすればいいですか ↑」「いつ行ったらいいですか／行けばいいですか ↑」「何を見たらいいですか／見ればいいですか ↑」等。

「의문사～Ｖたらいいですか／Ｖばいいですか ↑」는 양자택일이 아닌 조언을 구할 때 사용합니다. 예를 들면「どうしたらいいですか ↑」「いつ行ったらいいですか／行けばいいですか ↑」「何を見たらいいですか／見ればいいですか ↑」등입니다.

"Từ để hỏi ～Ｖたらいいですか／Ｖばいいですか ↑" được sử dụng khi muốn hỏi xin lời khuyên mà không có ý phải chọn một trong hai sự lựa chọn. Ví dụ: "どうしたらいいですか／すればいいですか ↑", "いつ行ったらいいですか／行けばいいですか ↑", "何を見たらいいですか／見ればいいですか ↑", v.v..

3. それなら、ケーキにします

「それなら」は、相手の発話を受けて、判断したことを話すとき（例えば、相手にアドバイスを与えるときや、自分で決めたことを伝えるとき）に使います。

「それなら」 is used when taking what a person says into consideration and making a judgement about it (for example, when giving advice or conveying one's decision).

「それなら」是在听了对方的表述后，陈述自己的判断（如：给对方建议、传达自己的决定）时使用。

「それなら」는 상대의 말을 듣고 판단한 것을 말할 때 (예를 들면 상대에게 조언을 할 때나 자신이 정한 것을 전할 때) 사용합니다.

"それなら" được sử dụng để nói về nhận định sau khi nghe đối phương nói (ví dụ: khi đưa ra lời khuyên cho đối phương, khi truyền đạt lại việc mình đã quyết định).

4. お菓子がいいかもしれませんね

ここでの「かもしれません」は、婉曲に意見を述べる表現として使っています。

In this case, 「かもしれません」 is used to convey your opinion indirectly.

这里的「かもしれません」是作为婉转陈述自己意见的用法。

여기에서 「かもしれません」은 완곡하게 의견을 말할 때의 표현으로써 사용하고 있습니다.

"かもしれない" ở đây được sử dụng như là cách nói lên ý kiến của mình một cách mềm dẻo.

☺ ［アレン：どんなものを持って行ったらいいですか↑
　　高木　：果物はどうですか↑

付表 ふひょう   Appendix   附表   부록   Bảng phụ lục

A1. 数詞 すうし   Numerals   数字   수사   Số từ

0 ゼロ・れい					
1 いち	10 じゅう	100 ひゃく	1,000 せん	10,000 いちまん	100,000 じゅうまん
2 に	20 にじゅう	200 にひゃく	2,000 にせん	20,000 にまん	1,000,000 ひゃくまん
3 さん	30 さんじゅう	300 さんびゃく	3,000 さんぜん	30,000 さんまん	10,000,000 せんまん
4 よん／し	40 よんじゅう	400 よんひゃく	4,000 よんせん	40,000 よんまん	100,000,000 いちおく
5 ご	50 ごじゅう	500 ごひゃく	5,000 ごせん	50,000 ごまん	12.5 じゅうにてんご
6 ろく	60 ろくじゅう	600 ろっぴゃく	6,000 ろくせん	60,000 ろくまん	0.35 れいてんさんご
7 なな／しち	70 ななじゅう	700 ななひゃく	7,000 ななせん	70,000 ななまん	
8 はち	80 はちじゅう	800 はっぴゃく	8,000 はっせん	80,000 はちまん	
9 きゅう	90 きゅうじゅう	900 きゅうひゃく	9,000 きゅうせん	90,000 きゅうまん	

A2. 時間 じかん   Time   时间   시간   Thời gian

時刻 じこく time 时刻、点 시각 Thời khắc		時間 じかん time duration 时间 시간 Thời gian	
時 じ o'clock 点 시 Giờ	分 ふん minute 分 분 Phút	時間 じかん hour （个）小时 시간 Tiếng	分 ふん minute 分钟 분 Phút
1 時 いち じ	1 分 いっ ぷん	1 時間 いち じ かん	1 分 いっ ぷん
2 時 に じ	2 分 に ふん	2 時間 に じ かん	2 分 に ふん
3 時 さん じ	3 分 さん ぷん	3 時間 さん じ かん	3 分 さん ぷん
4 時 よ じ	4 分 よん ぷん	4 時間 よ じ かん	4 分 よん ぷん
5 時 ご じ	5 分 ご ふん	5 時間 ご じ かん	5 分 ご ふん
6 時 ろく じ	6 分 ろっ ぷん	6 時間 ろく じ かん	6 分 ろっ ぷん
7 時 しち じ	7 分 なな ふん	7 時間 しち じ かん	7 分 なな ふん
8 時 はち じ	8 分 はっ ぷん	8 時間 はち じ かん	8 分 はっ ぷん
9 時 く じ	9 分 きゅう ふん	9 時間 く じ かん	9 分 きゅう ふん
10 時 じゅう じ	10 分 じゅっ ぷん	10 時間 じゅう じ かん	10 分 じゅっ ぷん
11 時 じゅういち じ	15 分 じゅうご ふん	11 時間 じゅういち じ かん	15 分 じゅうご ふん
12 時 じゅうに じ	30 分／半 さんじゅっぷん はん	12 時間 じゅうに じ かん	30 分 さんじゅっぷん
何時 なん じ	何分 なん ぷん	何時間 なん じ かん	何分 なん ぷん

A3. 月・日・曜日 (つき・ひ・ようび)   Month, date, days of the week   月・日・星期   월/일/요일   Tháng, Ngày, Thứ

月 month 月 つき / 월 / Tháng	日 date 日 ひ / 일 / Ngày		曜日 days of the week 星期 ようび / 요일 / Thứ				
1月 いちがつ	1日 ついたち	14日 じゅうよっか	日曜日 にちようび	Sunday	星期天	일요일	Chủ nhật
2月 にがつ	2日 ふつか	19日 じゅうくにち	月曜日 げつようび	Monday	星期一	월요일	Thứ hai
3月 さんがつ	3日 みっか	20日 はつか	火曜日 かようび	Tuesday	星期二	화요일	Thứ ba
4月 しがつ	4日 よっか	24日 にじゅうよっか	水曜日 すいようび	Wednesday	星期三	수요일	Thứ tư
5月 ごがつ	5日 いつか	29日 にじゅうくにち	木曜日 もくようび	Thursday	星期四	목요일	Thứ năm
6月 ろくがつ	6日 むいか		金曜日 きんようび	Friday	星期五	금요일	Thứ sáu
7月 しちがつ	7日 なのか	他の日 ほかのひ →数詞＋日 すうし＋にち other date →numeral+nichi 其他→数字+日 다른 날→수사 + 일 Ngày khác → số từ + ngày	土曜日 どようび	Saturday	星期六	토요일	Thứ bảy
8月 はちがつ	8日 ようか		何曜日 なんようび	What day	星期几	무슨 요일	Thứ mấy
9月 くがつ	9日 ここのか						
10月 じゅうがつ	10日 とおか						
11月 じゅういちがつ	11日 じゅういちにち						
12月 じゅうにがつ	12日 じゅうににち						
何月 なんがつ	何日 なんにち						

A4. 期間 (きかん)   Period   期间   기간   Quãng thời gian

期間 きかん period 期间 기간 Quãng thời gian				
日 day 天 ひ / 일 / Ngày	週間 week 周、~个星期 しゅうかん / ~주간 / Tuần		月 month ~个月 つき / ~개월 / Tháng	年 year 年 とし / 년 / Năm
1日 ついたち	1週間 いっしゅうかん		1か月 いっげつ	1年 いちねん
2日 ふつか	2週間 にしゅうかん		2か月 にげつ	2年 にねん
3日 みっか	3週間 さんしゅうかん		3か月 さんげつ	3年 さんねん
4日 よっか	4週間 よんしゅうかん		4か月 よんげつ	4年 よねん
5日 いつか	5週間 ごしゅうかん		5か月 ごげつ	5年 ごねん
6日 むいか	6週間 ろくしゅうかん		6か月 ろっげつ	6年 ろくねん
7日 なのか	7週間 ななしゅうかん		7か月 ななげつ	7年 ななねん
8日 ようか	8週間 はっしゅうかん		8か月 はちげつ	8年 はちねん
9日 ここのか	9週間 きゅうしゅうかん		9か月 きゅうげつ	9年 きゅうねん
10日 とおか	10週間 じゅっしゅうかん		10か月 じゅっげつ	10年 じゅうねん
何日 なんにち	何週間 なんしゅうかん		何か月 なんげつ	何年 なんねん

A5. 助数詞(じょすうし)　Counters　量词　조수사　Trợ từ số đếm

	3課	4課	4課	5課	8課	8課	8課
	階(かい) floors 楼、层 층 tầng	つ things 东西 개 cái	人(にん) people 人 사람 người	枚(まい) thin things 薄的东西 장 tờ (vật mỏng)	杯(はい) drinks and so on in cups 饮料和装在杯子、碗里的东西。 잔 cốc	本(ほん) long thin things 细长的东西 개(길고 가는 것) / 자루 cây (vật thuôn dài)	回(かい) frequency 频度、频率 회 / 번 lần
1 いち	1階 いっかい	1つ ひと	1人 ひとり	1枚 いちまい	1杯 いっぱい	1本 いっぽん	1回 いっかい
2 に	2階 にかい	2つ ふた	2人 ふたり	2枚 にまい	2杯 にはい	2本 にほん	2回 にかい
3 さん	3階 さんがい	3つ みっ	3人 さんにん	3枚 さんまい	3杯 さんばい	3本 さんぼん	3回 さんかい
4 よん	4階 よんかい	4つ よっ	4人 よにん	4枚 よんまい	4杯 よんはい	4本 よんほん	4回 よんかい
5 ご	5階 ごかい	5つ いつ	5人 ごにん	5枚 ごまい	5杯 ごはい	5本 ごほん	5回 ごかい
6 ろく	6階 ろっかい	6つ むっ	6人 ろくにん	6枚 ろくまい	6杯 ろっぱい	6本 ろっぽん	6回 ろっかい
7 なな／しち	7階 ななかい	7つ なな	7人 ななにん	7枚 ななまい	7杯 ななはい	7本 ななほん	7回 ななかい
8 はち	8階 はちかい	8つ やっ	8人 はちにん	8枚 はちまい	8杯 はっぱい	8本 はっぽん	8回 はっかい
9 きゅう	9階 きゅうかい	9つ ここの	9人 きゅうにん	9枚 きゅうまい	9杯 きゅうはい	9本 きゅうほん	9回 きゅうかい
10 じゅう	10階 じゅっかい	10 とお	10人 じゅうにん	10枚 じゅうまい	10杯 じゅっぱい	10本 じゅっぽん	10回 じゅっかい
疑問詞(ぎもんし) WH-question 疑问词 의문사 Từ để hỏi	何階 なんがい	いくつ	何人 なんにん	何枚 なんまい	何杯 なんばい	何本 なんぼん	何回 なんかい

●索引　Index　索引　색인　Bảng tra từ

* : 応用練習(おうようれんしゅう)の言葉(ことば)
** : 違(ちが)う場面(ばめん)での言葉(ことば)
こ : 「こんなときは」の言葉(ことば)

あ

日本語	英語	中国語	韓国語	ベトナム語	ページ
アイス	iced (coffee)	冰(咖啡)	아이스 (커피)	(cà phê) đá	4
アイスクリーム	ice cream	冰激凌	아이스크림	kem	4*
アイスコーヒー	iced coffee	冰咖啡	아이스커피	cà phê đá	4*
アイスティー	iced tea	冰红茶	아이스티	trà đá	4
あいます(会います)	to meet	见面、会见	만나다	gặp	6
あえます(会えます)	to be able to meet	能够见面	만날 수 있다	gặp được	19*
あおい(青い)	blue	蓝色	파랗다	xanh	9
あおのN(青のN)	blue N	蓝色(的)N	파란 N	N xanh	9
あかいN(赤いN)	red N	红色(的)N	빨간 N	N đỏ	9
あかのN(赤のN)	red N	红色(的)N	빨간 N	N đỏ	9
あけます(開けます)	to open	打开	열다	mở	19
あさ(朝)	morning	早上	아침	sáng	6*
あさって	the day after tomorrow	后天	모레	ngày kia	6
あさってのあさ(あさっての朝)	the morning after next	后天早上	모레 아침	sáng ngày kia	6
あさってのばん(あさっての晩)	the night after next	后天晚上	모레 저녁 / 모레 밤	tối ngày kia	6
あさひだい(朝日台)	(place name)	(地名)	(지명)	(địa danh)	3*
あし(足)	leg	脚、腿	발 / 다리	chân	17
あしくびをねんざします(足首を捻挫します)	to sprain one's ankle	扭伤脚	발목을 삐다	bị trẹo chân, bị trật khớp cổ chân	17
あした	tomorrow	明天	내일	ngày mai	6
あしたのあさ(あしたの朝)	tomorrow morning	明天早上	내일 아침	sáng mai	6
あしたのばん(あしたの晩)	tomorrow night	明天晚上	내일 저녁/내일 밤	tối mai	6
あそこ	over there	那儿	저기	ở đăng kia	3
あたま(頭)	head	头	머리	đầu	16
あたまがいたい(頭が痛い)	to have a headache	头疼	머리가 아프다	đau đầu	12
あたらしい(新しい)	new	新	새롭다	mới	8
あつい(暑い)	hot	热	덥다	nóng	3
あったかい	hot	热呼呼	따뜻하다	ấm	17*
あっというま(あっという間)	the blink of an eye, one moment	转眼之间	눈 깜짝할 사이	thời gian trôi đi vùn vụt	15*
あつまります(集まります)	to gather	聚集	모이다	tập trung	20*
あと	and	然后、还有	그리고	còn nữa là, tiếp nữa là	14*
あとで	later	过后	나중에	sau đó	14
あとに、さんにち(あと2、3日)	two or three more days	再过两、三天	2, 3일 더	sau 2, 3 ngày	12*
あなた	you	你	당신	bạn,... (đại từ nhân xưng ngôi thứ hai)	2
アニメ	animated cartoon	动画片、卡通片	애니메이션	phim hoạt hình, phim Anime	1**
あの	excuse me	嗯、那个	저	kia, ấy	4
あのひと(あの人)	that person	那个人	저 사람	người ấy, người đó	13**
アパート	apartment	公寓	아파트 / 다가구주택	nhà tập thể	8
あまいもの	sweet things	甜的东西	단 것	đồ ngọt	20
あまり	not often, not much	不常	그다지 (않~)	(không ~) lắm	8
あめがふります(雨が降ります)	to rain	下雨	비가 오다	mưa rơi	14
アメリカじん(アメリカ人)	American	美国人	미국인	người Mỹ	19
ありがとうございます	Thank you.	谢谢。	감사합니다. / 고맙습니다.	Xin cám ơn.	1
あります	to exist (inanimate things)	有(东西)	있다	ở, có (bất động vật)	2*
あります	to have	有	있다	có	6
あるいて(歩いて)	on foot	走着路	걸어서	(bằng cách) đi bộ	3**
あるけます(歩けます)	can walk	能走	걸을 수 있다	có thể đi bộ	17

日本語	English	中文	한국어	Tiếng Việt	ページ
アルバイト	side job	打工	아르바이트	làm thêm	6
(アレンさん)の	~'s (indicates possession)	(阿伦)的	~의 것	của ~	9
あんしょうばんごう(暗証番号)	personal identification number, PIN	密码	비밀번호	số mật khẩu	18*
あんしんします(安心します)	to feel relieved	放心	안심하다	an tâm	17*

い

日本語	English	中文	한국어	Tiếng Việt	ページ
いい	good	好	좋다	tốt	11
いいえ	not at all	不、不是	아니요	không	3
イーエムエス(EMS)	Express Mail Service	EMS(国际特快专递)	EMS (국제 특급 우편)	EMS (gửi đường chuyển phát nhanh quốc tế)	5
いいです	No thank you.	不用。不需要。	괜찮습니다. / 필요 없습니다.	Không cần., Không cám ơn.	4*
いいですよ	That's fine.	好的。可以。	좋습니다. / 괜찮습니다.	Được thôi.	6
いいよ	Sure.	好啊。	좋아. / 그래.	Được thôi.	10
いえ(家)	house	家、房子	집	nhà	3*
いえ	no	不	아니요	không	11*
いえいえ	no	不	아니에요	không	7*
～いか(～以下)	under ~	～以下	～이하	từ ~ trở xuống	5*
いかが	how (polite form of どう)	怎么样、如何 (「どう」的礼貌语)	어떻게 (「どう」의 정중형)	như thế nào (cách nói lịch sự của どう)	17*
いがくぶ(医学部)	Faculty of Medicine	医学系	의학부	khoa y	1
いかなきゃならない(行かなきゃならない)	to have to go	一定要去	가지 않으면 안되다	phải đi	15*
～いき(～行き)	bound for ~	开往～	～행 / ～가는	đi ~	7
いきます(行きます)	to go	去	가다	đi	6
いくつ	how many	几个	몇 개	bao nhiêu cái	4
いくら	how much	多少钱	얼마	bao nhiêu	6*
いけます(行けます)	to be able to go	能去	갈 수 있다	có thể đi	17
～いじょう(～以上)	over ~	～以上	～이상	từ ~ trở lên	5
いす	chair	椅子	의자	ghế	9
いそがしい(忙しい)	busy	忙	바쁘다	bận	8
いそぎます(急ぎます)	to hurry	赶快、赶紧	서두르다	vội	17
いたい(痛い)	painful	疼	아프다	đau	16
イタリア	Italy	意大利	이탈리아	Italia	11
いちにちじゅう(1日中)	all day long	整天	하루종일	cả ngày hôm nay	12
いちにちに(1日に)	a day	一天	하루에	trong một ngày	8
いちねんじゅう(1年中)	all year round	整年、全年	일년 내내	cả năm	12
いちまんえん(1万円)	10 thousand yen (bill)	1万日元	만 엔	10 nghìn yên	5
いつ	when	什么时候	언제	bao giờ	1*
いつごろ	when, how soon	大概什么时候	언제쯤	khoảng khi nào	17
いっしょに	together	一起	같이	cùng với nhau	4**
いつでも	anytime	随时都	언제라도	bao giờ cũng	20*
いってもらおうか(言ってもらおうか)	Shall I ask ~ to say?	请～去说一下吧。	말해 달라고 할까?	Nhờ nói hộ cho nhé!	13*
いっぱん(一般)	adult	一般	일반	thường	5
いっぱんりょうきん(一般料金)	general rate	一般票价	일반 요금	tiền vé thường	5*
いつも	always	总是、常常	언제나	luôn luôn, lúc nào cũng	8
いどう(移動)	moving, traveling	移动	이동	di chuyển	20*
いま(今)	now	现在	지금	bây giờ	8
います	to exist (animate things)	有、在(人或者动物)	있다 (생물)	ở, có (người, động vật)	3
いみ(意味)	meaning	意思	의미	ý nghĩa	10
いや	no	不	아니	không	17
いやあ	no	哦	글쎄	không	17
イヤホン	earphone	耳机	이어폰	tai nghe	16
いらっしゃいます	to come (respectful form of 来ます)	来(「来ます」的尊敬语)	오시다 (「来ます」의 존경형)	đến (kính ngữ của 来ます)	16
いらっしゃいます	to have (children) (respectful form of います)	有、在(「います」的尊敬语)	있으시다 (「います」의 존경형)	có (kính ngữ của います)	20
いらっしゃいませ	Welcome.	欢迎光临。	어서 오십시오.	Xin kính chào quý khách.	4

いります(要ります)
　to need　要、需要　필요하다　cần　19*

いれます　to make (some coffee)　冲（咖啡）
　（커피를）내리다　pha (cà phê)　14

いれます(入れます)
　to put into　放进去　넣다　cho vào　20

いろ(色)　color　颜色　색 / 색깔　màu, màu sắc　11

いろいろ
　various　各种各样　여러 가지　nhiều thứ　8*

いろいろありがとう　Thank you for everything.
　多谢。　여러 가지로 고마워.　Cám ơn nhiều.　20*

いんかん(印鑑)
　one's seal　印章、图章　도장　con dấu　18*

インターンシップ
　internship　实习　인턴십　thực tập　12

う

ううん　no　不、没关系　아니 / 아니야
　không (cách nói thân mật)　12*

うえ(上)　up, on, above　上　위　trên　2*

うかがいます　visit (humble from of 訪問します)
　拜访（「訪問します」的自谦语）
　찾아가다（「訪問します」의 겸양어）
　đến (khiêm tốn ngữ của 訪問します)　こ4

うけつけ(受付)
　receptionist　接待员　접수 직원　lễ tân　18*

うごきます(動きます)
　to work　运行　작동하다　chạy, chuyển động　19

うしろ(後ろ)　back　后边　뒤　sau　3

うた(歌)　song　歌　노래　bài hát　11

うち　house　家　집　nhà　6

うで(腕)　arm　手臂、胳膊　팔　cánh tay　17

うどん　noodles　乌冬面　우동　mỳ udon　17*

うみ(海)　sea　大海　바다　biển　20*

うるさい　noisy　吵　시끄럽다　ồn ào　13

うれしい　happy, delighted　高兴　기쁘다
　vui mừng　17*

うん　yes　嗯　응　ừ　10

うんてんしゅ(運転手)　driver　司机
　운전수 / 운전 기사　người lái xe, tài xế　7

え

え(絵)　illustration　画　그림 / 영상　trang　8*

エアメール　airmail　航空件、空运　항공편
　gửi đường hàng không　5

えいが(映画)　movie　电影　영화　phim　6

えいがかん(映画館)　movie theater　电影院
　영화관　rạp chiếu phim　8*

えいご(英語)　English　英语　영어　tiếng Anh 11*

えいごで(英語で)
　in English　用英语　영어로　bằng tiếng Anh　2

ええ　yeah　嗯　네　vâng　10

エーティーエム(ATM)　ATM, Automated
　Teller Machine　ATM(自动取款机)
　ATM (현금 자동 입출금기)　cây ATM　3

えき(駅)　station　车站　역　nhà ga　3

えきまえ(駅前)　in front of the station　车站前面
　역 앞　trước ga　20

えらびます(選びます)
　to choose　选择　선택하다　lựa chọn　10*

エレベーター
　elevator　电梯　엘리베이터　cầu thang máy　7*

～えん(～円)　～ yen　～日元　～ 엔　～ yên　4

お

おあずかりいたします(お預かりいたします)
　I will take it.　好、收下了。　받았습니다.
　Tôi xin tạm nhận!　18*

おあずかりします(お預かりします)
　I will take it.　好、收下了。　받았습니다.
　Xin nhận từ quý khách ạ!　5

おいしい　delicious, good taste　好吃、好喝
　맛있다　ngon　2*

おいしそうですね　It looks delicious.
　好像很好吃啊。　맛있어 보이네요.　Có vẻ ngon.　2*

おうけします(お受けします)
　to accept　接受　받다　nhận　14*

おうぼします(応募します)　to apply　应募　응모
　하다 / 신청하다　ứng tuyển　こ4

おえらびください(お選びください)　Please
　choose.　请选。　고르십시오.　Xin hãy chọn.　4*

おおい(多い)　many　多　많다　nhiều　17

おおきい(大きい)　big　大　크다　to　8

おおくりします(お送りします)　to send (humble
　form of 送ります)　寄、送（「送ります」的自谦语）
　보내 드리다（「送ります」의 겸양형）
　gửi (khiêm tốn ngữ của 送ります)　18*

オーケー　OK　好、可以　오케이　OK, được　19*

おかえし(お返し)
　change　找钱　거스름돈　trả lại　5

おかし(お菓子)
　cakes, sweets　点心、甜点　과자　bánh kẹo　20

おかね（お金）　money　钱　돈　tiền　9*

おかりします（お借りします）　to borrow (humble form of 借ります)　借(进来)（「借ります」的自谦语）　빌리다「借ります」의 겸양형）　mượn (khiêm tốn ngữ của 借ります)　12*

おききします（お聞きします）　to ask (humble form of 聞きます)　问（「聞きます」的自谦语）　여쭙다（「聞きます」의 겸양형）　nghe (khiêm tốn ngữ của 聞きます)　こ3

おきます（置きます）
　to put　放　두다 / 놓다　để, đặt　17*

おきまりですか（お決まりですか）
　Have you decided?　定下来了吗?　정하셨습니까?
　Quý khách quyết định dùng đồ gì ạ?　4*

おきゃくさま（お客様）
　customer　顾客　손님　quý khách　4*

おきゃくさん（お客さん）
　customer　顾客　손님　khách　13*

おく（奥）
　the inner part　里面　안 / 안쪽　chiều sâu　7*

おくります（送ります）
　to send　发送　보내다　gửi　10*

おくれます（遅れます）
　to be late for　迟到、晩　늦다　đi muộn, đi trễ　20

おこさん（お子さん）　child (respectful form of 子ども)　小孩、孩子（「子ども」的尊敬语）　자녀 분（「子ども」의 존경형）　con (của người khác, kính ngữ của 子ども)　17

おこしいただければ（お越しいただければ）
　if you can come　您能来的话　와 주시면
　nếu quý vị đến　こ3

おさきに（お先に）
　ahead of you　先　먼저　trước　8

おさけ（お酒）　(alcoholic) drink　酒　술　rượu　15

（お）さら（（お）皿）
　plate　盘子、碟子　접시　đĩa　4

おしえます（教えます）
　to teach, to tell　教　가르치다　dạy, bảo　10

おします（押します）
　to press　按　누르다　bấm, nhấn　20

おしょくじ（お食事）
　meal　饭菜　식사　bữa ăn　4*

おすし　sushi　寿司　초밥　món sushi　15

おすすめ　recommendation　值得推荐　권할 만한
　giới thiệu, tiến cử　15*

おせわになります（お世話になります）　to be taken care of　承蒙照顾　신세를 지다　được giúp đỡ　20

おそい（遅い）　late　晩、迟　늦다　muộn　12*

おそろいですか（お揃いですか）　Is that everything/correct?　都齐了吗?
　다 나왔습니까?　Đã đầy đủ chưa ạ?　4*

おたく（お宅）　person's house (respectful form of うち)　家（「うち」的尊敬语）　댁（「うち」의 존경형）
　nhà (của người khác, kính ngữ của うち)　20

おたずねください（お尋ねください）
　Please ask.　请问。　물어보십시오.　Hãy hỏi.　18*

おちます（落ちます）
　to fall down　掉下来　떨어지다　rơi　14*

おちゃ（お茶）　tea　茶　차 / 녹차　trà　8

おつくりします（お作りします）　to make (humble form of 作ります)　办、做（「作ります」的自谦语）　만들어 드리다（「作ります」의 겸양어）
　làm (khiêm tốn ngữ của 作ります)　18*

おと（音）
　sound　（东西的)声音　소리　âm, tiếng　13

おととい　the day before yesterday　前天　그저께
　hôm kia　6

おとといのあさ（おとといの朝）
　the morning before last　前天早上
　그저께 아침　sáng ngày hôm kia　6

おとといのばん（おとといの晩）
　the night before last　前天晩上
　그저께 저녁 / 그저께 밤　tối ngày hôm kia　6

おとどけいたします（お届けいたします）
　I will deliver.　送过去。　배달해 드리겠습니다.
　Tôi sẽ mang đến nơi.　14

おととし
　the year before last　前年　재작년　năm kia　6

おとな（大人）
　adult　大人　어른 / 대인　người lớn　5

おとりかえします（お取り換えします）　to replace (humble form of 取り換えます)　更换（「取り換えます」的自谦语）　교환해 드리다　thay lại, đổi lại (khiêm tốn ngữ của 取り換えます)　13

おとりできます（お取りできます）
　We can accept (your reservation).
　可以接受（预订）。　잡아 드릴 수 있습니다.
　Chúng tôi có thể nhận.　14*

おどります（踊ります）
　to dance　跳舞　춤추다　nhảy, múa　15

おなか　stomach　肚子　배 / 속　bụng　17

おなかがいたい（おなかが痛い）　to have a stomachache　肚子疼　배가 아프다　đau bụng　12

おなかがすきます　to be hungry　肚子饿
　배가 고프다　đói bụng　14*

おなかをこわします　to have loose bowels　腹泻、闹肚子　배탈이 나다　bị hỏng bụng, bị đi ngoài　17

おなじ(同じ)		
the same 一样 같음 / 동일 giống		7**
おねがいします(お願いします) Please. 拜托了。		
부탁하다 Tôi nhờ anh/chị giúp ạ.		9*
おねがいできますか(お願いできますか)		
Can you let me have ~ ? 可以拜托吗？		
부탁 드릴 수 있습니까? / 알려 주시겠습니까?		
Có thể xin anh/chị ~được không ạ?		14**
おはいりいただけます(お入りいただけます)		
You can enter. 可以进来。 들어오실 수 있습니다.		
Quý khách có thể vào.		3
おはなみ(お花見) cherry-blossom viewing 赏花		
벚꽃놀이 ngắm hoa		6
おはようございます Good morning. 早上好。		
안녕하세요. Xin chào.		1
おひとりさま(お1人様)		
for one person 每位 한 분 một người		4
おべんとう(お弁当)		
boxed lunch 盒饭 도시락 cơm hộp		10
おまたせいたしました(お待たせいたしました)		
I am sorry to have kept you waiting. 让您久等了。		
기다리셨습니다. Xin lỗi vì đã để anh/chị phải đợi ạ.		
		4**
おまちください(お待ちください)		
Please wait. 请等候。 기다리십시오.		
Xin hãy đợi.		4
おまちしております(お待ちしております) I'm		
looking forward to seeing you. 敬待您的光临。		
기다리고 있겠습니다. Xin đón đợi quý khách.		14**
おみまい(お見舞い) present to a sick person		
문병 探望 đi thăm người ốm		20
おみやげ(お土産) gift, present 礼物、土特产		
선물 / 관광 기념품 quà, quà tặng		11
オムライス omelette over rice 蛋包饭		
오므라이스 cơm chiên bọc trứng kiểu Nhật		2**
おもい(重い) heavy 重 무겁다 nặng		8
おもいます(思います)		
to think 想 생각하다 nghĩ		11*
おもしろい		
interesting 有意思 재미있다 thú vị, hay		2*
おもちください(お持ちください)		
Please bring ~. 请拿(到～)。		
가지고 오십시오 / 제출하십시오. Xin hãy đợi.		18**
おもちします(お持ちします)		
bring 上(菜) 가져오다 để tôi xách cho ạ		4**
おもちですか(お持ちですか)		
Do you have ~ ? 带着～吗？ 가지고 계십니까?		
Anh/chị đang đợi ạ?		5
おもったとおり(思ったとおり)		
as I thought 跟我想的一样 생각대로		
đúng như đã nghĩ		17
おもったより(思ったより) than I thought		
比我想的 생각보다 hơn là nghĩ		17
おや(親) parent 父母 부모(님) bố mẹ		2*
おやこどんぶり oyakodonburi (bowl of rice		
topped with chicken, onion, and egg)		
鸡肉鸡蛋盖饭 닭고기 계란 덮밥		
cơm Oyakodon (cơm gà trứng kiểu Nhật)		2
おゆ(お湯)		
hot water 开水 뜨거운 물 nước nóng		17**
およみください(お読みください) Please read ~.		
请看。 읽으십시오. Hãy đọc.		18**
おります(降ります)		
to get off 下(车) 내리다 đi xuống		7*
おれい(お礼) gratitude 感谢 답례 cám ơn		20
オレンジジュース		
orange juice 橙汁 오렌지 주스 nước cam		4
おわり(終わり) end 结束 말 cuối		19
おわります(終わります)		
to finish 完、完成 끝나다 kết thúc		12
おんがく(音楽) music 音乐 음악 âm nhạc		13
おんせん(温泉)		
hot spring 温泉 온천 suối nóng		8

か

カード (credit) card （信用)卡 （신용) 카드		
thẻ (tín dụng)		5
～かい(～階) floor ～楼 ～층 tầng ～		3
かいけい(会計)		
bill, check 结账 계산 tính tiền		4
がいこくごがくぶ(外国語学部)		
Department of Foreign Languages		
外语系 외국어학부 khoa ngoại ngữ		1
かいそく(でんしゃ) (快速(電車))		
rapid (train) 快速 쾌속 tàu tốc hành		7
かいだん(階段) stairs 楼梯 계단 bậc thang		3
ガイドブック guidebook 旅游便览 가이드북		
sách hướng dẫn		19
かいひ(会費) one's share of party expenses 会费		
회비 hội phí		20*
かいひんすいぞくかん(海浜水族館)		
(aquarium name) （水族馆的名称） （수족관 이름)		
(tên của thủy cung)		6**
かいます(買います) to buy 买 사다 mua		10*

かいもの(買い物) shopping 买东西 쇼핑 mua sắm		6
かえります(帰ります) to go home 回 돌아가다 về		8
かかります to take (time) 花费 걸리다 tốn		5*
かぎ key 钥匙 열쇠 chìa khóa		14
かきかた(書き方) how to write 写法 쓰는 법 cách viết		10
かきとめ(書留) registered mail 挂号信、挂号件 등기 우편 gửi bảo đảm		5
かきます(書きます) to write 写 쓰다 viết		9
がくせい(学生) student 学生 학생 sinh viên		1
がくせいしょう(学生証) student ID 学生证 학생증 thẻ sinh viên		5
かくにんいたします(確認いたします) I will check. 我确认一下。 확인하겠습니다. Xin được xác nhận lại.		14*
かくにんできます(確認できます) to be able to confirm 可以确认 확인할 수 있다 có thể xác nhận		18*
がくぶ(学部) department 系 학부 khoa		1
～かげつ(～か月) ~ month(s) ~个月 ~ 개월 ~ tháng		5*
かさ umbrella 伞 우산 ô, dù		9
かしこまりました Certainly. 我明白了。 알겠습니다. Vâng ạ., Rõ rồi ạ.		4*
かします(貸します) to lend 借(出去) 빌려주다 cho mượn		10
かぜがつよい(風が強い) the wind is strong 风大 바람이 세다 gió mạnh		7
かぜをひきます to catch a cold 感冒 감기에 걸리다 bị cảm		12
かた(方) person (polite form of 人) 人(「ひと」的礼貌语) 분(「人」의 높임말) người (từ lịch sự của 人)		4
かだい(課題) task 课题 과제 bài tập		16*
かたち(形) shape 形状 모양 / 형태 hình		9*
かたづけます(片付けます) to clear up / put in order 收拾 정리하다 dọn dẹp		13
カタログ catalogue 目录 카탈로그 ca-ta-lô		16
がっかい(学会) conference 学会 학회 hội thảo khoa học		16
かっこいい nice-looking 外形好、样子好 멋있다 đẹp		11
がっこう(学校) school 学校 학교 trường học		17
かってきます(買って来ます) to go and buy (and come back) 买回来 사 오다 mua đến		10
かつどん katsudon (pork cutlet on rice) 猪肉盖浇饭 가쓰동(돈가스 덮밥) cơm Katsudon		4
カップうどん(カップうどん) cup (pot) noodles 方便乌冬面 컵우동 mỳ udon ăn liền đựng trong bát		17*
～かな I wonder ~ 我想、我觉得 ~ ㄹ까? đang băn khoăn không biết là ~ hay không		20*
カナダ Canada 加拿大 캐나다 Canada		1
かばん bag 包 가방 túi, cặp xách		7*
カフェホワイト (café name) (店名) (가게 이름) (tên cửa hàng giả định)		こ 3
かまいません I don't mind 没关系 괜찮다 không sao		19*
かみ(紙) paper 纸 종이 giấy		9
カメラ digital camera 照相机 디지털 카메라 máy chụp ảnh		9
～かもしれません may 也许 ~ 지도 모르다 cũng có thể ~, chẳng biết chừng ~		14*
～から because 因为 ~ 니까 vì		5*
カラオケ karaoke 卡拉OK 가라오케 / 노래방 karaoke		6
～からきました(～から来ました) I'm from ~. 从~来的。 ~에서 왔습니다. Tôi đến từ ~.		1
からだ(体) body 身体 몸 cơ thể		8*
かります(借ります) to borrow 借(进来) 빌리다 mượn		12
かるい(軽い) light 轻 가볍다 nhẹ		8
カレーライス curry and rice 咖喱饭 카레라이스 cơm cà ri		4
かわ(革) leather 皮革 가죽 da		9*
かわせ(為替) money order 汇票 우환 ti giá		5
かんこく(韓国) Korea 韩国 한국 Hàn Quốc		1
かんこくご(韓国語) Korean 韩语 한국어 tiếng Hàn		19
かんじ(漢字) Chinese character 汉字 한자 chữ Hán		10
かんたん[な](簡単[な]) easy, simple 容易、简单 간단하다 đơn giản, dễ		8
かんどうてき[な](感動的[な]) impressive 令人感动 감동적이다 cảm động		15*
がんばります(頑張ります) to do one's best, to work hard to do 努力、加油 열심히 하다 cố gắng		11*

き

きいろ(黄色)	yellow	黄色	노란색	màu vàng	9
きいろいN(黄色いN)	yellow N	黄色(的)N	노란 N	N vàng	9
きいろのN(黄色のN)	yellow N	黄色(的)N	노란 N	N vàng	9
ききます(聞きます)	to listen	听	듣다	nghe	8
ききます(聞きます)	to ask	问、打听	물어보다	nếu nghe	20
きこえます(聞こえます)	to be able to hear	听见	들리다	nghe thấy	13*
きせつ(季節)	season	季节	계절	mùa	20**
ギター	guitar	吉他	기타	đàn gi-ta	19
きたぐち(北口)	north exit	北口	북쪽 출입구	cửa Bắc	6
きたない(汚い)	dirty	脏	더럽다	bẩn	8
きって(切手)	stamp	邮票	우표	tem	5
きてくれます(来てくれます)	to come to me	为我而来	와 주다	đến đây với tôi	17*
きにゅうしていただきます(記入していただきます)	to kindly write	(请)填写	기입해 주시다	xin anh/chị điền vào	18*
きのう	yesterday	昨天	어제	hôm qua	6
きのうのあさ(きのうの朝)	yesterday morning	昨天早上	어제 아침	sáng hôm qua	6
きのうのばん(きのうの晩)	last night	昨天晚上	어제 저녁/어젯밤	tối hôm qua	6
きぶんがいい(気分がいい)	to feel good	身体舒服	기분이 좋다	tâm trạng tốt	17*
きぶんがわるい(気分が悪い)	to feel sick	身体不舒服、难受	몸이 안 좋다	trong người khó chịu	12
きぼう(希望)	wish, hope, request	希望	희망	hy vọng	14*
きます(来ます)	to come	来	오다	đến	1*
きます(着ます)	to put on	穿	입다	mặc	11
きめます(決めます)	to decide	决定	정하다	quyết định	18*
きもの(着物)	kimono (Japanese clothes)	和服	기모노	kimono	11
きゅうこう(でんしゃ)(急行(電車))	express (train)	急行	급행	tàu nhanh	7
きゅうじん(求人)	job offer	招聘	구인/구인 기사	tìm người	こ4
ぎゅうどん(牛どん)	gyudon (bowl of rice topped with beef and onion)	牛肉盖饭	소고기 덮밥	cơm Gyudon (cơm thịt bò kiểu Nhật)	2
ぎゅうにく(牛肉)	beef	牛肉	소고기	thịt bò	2
きょう	today	今天	오늘	hôm nay	3
きょういくがくぶ(教育学部)	Department of Education	教育学系	킬로학부	khoa sư phạm	1
きょうしつ(教室)	classroom	教室	교실	phòng học	9*
きょうじゅうに(きょう中に)	during today	今天之内	오늘 중에	trong ngày hôm nay	12
きょうと(京都)	(place name)	(地名)	(지명)	(địa danh)	19
きょくいん(局員)	postal clerk	邮局工作人员	우체국 직원	nhân viên bưu điện	5*
きょねん(去年)	last year	去年	작년	năm ngoái	1*
きらい[な](嫌い[な])	dislike	讨厌、不喜欢	싫다/싫어하다	ghét	6
きれい[な]	clean	干净	깨끗하다	sạch	8
きれい[な]	beautiful	漂亮	예쁘다	đẹp	8
~キロ	~ kilogram	~公斤	~킬로그램	~ kg	5*
きをつけて(気をつけて)	Take care.	小心点儿。	조심하고(다녀오십시오).	Chú ý.	7
きをつけます(気をつけます)	to be careful	注意	주의하다	chú ý	7*
きんえん(禁煙)	no smoking	禁烟	금연	cấm hút thuốc	10
ぎんこう(銀行)	bank	银行	은행	ngân hàng	3
きんじょのひと(近所の人)	neighbor	邻居	이웃 사람	người hàng xóm	7

く

ぐあい(具合)	physical condition	状况	상태	tình trạng	17*
くうこう(空港)	airport	机场	공항	sân bay	16
くしざむらい(串ざむらい)	(bar name)	(酒馆名)	(술집 이름)	(tên của quán nhậu)	14*
~くします	to make ~	弄~	~게 하다	làm cho ~	13
くしゃみがでます(くしゃみが出ます)	to sneeze	打喷嚏	재채기가 나다	bị hắt xì hơi	17
くすり(薬)	medicine	药	약	thuốc	17*
くだもの(果物)	fruit	水果	과일	hoa quả	2
くに(国)	country	国家	나라	đất nước	1
くま(熊)	bear	熊	곰	con gấu	9*
くやくしょ(区役所)	ward office	区政府	구청	Ủy ban nhân dân quận	7
~くらい	about ~	~左右	~정도	khoảng ~	3*

228

くらい(暗い)　dark　暗、黑　어둡다　tối　14

クラス　class　班　클래스 / 반　lớp　9*

グラス　glass　杯子　글라스　ly　4

グリーンしゃ(グリーン車)　Green car, first-class car　软席车厢　특실　tàu Green (tàu có thiết bị, dịch vụ tốt và thu thêm cước phí đặc biệt)　7

クリック　click　点击　클릭　nhấp chuột　10*

グレーのN
　grey N　灰色(的)N　회색 N　N màu xám　9

くろ(黒)　black　黑色　검정　màu đen　9

くろい(黒い)　black　黑色　검다　đen　9

くろのN(黒のN)
　black N　黑色(的)N　검은 N　N đen　9

～くん(～君)　Mr. ~ (only used with one's juniors)
　～君(对同辈或晚辈的称呼)　～군　cậu ~ (từ dành cho nam giới)　12*

け

けいえいがくぶ(経営学部)　Department of Business Administration　经营学系　경영학부　khoa kinh doanh　1

けいかくをたてます(計画を立てます)　to make a plan　订计划　계획을 세우다　lên kế hoạch　20*

けいざいがくぶ(経済学部)　Department of Economics　经济学系　경제학부　khoa kinh tế　1

げいじゅつがくぶ(芸術学部)　Department of Arts　艺术系　예술학부　khoa nghệ thuật　1

けいたい(携帯)
　mobile (phone)　手机　휴대 전화　cầm tay　20

けいたいでんわ(携帯電話)　mobile phone　手机　휴대 전화　điện thoại di động　9

けいたいばんごう(携帯番号)
　mobile phone number　手机号码　휴대 전화 번호　số điện thoại cầm tay　4

ケーキ　cake　蛋糕　케이크　bánh ga tô　4

けがをします
　to get hurt　受伤　다치다　bị thương　17

けさ
　this morning　今天早上　오늘 아침　sáng nay　6

けしき(景色)
　scenery　景色　경치　cảnh, phong cảnh　20*

けしゴム(消しゴム)
　eraser　橡皮　지우개　cục tẩy　19

けしょうしつ(化粧室)　powder room　洗手间　화장실　phòng trang điểm, toilet　2

けせます(消せます)　to be able to erase　可以擦去　지울 수 있다　có thể xóa　20

けっこう[な]
　all right　好的、行　되다 / 괜찮다　được, tốt　18*

けっこん(結婚)
　marriage　结婚　결혼　kết hôn, cưới　20*

けっこんしき(結婚式)
　wedding ceremony　婚礼　결혼식　lễ cưới　11

げつようび(月曜日)
　Monday　星期一　월요일　thứ hai　6

～けど　though　可是　～지만　nhưng　5*

～げん(～限)　～ period　第～节课　몇 교시　tiết thứ ~　9*

げんき[な](元気[な])
　healthy　健康　잘 있다　khỏe　17

けんきゅういん(研究員)　research staff　研究员　연구원　nhân viên nghiên cứu　1

けんきゅうしつ(研究室)　study room　研究室　연구실　phòng nghiên cứu　15*

けんきゅうせい(研究生)　research student　旁听生　연구생　nghiên cứu sinh　1

げんきん(現金)　cash　现金　현금　tiền mặt　5

けんしゅうせい(研修生)　trainee　研修生　연수생　tu nghiệp sinh, thực tập sinh　1

こ

こ(子)　child　孩子　자식　con　2*

こうえん(公園)　park　公园　공원　công viên　6

こうがく(工学)
　engineering　工学　공학　kỹ thuật　1

こうがくぶ(工学部)　Department of Engineering
　工学系　공학부　khoa công nghiệp, khoa kỹ thuật　1

こうかんします(交換します)　to change　交换
　교환하다 / 바꾸다　đổi, trao đổi　13*

こうかんりゅうがくせい(交換留学生)
　exchange student　交换留学生　교환 유학생
　du học sinh theo diện trao đổi　1

こうくうびん(航空便)　airmail　航空邮件、空运
　항공 우편　gửi đường hàng không　5*

こうこうせい(高校生)　high school student
　高中生　고등학생　học sinh cấp ba　5

こうざ(口座)
　savings account　(银行)户头　계좌　tài khoản　18

～ごうしゃ(～号車)
　car ~　～号车　～호차　tàu số ~　7

こうちゃ(紅茶)
　black tea　红茶　홍차　trà lipton　4

こえ(声)
　voice　(人或动物的)声音　목소리　tiếng　13

こえをおとします(声を落とします)		
to lower one's voice 把声音放小 목소리를 낮추다		
hạ bớt giọng	13*	
コース course 套餐 코스 thực đơn	14*	
コート coat 上衣、外套 코트 áo khoác	11	
コーヒー coffee 咖啡 커피 cà phê	4	
こおり(氷) ice 冰 얼음 băng	20*	
こがたほうそうぶつ(小型包装物) small package		
小包裹 소형 포장물 bao bì cỡ nhỏ	5	
こくさいこうりゅうか(国際交流課)		
international exchange section 国际交流课		
국제교류과 phòng giao lưu quốc tế	20	
こくさいこづつみ(国際小包) international parcel		
post 国际包裹 국제 소포 bưu phẩm quốc tế	5	
こくさいスピードゆうびん(国際スピード郵便)		
Express Mail Service EMS(国际特快专递)		
EMS (국제 특급 우편) EMS (gửi chuyển phát		
nhanh quốc tế)	5	
こくさいびん(国際便) international mail		
国际邮件 국제 우편 đường quốc tế	5*	
ここ here 这儿 여기 ở đây	7	
ごご(午後) afternoon 下午 오후 buổi chiều	6	
ございます have (polite form of あります)		
有(「あります」的礼貌语) 있다(「ある」의 정중형)		
có (từ lịch sự của あります)	3	
ごぜんちゅう(午前中) during the morning		
一上午 오전 중 trong buổi sáng	17	
こちら this person (polite form of この人)		
这位(「この人」的礼貌语) 이 분(「この人」의 정중형)		
vị này (cách nói lịch sự của この人)	1*	
こちら this (polite form of これ)		
这个(「これ」的礼貌语) 이것(「これ」의 정중형)		
chỗ này (từ lịch sự của これ)	4*	
こちら this, here 我们这边 여기, 이곳 phía này	4	
こちらの this (polite form of この) 这个(「この」		
的礼貌语) 이쪽(「この」의 정중형) này (từ lịch sự		
của この)	4*	
こと something 事情 것 việc	16	
ことし(今年)		
this year 今年 금년/올해 năm nay	1*	
ことしじゅうに(今年中に) within this year		
年内 올해 중에 trong năm nay	12	
ことば(言葉) word 词语 말/어구 từ	10	
～ことはない have not ～ 没～过 ～ㄴ 적이 없다		
chưa từng ～	11*	
この this 这个 이 này	4*	

このさき(この先)		
ahead 前面 전방 trong thời gian tới, tới đây	3*	
このへん(この辺)		
around here 这附近 이 근처 ở khu này	3*	
ごはん(ご飯) cooked rice 米饭 밥 cơm	2	
コピーアンドペースト copy and paste		
复制粘贴 복사와 붙여넣기 copy and paste	10	
コピーき(コピー機)		
photocopier 复印机 복사기 máy photocopy	3	
コピーします to photocopy 复印 복사하다		
photocopy, phô-tô	18*	
こみます(混みます) to be busy 人很多、很拥挤		
붐비다 đông	3	
ごめん Sorry. 对不起。 미안./미안해.		
Xin lỗi.	12*	
ごらいてん(ご来店) visiting our shop/restaurant		
光临本店 점포 방문/찾아오심 đến cửa hàng	3	
ごらんになります(ご覧になります) to look at		
(respectful form of 見ます) 看, 观看(「見ます」的		
尊敬语) 보시다(「見ます」의 존경형)		
xem (kính ngữ của 見ます)	17*	
これ this 这 이것 cái này	2	
これから just, from now on 从现在起、今后		
지금부터 sau đây	15	
これでいいですか Is this okay? 这样就行了吗?		
이러면 됩니까?/이렇게 쓰면 됩니까? Như thế này		
có được không?	9*	
～ごろ about ～ 大概～的时候 ～경 khoảng ～	9*	
ころびます(転びます)		
to fall down 摔倒、跌倒 넘어지다 ngã	17	
こわい frightening 可怕 무섭다 sợ	8	
こわれます(壊れます)		
to be broken 坏、破 고장나다 bị hỏng	19	
こんかい(今回)		
this time 这次 이번 lần này	20*	
こんげつ(今月)		
this month 这个月 이번달 tháng này	6	
こんげつじゅう/ちゅう(今月中) all through the		
month 整月 이번달 내내 cả tháng này	12	
こんげつじゅう/ちゅうに(今月中に)		
within this month 本月内 이번달 중에		
trong tháng này	12	
こんげつまつ(今月末) end of this month		
本月底 이번달 말 cuối tháng này	19	
コンサート		
concert 音乐会 콘서트 buổi hòa nhạc	6	
こんしゅう(今週)		
this week 这周 이번주 tuần này	6	

こんしゅうじゅう/ちゅう(今週中) all through
　the week　整周　이번주 내내　cả tuần này　12
こんしゅうじゅう/ちゅうに(今週中に)
　within this week　本周内　이번주 중에
　trong tuần này　12
こんど(今度)　this coming　下个　이번　lần tới 6*
こんにちは
　Good afternoon.　你好。　안녕하세요.
　Xin chào.　1
こんのN(紺のN)　navy blue N　深蓝色(的)N
　감색 N　N màu tím than　9
こんばん(今晩)
　tonight　今天晚上　오늘 저녁 / 오늘 밤　tối nay 6
こんばんは
　Good evening.　晚上好。　안녕하세요.
　Xin chào.　1
コンビニ　convenience store　便利店　편의점
　cửa hàng tiện lợi　3
コンピューターしつ(コンピューター室)　com-
　puter room　电脑室　컴퓨터실　phòng vi tính 3

さ

～さい(～歳)　~ years of age　～岁　～세　～tuổi 5
さいしょ(最初)　first, beginning　最初
　최초 / 첫 번째　đầu tiên　15*
サイズ
　size　尺寸、尺码　사이즈 / 치수　cỡ, kích cỡ 16
さいふ(財布)　wallet　钱包　지갑　ví 9
ざいりゅうカード(在留カード)　residence card
　在留卡　재류 카드 / 체류 카드　thẻ lưu trú 9*
サイン　signature　签名　사인　ký tên 18
さがします(探します)　to look for　寻找、找
　찾다　tìm　18
さかな(魚)　fish　鱼　생선　cá　2
さがります(下がります)
　to go down　退(烧)　내리다　hạ　17*
さくぶん(作文)
　composition　作文　작문　bài tập làm văn 16
さくらだい(桜台)　(place name)　(地名)　(지명)
　hoa anh đào　7
さそいます(誘います)　to invite　约、邀请
　권유하다　rủ　15*
サッカー
　soccer, football　足球　축구　bóng đá 15
さっき　short while ago　刚才　아까　vừa nãy 9*
ざっし(雑誌)　magazine　杂志　잡지　tạp chí 18*

さっそくですが(早速ですが)　I know it's sudden,
　but ~　请恕我免去客套，~　조급하지만 / 조금 이르
　지만 ~　Tôi xin vào ngay vấn đề ~　こ4
さとう(砂糖)　sugar　糖　설탕　đường 4
～さま(～様)　Mr./Ms. ~ (polite)
　～先生、～女士　～님　ông/bà　14*
さむい(寒い)　cold　冷　춥다　lạnh 3
さむけがします(寒気がします)　to feel shivery
　发冷　오한이 나다　ớn lạnh 17
(お)さら((お)皿)　plate　盘子、碟子　접시　đĩa 4
さらいげつ(さ来月)　the month after next
　下下个月　다다음달　tháng kia 6
さらいしゅう(さ来週)　the week after next
　下下周　다다음주　tuần kia 6
さらいねん(さ来年)
　the year after next　后年　내후년　năm kia 6
サルびん(SAL便)　Surface Air Lifted Mail
　SAL(空运水陆路包裹)　SAL(이코노미 항공 우편)
　gửi đường hàng không tiết kiệm giá rẻ SAL 5*
さわぎすぎ(騒ぎすぎ)　too noisy　太吵了
　너무 떠듦　gây ồn ào quá mức　13*
～さん　Mr./Ms. ~　~(接在人名后，表示尊敬)
　～씨 (từ đặt sau tên người khác biểu thị sự kính
　trọng mức độ nhẹ)　1
サンドイッチ
　sandwich　三明治　샌드위치　bánh sandwich 4
ざんねん[な](残念[な])　That's a shame.　遺憾
　유감스럽다　đáng tiếc　6*

し

しあい(試合)　game　比赛　경기　trận đấu 15
シーディー(CD)
　CD, compact disc　激光唱片、CD　CD　CD 18*
シーフード　seafood (pizza)　海鲜(比萨饼)
　시푸드 (피자 이름)　đồ hải sản (bánh pizza) 14
シーン　scene　场面　신 / 씬　cảnh (phim) 15*
しお(塩)　salt　盐　소금　muối 4
しか　only　只有　~밖에　chỉ　7*
しかくがいかつどうきょかしょ(資格外活動許可書)
　Permission to Engage in an Activity Other than
　That Permitted under the Person's Status of
　Residence　资格外活动许可书　자격 외 활동 허가서
　giấy phép hoạt động ngoài tư cách lưu trú　こ4
しがくぶ(歯学部)　Department of Dentistry
　牙医学系　치과학부　nha khoa　1
しかたがない　It can't be helped.　没办法　할 수
　없다 / 하는 수 없다　không còn cách nào khác 16*

日本語	English	中文	한국어	Tiếng Việt	課
しがつ(4月)	April	4月	4월	tháng tư	1*
しけん(試験)	examination	考试	시험	thi	6
じしょ(辞書)	dictionary	词典	사전	từ điển	10
した(下)	down, under	下	아래/밑	dưới	3
じっけん(実験)	experiment	实验	실험	thực nghiệm, thí nghiệm	12
しっています(知っています)	to know	知道	알고 있다	biết	6*
じつは(実は)	to tell the truth	说真的、老实说	실은 / 사실은	chuyện là, thực ra là	12*
しつれいいたします(失礼いたします)	Good bye.	那我挂了。	실례하겠습니다.	Xin phép ạ.	こ3
しつれいします(失礼します)	Goodbye. (to a senior person)	再见。告辞。(用于年长者)	안녕히 가세요. / 안녕히 계세요.	Tôi xin phép được về trước.	1
しつれいします(失礼します)	Excuse me.	打扰了。	실례하다.	xin phép. xin lỗi.	17
していせき(指定席)	reserved seat	对号座	지정석	ghế đặt chỗ	7
じてんしゃ(自転車)	bicycle	自行车	자전거	xe đạp	9
しどうきょういん(指導教員)	supervisor	指导老师	지도 교원	giáo viên hướng dẫn	16*
しなもの(品物)	item, things	商品、物品	상품	hàng	17
～じに(～時に)	at ~ o'clock	(在)~点	~시에	khi ~	6
します	to play, to do	做、干	하다	làm	6
しみんとくべつりょうきん(市民特別料金)	citizens' special rate	市民优待票价	시민 특별 요금	giá vé ưu đãi cư dân của thành phố	5*
じむしつ(事務室)	office	办公室	사무실	văn phòng	3
じむのひと(事務の人)	office worker	办事员	사무실 직원	người làm văn phòng	2
しめきり(締め切り)	deadline	截止	마감	hạn cuối	12
じゃ	well then	那么	그럼	vậy thì	5*
じゃ、また	See you.	那, 再见。	또 만나.	Hẹn gặp lại.	1
じゃあ	well then	那么	그럼	thế thì, vậy thì	6
じゃあ、またあさって	See you the day after tomorrow.	那, 后天见。	그럼 모레 또 만나.	Hẹn gặp lại ngày kia!	6
じゃあ、またあした	See you tomorrow.	那, 明天见。	그럼 내일 또 만나.	Thế hẹn gặp lại ngày mai!	6
じゃあ、またあとで	See you later. (on the same day)	那, 回头见。	그럼 나중에 또 만나.	Hẹn gặp lại sau!	6
じゃあ、またこんどのどようび(に)(じゃあ、また今度の土曜日(に))	See you this coming Saturday.	那, 下周六见。	그럼 이번주 토요일에 또 만나.	Hẹn gặp lại thứ bảy tuần tới!	6
じゃあ、またらいしゅう(じゃあ、また来週)	See you next week.	那, 下周见。	그럼 다음주에 또 만나.	Hẹn gặp lại tuần sau!	6
ジャケット	jacket	短上衣、夹克	재킷	áo khoác, áo jacket	20*
しゃしん(写真)	photograph	照片、相片	사진	ảnh	11
しゃしんしゅう(写真集)	book of photos	摄影集	사진집	bộ ảnh	17*
しゅう(週)	week	周	주	tuần	6
じゅういがくぶ(獣医学部)	Faculty of Veterinary Medicine	兽医学系	수의학부	khoa thú y	1
～しゅうかん(～週間)	~ week(s)	~个星期	~ 주일	~ tuần	5*
しゅうかん(習慣)	custom	习惯	습관 / 관습	thói quen, tập quán	20*
じゅうしょ(住所)	address	地址	주소	địa chỉ	9
ジュース	juice	果汁	주스	nước hoa quả	8
じゆうせき(自由席)	unreserved seat	不对号座、自由座	자유석	ghế không đặt chỗ	7
～じゅうに(～中に)	during this week	~之内	~ 중에	trong/nội trong ~	12
しゅうまつ(週末)	weekend	周末	주말	cuối tuần	こ3
じゅぎょう(授業)	class	课	수업	giờ học	16
しゅくだい(宿題)	homework	家庭作业	숙제	bài tập	6
しゅっしん(出身)	come from	出身、生于	출신	xuất thân	20**
しゅっせきします(出席します)	to attend	出席	출석하다	có mặt, tham dự	19*
しゅみ(趣味)	hobby	爱好	취미	sở thích, thú vui	1*
じゅんびします(準備します)	to prepare	准备	준비하다	chuẩn bị	13
しょうがくきん(奨学金)	scholarship	奖学金	장학금	học bổng	18
しょうがくせい(小学生)	elementary school student	小学生	소학생 / 초등학생	học sinh tiểu học	5

しょうがくぶ(商学部)　Department of Commercial Science　商学系　상학부　khoa thương mại　1

じょうきゃく(乗客)
　passenger　乗客　승객　hành khách　13

しょうしょう(少々)
　a moment (polite form of ちょっと)　稍稍　잠시만 / 잠깐만　một chút, một ít　4

じょうず[な](上手[な])
　(be) good at　好、高明　잘하다　giỏi　11

しょうたいされます(招待されます)　to be invited to ~　受到邀请　초대 받다　được mời　20*

ショートケーキ　shortcake　草莓蛋糕　쇼트 케이크　bánh ga tô cắt miếng sẵn　4

じょうほうこうがく(情報工学)
　information engineering　信息工程学　정보 공학　công nghệ thông tin　19

じょうほうこうがくぶ(情報工学部)　Department of Information Engineering　信息工程学系　정보공학부　khoa công nghệ thông tin　1

しょうめいしょ(証明書)
　certificate　证明　증명서　giấy chứng nhận　18

しょうゆ　soy sauce　酱油　간장　xì dầu　4

しょくじします(食事します)
　to have a meal　吃饭　식사하다　ăn　13*

しょくどう(食堂)
　dining hall　食堂　식당　nhà ăn　6

しょくよくがない(食欲がない)　to have no appetite　没有食欲　식욕이 없다　chán ăn　17

じょせい(女性)　female　女性　여성　phụ nữ　5*

じょせいせんようしゃりょう(女性専用車両)
　women only train car　女性专用车厢　여성 전용칸　toa tàu dành riêng cho nữ　7

しょぞく(所属)　where one belongs　所属　소속　thuộc, trực thuộc　1

しょるい(書類)
　document　文件　서류　hồ sơ, giấy tờ　20

しらないです(知らないです)　I don't know.　不知道。　모르겠습니다.　Không biết.　6*

しらべます(調べます)　to look up, to refer　查、调查　찾다 / 알아보다　tìm hiểu, điều tra　10*

しりつはくぶつかん(市立博物館)
　city musuem　市立博物館　시립 박물관　bảo tàng thành phố　6*

シルバー
　senior, elder　老人　경로　người cao tuổi　5*

シルバーのN
　silver N　银色(的)N　은색 N　N màu bạc　9

しろい(白い)　white　白色　하얗다　trắng　9

しろのN(白のN)
　white N　白色(的)N　하얀 N　N trắng　9

しんしよう(紳士用)　for men　男士用　신사용 / 남성용　dành cho nam　7*

す

すいさんがくぶ(水産学部)　Department of Fisheries　水产学系　수산학부　khoa thủy sản　1

すいせんじょう(推薦状)
　letter of recommendation　推薦信　추천장　thư giới thiệu, thư tiến cử　19

すいぞくかん(水族館)
　aquarium　水族館　수족관　thủy cung　6*

すいます(吸います)
　to smoke　吸(烟)　피우다　hút　4*

スーツ　suit　西装、套装　슈트 / 양복　bộ vest, bộ com-lê　20

スーパー　supermarket　超市　슈퍼마켓　siêu thị　7

すき[な](好き[な])
　to like　喜欢　좋아하다　thích　1*

スキー　skiing　滑雪　스키　trượt tuyết　17

スキーじょう(スキー場)　ski area/resort　滑雪场　스키장　bãi trượt tuyết　20*

すごい　amazing　了不起、棒极了　대단하다　tuyệt, kinh, khiếp　8*

すごく　very　很、非常　매우 / 너무　rất, cực kỳ　11

すこし(少し)　a little　有点儿　조금　một chút　3*

スタードーナツ　(shop name)　(店名)　(가게 이름)　(tên cửa hàng giả định)　6

ずつう(頭痛)　headache　头疼　두통　đau đầu　17

すてき[な]　nice, terrific　非常漂亮　근사하다 / 멋지다　tuyệt vời　11

ストーリー　story　故事、故事情节　스토리　câu chuyện　8*

ストラップ
　strap　手机小挂件　스트랩　móc dây　9*

スパゲッティ
　spaghetti　意大利面条　스파게티　mì Ý　4

スプーン　spoon　汤匙　스푼　thìa　4

スマートフォン　smartphone　智能手机　스마트폰　điện thoại thông minh　2

すみます(住みます)
　to live　住、居住　살다　ở, sống ở　17

すみません　I am sorry. Excuse me.　对不起。劳驾。　죄송합니다. / 미안합니다.　Xin lỗi (khi muốn hỏi điều gì hay khi mắc lỗi).　1

233

すみませんが　Excuse me, but ~　请问，~
　　죄송하지만　Xin lỗi ~　　　　　　　　7
スムージー
　　smoothie　冰沙、思慕雪　스무디　sinh tố　8**

せ

せき(席)　seat　座位　자리 / 좌석　chỗ, chỗ ngồi 4*
せきがでます(せきが出ます)　to have a cough
　　咳嗽　기침이 나다　bị ho　　　　　17
ぜったい(絶対)　definitely　绝对　절대로, 꼭
　　nhất định　　　　　　　　　　　15*
セット　set　组、套　세트　suất　　　4
せつめいします(説明します)
　　to explain　说明　설명하다　giải thích　10
せまい(狭い)　narrow　窄小　좁다　hẹp　8
ゼミ　seminar　（大学的)研究课程　제미나르 / 공동
　　연구　seminar　　　　　　　　13
せんげつ(先月)
　　last month　上个月　지난달　tháng trước　6
せんしゅう(先週)
　　last week　上周　지난주　tuần trước　6
せんせい(先生)
　　teacher　老师　선생(님)　thày/cô giáo　1
ぜんぜん　not at all　完全、一点儿　전혀
　　hoàn toàn (không)　　　　　　　8
せんせんげつ(先々月)　the month before last
　　上上个月、两个月前　지지난달
　　tháng trước trước nữa (hai tháng trước)　6
せんせんしゅう(先々週)
　　the week before last　上上周、两周前
　　지지난주　tuần trước trước nữa (hai tuần trước)　6
ぜんぶ(全部)　all　全部　전부 / 모두　toàn bộ　4**
ぜんぶで(全部で)
　　altogether　一共　전부 합해서　toàn bộ　4
せんもん(専門)
　　major, study field　专业　전문　chuyên môn　1
せんもんがっこうせい(専門学校生)
　　vocational/technical school student　专科学校学生
　　전문학교 학생 / 학원생　học sinh trường nghề　5

そ

ぞう(像)　statue　像　조각상　tượng　20**
そうかあ
　　I see.　是吗。　그렇군 / 그랬군　thế à　12**
そうだ　oh　哎、对了　맞다 / 잠깐　à đúng rồi　17**

そうだんします(相談します)
　　to ask a person's advice　商量　상담하다 / 의논하다
　　tư vấn, bàn bạc　　　　　　　13
そうです(~そうです)　to look / seem　看上去好像
　　~　~ㄹ 듯하다 / ~어 보이다　có vẻ ~　8**
~そうです
　　I hear ~　听说　~고 하다　nghe nói ~　17
そうなんだあ
　　I see.　是这样啊。　그렇군.　thế à.　15**
そくたつ(速達)　special delivery/express
　　快信、快件　속달　gửi nhanh　　　5
そして　and then　然后　그리고　thế rồi　10**
そっか　I see.　是吗　그렇군　thế à　15
そつぎょうしき(卒業式)　graduation ceremony
　　毕业典礼　졸업식　lễ tốt nghiệp　11
その　that　那个　그　ấy, đấy　　　11
そば　near　旁边　근처 / 옆　cạnh, bên cạnh　3
そふ(祖父)　(my) grandfather　（我的)祖父
　　(제/저희) 할아버지 / 할아버님　ông (của tôi)　11
それ　that　那　그것　cái đấy　　　2**
それから
　　and then　然后、今后　그리고　sau đó　18*
それぞれ　each　各个　제각각　từng, mỗi　20**
それで　therefore　因此、所以　그래서　do đó 12**
それでは　well　那么　그러면　thế thì　　14
それに
　　besides　而且　게다가　thêm vào đó, hơn nữa 15**
そろそろ　It's about time to ~　差不多（到~的时间
　　了）　슬슬　sắp sửa, chuẩn bị　　　8

た

だい~(第~)
　　(indicates order)　第~　제~　thứ ~　7*
たいいんできます(退院できます)
　　to be able to leave the hospital　可以出院
　　퇴원할 수 있다　có thể ra viện　　　17
だいがく(大学)
　　university　大学　대학 / 대학교　đại học　1
だいがくいんせい(大学院生)　graduate student
　　研究生　대학원생　sinh viên cao học　1
だいがくさい(大学祭)　college festival　大学文化
　　节　대학제 / 대학 축제　lễ hội trường đại học　13
だいがくせい(大学生)
　　university student　大学生　대학생　sinh viên　1
だいじょうぶ[な]
　　okay　可以、没问题　괜찮다　không sao　6

234

だいたい					
	generally	大约	대체(로)	đại khái, đại để	8
だいぶ	almost, to a large degree		很多、相当		12
	꽤 / 상당히	khá nhiều			
たいへん(大変)					
	very	非常、十分	대단히	rất	13*
たいへん[な] (大変[な])					
	hard (work)	相当难	힘들다	vất vả	11*
たかい(高い)	expensive	贵	비싸다	đắt	5*
たかい(高い)					
	tall, high	高	키가 크다/높다	cao	8
たくさん	a lot	很多	많이	nhiều	8
～だけ	only ~	仅仅、只	~ 뿐	chỉ ~	11*
～たことがあります	to have the experience of ~				
	~ 过	~ㄴ 적이 있다	đã từng ~		6*
だします(出します)	to put out	倒(垃圾)			
	내다/버리다	để không vứt			7*
だします(出します)					
	to submit	交(作业)	내다 / 제출하다	nộp	12
たすかります(助かります)	to be helpful				
	获救、得助	도움이 되다 / 살 것 같다	đỡ		17*
～たち	(indicates the plural for people)	~们			
	~들	những ~			13*
たっきゅう(卓球)					
	table tennis	乒乓球	탁구	bóng bàn	6
たのしい(楽しい)					
	enjoyable, pleasant	愉快、高兴	즐겁다	vui	8
たのしみにしています(楽しみにしています)					
	to be looking forward to	期盼着			
	기대하고 있다	đang mong chờ			15*
たのしみます(楽しみます)					
	to enjoy	享受、好好儿玩儿	즐기다	vui	17*
たのしめます(楽しめます)	to be able to enjoy				
	能享受乐趣	즐길 수 있다	có thể thưởng thức		15*
たのみます(頼みます)	to ask a favor	请(～)帮忙、			
	委托、拜托	부탁하다	nhờ, nhờ vả		19
たばこ(たばこ)	cigarette	香烟	담배	trứng	4*
たべます(食べます)	to eat	吃	먹다	ăn	7
たべられます(食べられます)	to be able to eat				
	能吃	먹을 수 있다	ăn được		11*
～たほうがいい	you had better ~	~一点儿好			
	~ 는 게 좋다	nên ~			17*
たまご(卵)	egg	鸡蛋	계란	trứng	2
たまごサンド(卵サンド)	egg sandwich	鸡蛋三明			
	治	계란 샌드위치	bánh sandwich kẹp trứng		4
たまに	once in a while	偶尔	어쩌다가 / 이따금		
	hiếm khi				8

だめ[な]					
	impossible	不行	안 되다	không được	6
～たら	if	若是	~면	nếu	5*
たります(足ります)					
	to be sufficient	够	충분하다	đủ	18
だれか(誰か)					
	someone	谁、某个人	누군가	ai đó	13*
たんじょうび(誕生日)					
	birthday	生日	생일	sinh nhật	13*
ダンス	dance	舞蹈	댄스 / 춤	nhảy	15*
だんせい(男性)	male	男性	남성	đàn ông	5*
だんだん					
	gradually	渐渐	차차 / 점점	dần dần	11*
たんとう(担当)	person in charge	担当人、负责人			
	담당 / 담당자	phụ trách			こ4

ち

ちいさい(小さい)	small	小	작다	bé	8
(ちいさい)の((小さい)の)	(small) one	(小)的			
	(작은) 것	cái (nhỏ)			9
チーズケーキ	cheesecake	起司蛋糕、奶酪蛋糕			
	치즈 케이크	bánh phô mai			4
チェックします					
	to check	检查	체크하다	kiểm tra	19
ちかい(近い)					
	close	近	가깝다	gần	6*
ちがいます(違います)					
	wrong	不对、相反	틀리다	sai, khác	12*
ちがいます(違います)					
	wrong	不对、不是	아니다	sai, khác	14
ちがいます(違います)					
	different	不同、不一样	다르다	khác	こ3
ちかく(近く)	near	附近	가까운 곳 / 근처	gần	3
ちかてつ(地下鉄)	subway, underground railway				
	地铁	지하철	tàu điện ngầm		7
ちがでます(血が出ます)	to bleed	出血			
	피가 나다	bị chảy máu			17
チキン	chicken	鸡肉	닭고기	thịt gà	2
チケット	ticket	票	티켓 / 표	vé	5
ちゃいろいN(茶色いN)	brown N	棕色(的)N、			
	茶色(的)N	밤색 N	N nâu		9
ちゃいろのN(茶色のN)	brown N	棕色(的)N、			
	茶色(的)N	밤색 N	N nâu		9
～ちゃう					
	(adds emotional feeling like regret or surprise)				
	(表示某事非本愿发生)	～어 버리다	～ mất		12*
～ちゅうに(～中に)	during this week	～之内			
	~ 중에	trong/nội trong ~			12

ちゅうがくせい（中学生） junior high school
　　student 初中生 중학생 học sinh cấp hai 5
ちゅうもん（注文） order 点菜、点餐 주문
　　gọi đồ, đặt hàng 4*
ちゅうもんします（注文します） to order 点（餐）
　　주문하다 gọi món, đặt hàng 13
ちょうし（調子） condition 状态 상태 / 컨디션
　　tình trạng 17
ちょうど exactly 正好 정확히 vừa đủ 5*
ちょきん（貯金）
　　savings 储蓄 예금 gửi tiết kiệm 5

つ

つうやくします（通訳します） to interpret
　　翻译（口译） 통역하다 phiên dịch 19
ツールバー toolbar 工具栏 툴바 / 도구 모음
　　thanh công cụ 10*
つかいかた（使い方）
　　how to use 用法 사용법 cách dùng 10
つかいます（使います）
　　to use 用、使用 사용하다 dùng, sử dụng 18*
つかれます（疲れます）
　　to get tired 累 피곤하다 mệt 17
つき（月） month 月 월 tháng 6
つぎ（次） next 下一（趟） 다음 tiếp theo 7
つきのうさぎ（月のうさぎ） (movie name)
　　（电影名） （영화 제목） (tên bộ phim giả định) 5
つきます
　　to be attached to 带 달리다 có gắn 9*
つきます（着きます）
　　to arrive 抵达、到达 도착하다 tới nơi 16
つきみうどん tsukimi udon (noodles in soup
　　topped with an egg) 月见乌冬面 계란 우동
　　mỳ udon trứng trần 2
つくえ（机） desk 桌子 책상 cái bàn 14*
つくります（作ります）
　　to cook 做 만들다 nấu 11*
つけます
　　to switch (the light) on 打开（电灯） 켜다 bật 14
つまらない
　　boring 没意思 하찮다 / 시시하다 chán 8

て

て（手） hand 手 손 tay 17
〜てあげたらどう How about ~ing?
　　给〜（做）怎么样？ 〜주면 어때?
　　〜 cho thì có thể nào? 20*

ディーブイディー（ＤＶＤ）
　　DVD DVD、影碟 DVD DVD 12
〜ていただけますでしょうか
　　Could you please ~? 请〜，好吗？ 〜주시겠습니까?
　　Có thể nhờ anh/chị ~ giúp được không ạ? 13*
テーブル table 桌子 테이블 bàn 18
〜ておきます (to do) in advance
　　（表示预先做好某种事） 〜어 두다 〜 trước/sẵn 14
てがいたい（手が痛い） to have a pain in one's
　　hand 手疼 손이 아프다 tay đau 6
でかけます（出かけます） to go out 出去、出门
　　외출하다 đi ra ngoài 15
てがみ（手紙） letter 信 편지 thư 5
〜てから after ~ -ing 〜之后 〜고나서 / 〜ㄴ 후에
　　sau khi 〜 11
〜てきます to become 〜 〜起来 〜기 시작하다
　　(chỉ một trạng thái đang tiếp tục đến thời điểm
　　hiện tại) 17*
できます to be able to / to be made 能、可以
　　할 수 있다 có thể, làm được 10*
〜でございます be ~ (polite form of です)
　　是〜（「です」的礼貌语） 〜입니다（「です」의 정중형）
　　là (từ lịch sự của です) 14*
デザイン design 设计 디자인 thiết kế 11
〜でしょうね 〜, right/isn't it? 一定〜吧。
　　〜ㄹ 겁니다. Có lẽ 〜 nhỉ? 11*
テスト
　　test 考试 테스트 / 시험 bài thi, bài kiểm tra 11
てつだいます（手伝います）
　　to help 帮忙 도와주다 giúp đỡ 11*
テニス tennis 网球 테니스 ten-nít 17
では well then 那么 그럼 vậy thì 4*
デパート department store 百货公司 백화점
　　trung tâm mua sắm 7*
でます（出ます）
　　to appear 登载 나오다 có đăng こ 3
でます（出ます） to go to/appear 出席
　　나가다 / 출석하다 có mặt 19*
〜てみます to do something to see how it is
　　试试〜 〜어 보다 〜 thử 11*
でも but 可是、不过 그렇지만 nhưng 8
〜てもいい You may/don't need to 〜 可以〜
　　〜어도 되다 〜 cũng được 18
〜てもいいでしょうか May I ~? 可以〜吗？
　　〜어도 되겠습니까? 〜 có được không ạ? 12*
〜てもらいます to receive (a ~ kind act or favor)
　　为我（做）〜 〜어 주다 nhờ 〜 13*

でられます(出られます) to be able to come/appear 能够出席 나갈 수 있다 / 출석할 수 있다 có thể tham dự	19*
テレビ television 电视 텔레비전 ti vi	8
～てん(～店) ～ Restaurant/Shop ～店 ～점 / ～지점 cửa hàng ～	こ3
～てん(～点) ～ marks ～分 ～점 ～điểm	11
～てん(～点) ～ item ～点 ～점 / ～권 / ～개 ～thứ, cái, …	18*
てんいん(店員) waiter/waitress, shop clerk 服务员、店员 점원 nhân viên cửa hàng	4
でんき(電気) electric light 电灯 전등 điện	14
でんしこうがく(電子工学) electronic engineering 电子工学 전자 공학 kỹ thuật điện tử	1
でんしじしょ(電子辞書) electronic dictionary 电子词典 전자사전 từ điển điện tử	9
でんしゃ(電車) train 电车 전철 tàu điện	3*
てんぷファイル(添付ファイル) attached file 添加文件、附件 첨부 파일 file đính kèm	10*
てんぷらうどん tempra udon (noodles topped with fried vegetables and seafood) 天麸罗乌冬面 튀김 우동 mì Udon với món rán Tempura	2
でんわします(電話します) to make a telephone call 打电话 전화하다 gọi điện thoại	12
でんわばんごう(電話番号) phone number 电话号码 전화번호 số điện thoại	9
でんわよやく(電話予約) pre-order by phone 电话预订 전화 예약 đặt qua điện thoại	14*
でんわりょうきん(電話料金) telephone charge 电话费 전화 요금 tiền điện thoại	10

と

～と when ～, 就～ ～면 nếu ～ thì ～/ hễ ～ thì ～	10*
～といいます to say ～ 叫～ ～라고 하다 gọi là ～	10*
～という～ ～ called ～ 名为～的 ～라고 하는 ～ có tên là ～	15*
～ということでしょうか Would it be that ～ ? 是～的吧? ～는 것입니까? Ý là ～, có phải không ạ?	こ3
トイレ toilet 厕所 화장실 toilet	2
とうきょう(東京) (place name) (地名) (지명) (địa danh)	12
どうしたんですか What happened? 怎么了? 어떻게 됐습니까? Bị làm sao vậy? Có chuyện gì vậy?	12
どうして why 为什么 왜 tại sao	11*
どうしますか What shall we do? 怎么办? 어떻게 합니까? Làm thế nào?	14
どうぞ Please. 请(坐)。 ～하십시오 / 앉으십시오. Xin mời.	4*
どうぞ Please (come in.) 请(进)。 ～를 하십시오 / 들어오십시오. Xin mời vào.	10*
どうだった How was ～ ? 怎么样? 어땠어? Sao rồi?	15
どうなさいますか How about ～ ? 需要～吗? 어떻게 하시겠습니까? Quý khách dùng gì ạ?	4*
どうなさったんですか What happened to/did you do to ～ ? 怎么了? 어떻게 하신 겁니까? Bị làm sao vậy ạ? Có chuyện gì vậy ạ?	17
どうやって how 怎么 어떻게 làm thế nào	20
とおい(遠い) far 远 멀다 xa	3*
とか something like ～ 啦～啦 ～나 / ～라든지 chẳng hạn	20
～とき when ～ ～时 ～ 때 ～ khi ～	17
ときどき sometimes 有时候 가끔 / 때때로 thỉnh thoảng	8
とくに(特に) especially 特別 특히 đặc biệt	8
とけい(時計) watch 手表、钟表 시계 đồng hồ	9
どこ where 哪儿 어디 ở đâu	1*
どこでも anywhere 哪儿都 어디에서든 ở đâu cũng	6
ところ place 地方 곳 nơi, chỗ, địa điểm	10*
としょかん(図書館) library 图书馆 도서관 thư viện	3
どちら where (polite form of どこ) 哪儿(「どこ」的礼貌语) 어디(「どこ」의 정중형) ở đâu (từ lịch sự của どこ)	5*
とっきゅう(でんしゃ)(特急(電車)) special express (train) 特快 특급 tàu nhanh đặc biệt	7
どっちでも either 哪边都 어느 쪽이라도 cái nào cũng	20*
とても really 很 매우 / 잘 rất	2*
どなた who (polite form of だれ) 哪位(「だれ」的礼貌语) 누구 / 어느 분(「だれ」의 정중형) ai (từ lịch sự của だれ)	3
となり(隣) next (to one) 旁边 옆 bên cạnh	3
となりのひと(隣の人) person next door 隔壁的人、邻居 이웃 사람 / 옆방 사람 người láng giềng, người hàng xóm	13
ともだち(友だち) friend 朋友 친구 người bạn	6

どようび(土曜日) Saturday 星期六 토요일 thứ bảy				6
とりにいってきます(取りに行ってきます) to go and get and come back 去取回来 가지러 갔다 오다 đi lấy				14*
とりにきます(取りに来ます) to come to get 来取 가지러 오다 đi lấy				19*
とりにく(鶏肉) chicken 鸡肉 닭고기 thịt gà				2
とりにもどります(取りに戻ります) to return to get something 回去取 가지러 돌아가다 đến lấy				16
とります(撮ります) to take (a photograph) 拍(照片) 찍다 chụp				11
どんどん as much as you like 不断地, 多多地 많이 mạnh				11*
どんな what kind of 什么样的 어떤 như thế nào				8*
どんなとき when 什么时候 어떤 때 khi nào				11

な

ない to have no experience 没有 없다 không				6*
～ないように not to ～ (请)不要～ ～지 않도록 kẻo nhỡ ～, sao cho không ～				7*
なおります(治ります) to recover 治愈, 治好 낫다 khỏi				17
なか(中) inside 里边 안 / 속 bên trong				2*
なか(中) in 中 중 bên trong				4*
ながい(長い) long 长 길다 dài				8
～ながら while/as ～ 一边～一边～ ～면서 vừa ～ vừa ～				17*
なくしてしまいます to lose something 丢了 잃어버리다 đánh mất, làm mất				20
なくします to lose 丢失 잃어버리다 làm mất				9*
～なければならない have to ～ 必须～ ～야 하다 phải ～				15
なっております be at 是～ 되어 있습니다 là				こ3
なっとう(納豆) fermented soybeans 纳豆 낫토 (푹 삶은 메주콩을 띄운 음식) đậu thối, đậu natto				17
なつやすみ(夏休み) summer holiday 暑假 여름 방학 nghỉ hè				18
など and the like 等等 등 vân vân				8*
なに(何) what 什么 무엇 cái gì				8*
なにか(何か) something 什么、某种、某样 무언가 cái gì đó				14

なまえ(名前) name 姓名, 名字 이름 tên				1
～なら if ～ 如果是～的话 ～라면 nếu ～ thì ～				15*
ならいます(習います) to learn 学 배우다 học				11
ならびます(並びます) to queue 排队 줄을 서다 xếp hàng				13
なります to become (变)～了 ～어지다 trở thành, trở nên				11*
なんがい(何階) which floor 几楼 몇 층 mấy tầng				7*
なんじでも(何時でも) any time 几点都 몇 시라도 mấy giờ cũng				15*
なんですか(何ですか) What is it/are they? 是什么? 무엇입니까? ～ là cái gì?				1*
なんでも(何でも) anything, everything 什么都 무엇이든 cái gì cũng				11*
なんてん(何点) how many marks 多少分 몇 점 mấy điểm				11
なんの(何の) what kind of 什么～ 무슨 gì				8*
なんぷん(何分) how many minutes 几分钟 몇 분 bao nhiêu phút				3*
なんぼくせん(南北線) (subway line name) (地铁线路名称) (지하철 노선명) (tên tuyến tàu)				7
なんめいさま(何名様) how many people 几位 몇 분 bao nhiêu người				4*

に

に、さんにち(2, 3日) a couple of days 两三天 2, 3일 동안 2, 3 ngày				17
にあいます(似合います) to suit 合适、般配 어울리다 hợp				11
～にいきます(～に行きます) go to ～ 去(做)～ ～러 가다 đi ～				15
にかげつまえ(2か月前) the month before last 上上个月, 两个月前 지지난달 tháng trước trước nữa (hai tháng trước)				6
にくりょうり(肉料理) meat dish 肉菜 고기 요리 món thịt				14
にしぐち(西口) west entrance 西口 서쪽 출입구 cửa Tây				6*
～にします to decide on/make it ～ 决定～ ～로 하다 chọn, quyết định ～				20
にしゅうかんまえ(2週間前) the week before last 上上周, 两周前 지지난주 tuần trước trước nữa (hai tuần trước)				6

238

Japanese	English	中文	한국어	Tiếng Việt	課
にちようび(日曜日)	Sunday	星期天	일요일	chủ nhật	6
～になります	to total	共計～	～이 되다 / ～이다	trở thành, trở nên	4
～になります	to be on/at	在～	～에 있다	trở thành	7*
にほん(日本)	Japan	日本	일본	Nhật Bản	1*
にほんご(日本語)	Japanese	日语	일본어	tiếng Nhật	1*
にほんじん(日本人)	Japanese person	日本人	일본인	người Nhật	3
にもつ(荷物)	parcel	包裹	짐	hành lý	5
にゅういん(入院)	hospitalization	住院	입원	nhập viện, nằm viện	20
にゅうえんりょう(入園料)	entrance fee	门票钱	입장료	phí vào cửa	6*
にゅうかんりょうきん(入館料金)	entrance fee	门票钱	입장 요금	tiền vé vào	5*
にりょうめ(2両目)	second train car	第二节车厢	두번째 칸	toa thứ hai	7

ね

Japanese	English	中文	한국어	Tiếng Việt	課
ネクタイ	tie	领带	넥타이	cà vạt	20*
ねこ(猫)	cat	猫	고양이	con mèo	9*
ねつがあります(熱があります)	to have a fever	发烧	열이 있다	có sốt	12
ねつがでます(熱が出ます)	to run a fever	发烧	열이 나다	bị sốt	12
ねつをだします(熱を出します)	to run a temperature	发烧	열이 나다	bị sốt	12
ねます(寝ます)	to sleep	睡觉、卧病在床	자다	ngủ	12
ねん(年)	year	年	년	năm	6

の

Japanese	English	中文	한국어	Tiếng Việt	課
(ちいさい)の((小さい)の)	(small) one	(小)的	(작은) 것	cái (nhỏ)	9
(アレンさん)の((アレンさん)の)	～'s (indicates possession)	(阿伦)的	(앨런 씨) 것	của ～	9
のうがくぶ(農学部)	Department of Agriculture	农学系	농학부	khoa nông nghiệp	1
ノート	notebook	笔记本	노트	vở	9
～のことです	It means ~.	就是～。	～이라는 뜻입니다.	nghĩa là ～.	10*
～ので	as	因为	～니까	vì	7*
のどがいたい(のどが痛い)	to have a sore throat	嗓子疼	목이 아프다	đau họng	17
～のに	although	可～	～는데	vậy mà	13*
のみかい(飲み会)	drinking party	聚会	술잔치 / 회식	bữa nhậu	6
のみほうだい(飲み放題)	all you can drink	酒水畅饮	무한 리필	uống bao nhiêu tùy thích	14*
のみます(飲みます)	to drink	喝	마시다	uống	8
のみもの(飲み物)	drink	饮料、喝的东西	음료수	đồ uống	4*
のみろぐ(飲みログ)	(Website name)	(网页的名称)	(웹사이트 이름)	(trang Web gia tưởng)	14*
のります(乗ります)	to board	乘坐	타다	ngồi, lên (xe, tàu)	12*
のります(載ります)	to appear	登载	실리다	đăng, đăng tải	14*

は

Japanese	English	中文	한국어	Tiếng Việt	課
～ば	if ～	～的话	～면	nếu ～	19
パーティー	party	晚会、聚会	파티	tiệc	6
はい	yes	是、对	예 / 네	vâng, dạ	2*
はいたつ(配達)	delivery	送外卖	배달	chuyển phát	14
はいります(入ります)	enter	装有	들다	có	9*
パウダースノー	powder snow	细雪	가루눈	tuyết mịn	20*
はがいたい(歯が痛い)	to have a toothache	牙疼	이가 아프다	đau răng	12
はがき	postcard	明信片	엽서	bưu thiếp	5
ばかり	only, just	只、仅	뿐	chỉ toàn	11*
はきけがします(吐き気がします)	to feel nauseous	恶心、想呕吐	구토증이 나다	buồn nôn	17
はし	chopsticks	筷子	젓가락	đũa	4
始まります(始まります)	to start	开始	시작하다	bắt đầu	15*
はじめて(初めて)	first time	第一次	처음	lần đầu tiên	18*
バス	bus	公共汽车	버스	xe buýt	7
パソコン	personal computer	电脑	PC	máy tính	19
はっぴょう(発表)	presentation	发表	발표	phát biểu	16
はっぴょうします(発表します)	to make a presentation	发表	발표하다	phát biểu	13
バドミントン	badminton	羽毛球	배드민턴	cầu lông	15

日本語	英語	中文	한국어	Tiếng Việt	課
～はないですか	Isn't there ~?	没有～吗？	～는 없습니까?	Không có ~ đấy chứ?	11*
はながつまります（鼻がつまります）	to have a blocked nose	鼻塞	코가 막히다	bị nghẹt mũi	17
はなみずがでます（鼻水が出ます）	to have a runny nose	流鼻涕	콧물이 나다	bị xổ mũi	17
はは（母）	(my) mother	（我的）妈妈	（제/저희） 어머니 / 어머님	mẹ (của tôi)	11
はやい（早い）	early	早	이르다	nhanh	3*
はらいます（払います）	to pay	付（钱）	지불하다	trả, chi trả	19
ばん（晩）	night	晚上	저녁 / 밤	tối	6
～ばん（～番）	number ~	～路（车）	～번	thứ ~	7
～ばん（～版）	~ version	～版	～판	phiên bản ~	18*
パン	bread	面包	빵	bánh mỳ	2
ばんごはん（晩ご飯）	evening meal	晚饭	저녁 식사	cơm tối	15*
～ばんせん（～番線）	platform ~	～号站台	～번선	đường ray số ~	7
～ばんのりば（～番乗り場）	gate number ~	～号车站	～번 승강장	cửa lên tàu số ~	7
パンフレット	pamphlet	小册子	팸플릿	tờ rơi	18*
はんぶん（半分）	half	一半	반 / 절반	một nửa	14
～ばんほーむ（～番ホーム）	platform ~	～号站台	～번 홈	sảnh chờ tàu số~	7

ひ

日本語	英語	中文	한국어	Tiếng Việt	課
ひ（日）	day	天	일	ngày	6
ビーていしょく（B定食）	Set Meal B	B套餐	B정식	suất B	14*
ビーフ	beef	牛肉	소고기	thịt bò	2
ビール	beer	啤酒	맥주	bia	14
ひきます（弾きます）	to play (a guitar)	弹（吉他）	（기타를） 치다	chơi (ghi ta)	19
ピザ	pizza	比萨饼	피자	bánh pizza	14
ひだり（左）	left	左	왼쪽	trái	3
ひっこし（引っ越し）	moving house	搬家	이사	chuyển nhà	13
ひつじのにく（羊の肉）	lamb	羊肉	양고기	thịt cừu	2
ひとばんじゅう（一晩中）	all night	整夜	밤새도록	cả đêm	12
ひによって（日によって）	depending on the day	根据日子不同（而不同）	그 날따라	tùy từng ngày	こ3
ひま[な]（暇[な]）	free	空闲	한가하다	rảnh rỗi	8
ひまわりばたけであいましょう（ひまわり畑で会いましょう）	(movie name)	电影名	(영화 이름)	(tên bộ phim giả định)	15*
100えんショップ（100円ショップ）	100-yen shop	100日元商店	100 엔샵	cửa hàng 100 yên	17
びょういん（病院）	hospital	医院	병원	bệnh viện	12
ひらきます（開きます）	to open	开	열다	mở	10*
ひらきます（開きます）	to open	开	개설하다	mở	18
ひるごはん（昼ご飯）	lunch	午饭	점심	cơm trưa	7
ひろい（広い）	large, wide	宽，大	넓다 / 크다	rộng	8
ピンクのN	pink N	粉红色（的）N	분홍색 N / 분홍 N	N màu hồng	9

ふ

日本語	英語	中文	한국어	Tiếng Việt	課
フォーク	fork	叉子	포크	dĩa	4
ふくしゅうします（復習します）	to review	复习	복습하다	ôn tập	13
ふくろ（袋）	bag	袋	봉투 / 주머니	túi đựng	7*
ふじんよう（婦人用）	for women	女士用	부인용 / 여성용	dành cho nữ	7*
ふたつおり（二つ折り）	bifold	对折	둘로 접음	gấp đôi	9*
ぶたにく（豚肉）	pork	猪肉	돼지고기	thịt lợn	2
ふつう（でんしゃ）（普通（電車））	local (train)	慢车	일반 열차	tàu thường	7
ふなびん（船便）	sea mail	海运	배편	gửi đường biển	5*
ふべん[な]（不便[な]）	inconvenient	不方便	불편하다	bất tiện	8
ふめいなてん（不明な点）	unclear points	不明白的地方	궁금한 점	điểm không rõ	こ3
ふゆ（冬）	winter	冬天	겨울	mùa đông	20*
ブラジル	Brazil	巴西	브라질	Braxin	1*
ふりかえ（振替）	transfer	转账	대체	chuyển khoản	5
プリンター	printer	印刷机	프린터	máy in	19

日本語	English	中文	한국어	Tiếng Việt	課
プリント	printed synopsis of a lecture	复印件 프린트 / 인쇄물	bài tập phát tay		10
ふるい(古い)	old	老、旧	오래 되다	cũ	8
フルーツ	fruit	水果	과일	hoa quả	2
プレゼント	present	礼物	선물	quà tặng	11
フレンチレストラン	French restaurant 法式餐厅 프렌치 레스토랑	nhà hàng Pháp			20*
ぶんがくぶ(文学部)	Department of Literature 文学系 문학부	khoa văn			1
ぶんぽう(文法)	grammar	语法	문법	ngữ pháp	11

へ

へいじつ(平日)	weekday	平日	평일	ngày thường	こ3
へえ	Really!	诶!哎呀!	허	Ồ!	2*
ページ	page	页	페이지	trang	13*
ベジタブル	vegetables	蔬菜	야채	rau	2
ベジタリアン	vegetarian (pizza) 素食(比萨饼) 베지터리언 (피자 이름) ăn chay (bánh pizza)				14
へた[な](下手[な])	poor	不好	서투르다	kém, dốt	11*
べつべつに(別々に)	separately 分别 따로 따로 riêng, riêng rẽ				4
へや(部屋)	room	房间	방	căn phòng	3
へやだい(部屋代)	room rent 房租、房费 방 값 tiền phòng				19
へん[な](変[な])	strange	奇怪	이상하다	lạ	16
べんきょう(勉強)	study	学习	공부	học	8
べんきょうします(勉強します) to study 学习 공부하다 học					11*
ペンケース	pencil case	铅笔盒	펜 케이스	hộp bút	9*
べんり[な](便利[な])	convenient	方便	편리하다	tiện lợi	8

ほ

ほう(方)	towards, in the direction ~方、方向 쪽 phía				20*
ほうがくぶ(法学部)	Department of Law 法学系 법학부 khoa luật				1
ほうこう(方向)	direction	方向	방향	hướng	12*
ほうこくかい(報告会)	debriefing meeting 报告会 보고회 buổi báo cáo				19*
ぼうし	cap, hat	帽子	모자	mũ	9
ポーク	pork	猪肉	돼지고기	thịt lợn	2
ホームステイ	homestay	家庭寄宿	홈스테이	ở Homestay	18
ホームページ	homepage	网页	홈페이지	trang Web	こ3
ボールペン	ballpoint pen	圆珠笔	볼펜	bút bi	9
ほかに(他に)	besides	除~以外	그 밖에	ngoài ra	5*
ぼく	I (casual expression used by men) 我(男性用语) 나(남자가 사용함) tôi (từ nam giới dùng)				15*
ぼしゅうしております(募集しております) We are recruiting. 正在招募。 모집하고 있습니다. Chúng tôi đang tuyển.					こ4
ぼしゅうちゅう(募集中)	recruiting 招募中 모집 중 đang tuyển dụng				こ4
ボタン	button	按钮	버튼	nút	20
ほっかいどう(北海道)	(place name) (地名) (지명) (địa danh)				20*
ホット	hot coffee	热(咖啡)	따뜻한 것	nóng	4
~ほどで	in about ~	大约~左右	~쯤이면 trong khoảng tầm ~		14
ボトル	bottle	瓶子	보틀 / 병	chai	8*
ほねをおります(骨を折ります) to break a bone 骨折 뼈가 부러지다 gãy xương					17
ボランティアかつどう(ボランティア活動) volunteer activities 志愿者活动 자원봉사 활동 hoạt động thiện nguyện					19*
ほん(本)	book	书	책	sách	9
ほんじつ(本日)	today	今天	오늘	ngày hôm nay	4*
ほんとうですか(本当ですか) Really? 真的吗? 정말입니까? Thật không?					11
ほんとうに(本当に)	really	真~	정말	thật sự	7
ほんやくします(翻訳します) to translate 翻译(笔译) 번역하다 biên dịch					19

ま

~まい(~枚)	~sheet/piece of	~张	~장	~ tờ	5
まいあさ(毎朝)	every morning 每天早上 매일 아침 hàng sáng				6
まいしゅう(毎週)	every week	每周	매주	hàng tuần	6

まいつき(毎月)
　every month　每个月　매월　hàng tháng　6
まいとし(毎年)
　every year　每年　매년　hàng năm　6
まいにち(毎日)
　every day　每天　매일　hàng ngày　6
まいねん(毎年)
　every year　每年　매년　hàng năm　6
まいばん(毎晩)　every night　每天晚上
　매일 저녁 / 매일 밤　hàng tối　6
まえ(前)　front　前面　앞　trước　3
～まえに(～前に)
　before～　～之前 , 以前　~기 전에　trước đây　11
まけます(負けます)　to lose　输　지다　thua　15
～ましょう　let's～　～吧　~ㅂ시다　～ nào　6
まずい
　bad taste　难吃、难喝　맛없다　dở, không ngon　8
まだ　(not) yet　还　아직　vẫn chưa　11
まだまだ　not good enough　还差得远　아직 멀
　vẫn chưa được như thế　11
～まち(～待ち)
　waiting ～　等～　~대기　đợi ～　こ 3
まち(町)
　town　城市　거리 / 도시　thị trấn, thị xã　17
まちあわせ(待ち合わせ)　meeting　会面
　만나는 약속　buổi hẹn, buổi họp　6*
まちがえます(間違えます)　to make a mistake
　弄错　잘못하다　nhầm, sai　12*
まちます(待ちます)
　to wait　等　기다리다　đợi　14*
～までです　to～　到～　~까지입니다　đến～　5*
まど(窓)　window　窗　창 / 창문　cửa sổ　19
まどぐちのひと(窓口の人)
　person at the window/counter　窗口的人
　창구 직원　người ở quầy giao dịch　5
まめ(豆)　bean　豆　콩　đỗ　2

み

みぎ(右)　right　右　오른쪽　phải　3
みぎがわ(右側)
　right side　右边　오른쪽　bên phải　7*
みじかい(短い)　short　短　짧다　ngắn　8
みしゅうがくじどう(未就学児童)　preschool
　child　学龄前儿童　미취학 아동　trẻ chưa đi học　5
みず(水)　water　水　물　nước　4

みずいろのN (水色のN)　sky blue N
　淡蓝色(的)N　하늘색 N　N màu xanh da trời　9
みせ(店)　shop　店　가게　cửa hàng　13*
みせます(見せます)　to show　(给～)看、让～)看
　보여 주다　cho xem　10
～みたい[な]
　seem　好像～　~것 같다　có vẻ như～　13*
みち(道)　street　道路　길 / 도로　con đường　17
みつかります(見つかります)　to be found　找到
　발견되다 / 찾다　tìm thấy　9*
ミックスします
　to mix　混合　섞다　trộn, trộn lẫn　8*
みてきます(見て来ます)　come to see
　去看一下再回来　보고 오다　đến xem　9*
みどりのN (緑のN)　green N　绿色(的)N　녹색 N
　N màu xanh lá cây　9
みなさん　everyone　大家　여러분　tất cả　17*
みぶん(身分)　occupation, status　身份　신분 / 지위
　nhân thân, địa vị　1
みぶんしょうめいしょ(身分証明書)　identifica-
　tion card　身份证　신분증　chứng minh thư　18*
みます(見ます)　to watch　看　보다　xem, nhìn　6
みやざきはやお(宮崎駿)　(director's name)
　(导演名)　(영화감독 이름)
　(tên của một đạo diễn điện ảnh)　8*
みられます(見られます)
　can see　能看到　볼 수 있다　có thể nhìn thấy　20*
ミルク　milk　牛奶　우유　sữa　4
ミルク・ハウス　(shop name)　(店名)　(가게 이
　름)　(tên cửa hàng giả định)　20
みんな
　everyone　大家　모두　tất cả, mọi người　13
みんなで　among us　大家一起　다 같이
　tất cả mọi người　6

む

むかい(向かい)　the opposite side　対面
　정면 / 맞은편 / 건너편　đối diện　3
むかえにいきます(迎えに行きます)
　to have to go to meet a person　去迎接
　마중하러 가다　đi đón　16
むしあつい(蒸し暑い)
　humid　闷热　무덥다　oi bức　7
むずかしい(難しい)　difficult　难　어렵다　khó　8
むらさきのN (紫のN)
　violet N　紫色(的)N　보라색 N　N tím　9

むりょう(無料)					
	free of charge	免费	무료	miễn phí	5

め

～めいさま(～名様)					
	～ persons	～位	～분	～người	14*
メール	mail	电子邮件	메일	e-mail	10*
めずらしい					
	rare, unusual	罕见、稀奇	신기하다	hiếm	20
めまいがします					
	to feel dizzy	头晕	현기증이 나다	chóng mặt	17
めん	noodles	面	면	mỳ sợi	2
めんせつ(面接)					
	interview	面试	면접	phỏng vấn	16

も

も	also	也	도	cũng (trợ từ)	1
もう	already	已经	벌써	đã	8
もういっぱい(もう1杯)	another cup (of coffee)				
	再来一杯	한 잔 더	một cốc nữa		14
もうしこみ(申し込み)					
	application	申请	신청	đăng ký	18
もうしこみしょ(申込書)	application form				
	申请表	신청서	đơn, đơn xin đăng ký		19
もうしわけありません(申し訳ありません)					
	I am very sorry.	抱歉。	죄송합니다.		
	Thành thật xin lỗi.				13
もえないごみ(燃えないごみ)					
	non-burnable garbage	不可燃垃圾	불연성 쓰레기		
	rác không cháy				7*
もえるごみ(燃えるごみ)	burnable garbage				
	可燃垃圾	가연성 쓰레기	rác cháy, rác nhà bếp		7*
もちろん	of course	当然	물론	tất nhiên	11*
もちます(持ちます)					
	to carry	拿	들다	xách, mang	14
もっていきます(持って行きます)					
	to take	拿去、带去	가지고 가다	mang đi	10
もっていけばよろしいでしょうか(持って行けばよろしいでしょうか) Should I take ~ ?					
	需要带~去吗？	가지고 가면 되겠습니까?			
	Mang đi là được ạ?				こ4
もっています(持っています)					
	to have	带着	가지고 있다	tôi đang đợi	5
もってきます(持って来ます) to bring	拿过来				
	가지고 오다	mang đến, cầm đến			10
もっと	more	更、更加	더	hơn nữa	9
もどって(い)らしてください(戻って(い)らしてください) Please come back.	请您回来。				
	돌아오십시오.	Hãy quay trở lại!			17*
もどってきます(戻って来ます)					
	to come back	回来	돌아오다	quay trở lại	17
もの	thing	东西	것	đồ vật	8*
もらいます	receive	得到	받다	nhận	11
もらってきます(もらって来ます)					
	to get and bring	拿来	받아 오다	nhận về	19*

や

や	and, or	和	～나	và, nào là	8*
やくがくぶ(薬学部)	Department of Pharmacy				
	药学系	약학부	khoa dược		1
やくそく(約束)					
	appointment	约会	약속	lời hứa, cam kết	6*
やけどをします	to get burned	烧伤、烫伤			
	화상을 입다	bị bỏng			17
やさい(野菜)	vegetable	蔬菜	야채	rau	2
やさしい	easy, kind	容易、温和	쉽다 / 친절하다		
	dễ, hiền				8
やすい(安い)	cheap	便宜	싸다	rẻ	5*
やすみ(休み)					
	absence	休息、请假	결석	nghỉ	18
やすみます(休みます)	to be absent	休息、缺席			
	쉬다 / 결석하다	nghỉ, nghỉ ngơi			16
やっぱり	as expected	还是	역시	quả là	20*
やぶれます(破れます)					
	to tear	破、坏	찢어지다	bị rách	13*
やめます(やめます)	to not do	不(带)			
	하지 않다 / 매지 않다	không làm, bỏ			20*
やります	to do	做	하다	làm	11*

ゆ

ゆうびんきょく(郵便局)					
	post office	邮局	우체국	bưu điện	3
ゆうびんポスト(郵便ポスト)					
	post box	邮筒	우체통	hòm thư	3*
ゆうめい[な](有名[な])					
	famous	有名	유명하다	nổi tiếng	8
ゆき(雪)	snow	雪	눈	tuyết	20*
ゆきまつり(雪まつり)	snow festival	冰雪节			
	눈축제	Lễ hội Tuyết			20*
ゆっくり	slowly	慢点儿	천천히	chậm rãi	2
ゆっくり	at ease	舒适地, 好好地	느긋하게		
	chậm rãi, từ từ				13*

243

ゆびをきります(指を切ります)　to cut one's finger　切伤手指　손가락(발가락)을 베다　bị đứt tay　17

よ

ようし(用紙)　form　规定用纸　용지　tờ form　18
ようじ(幼児)　infant　幼儿　유아　trẻ ấu nhi　5*
ようじ(用事)　something to do　事、事情　볼일　việc　15
よかったですね　That is good.　太好了。　다행입니다.　Tốt quá.　11
よかったら　if it's convenient　要是方便的话　괜찮으면　nếu được thì　15
よく　often　常常　자주 / 많이　thường hay　8
よく　well　好　좋아~ / 좋게　tốt, đỡ　12
よこ(横)　beside　旁边　옆　ngang bên　18
よてい(予定)　schedule　预定　예정　định, dự định　16
~よね　~ isn't it?　~，对吧?　~지?　~ đấy nhỉ?　15*
よみかた(読み方)　how to read　读法　읽는 법　cách đọc　10
よみます(読みます)　to read　读、念、看　읽다　đọc　10
よやく(予約)　reservation　预订　예약　hẹn, hẹn trước　14*
よる(夜)　night　晚上　저녁 / 밤　ban đêm, buổi tối　6
よるおそく(夜遅く)　late at night　深夜　밤 늦게　đêm muộn　20
よろしい　convenient (polite form of いい)　行、方便(「いい」的礼貌表现)　좋다 / 괜찮다 (「いい」의 정중형)　được (từ lịch sự của いい)　4*
よろしかったら　if you like　要是方便的话　괜찮으시면　nếu được thì　17*
よろしく　give my regards　问好　안부를 잘 전하다　cho gửi lời hỏi thăm　17

ら

らいげつ(来月)　next month　下个月　다음달　tháng sau　6
らいしゅう(来週)　next week　下周　다음주　tuần sau　6
らいねん(来年)　next year　明年　내년　năm sau　6
~らしい　like ~　相称~　~다운　đúng kiểu ~　20*

ラジオ　radio　收音机、广播　라디오　radio, đài　8
ラストオーダー　last order　关门前最后一次点单　라스트 오더　lần gọi món cuối cùng　こ3
ラム　lamb　羊肉　양고기　thịt cừu　2
ランチセット　lunch set　午饭套餐　런치 세트　bộ đồ dùng ăn trưa　4*
ランチタイム　lunchtime　午餐时间　런치 타임　thời gian ăn trưa, giờ ăn trưa　こ3

り

りがくぶ(理学部)　Faculty of Science　理学系　이학부　khoa khoa học tự nhiên　1
りこうがくぶ(理工学部)　Department of Science and Engineering　理工学系　이공학부　khoa kỹ thuật và khoa học tự nhiên　1
~リットル　~ liter　公升、升　~ 리터　~ lít　8
りゅうがくせい(留学生)　foreign student　留学生　유학생　du học sinh　1
りゅうひょう(流氷)　pack ice　流冰　유빙　băng trôi　20*
りょう(寮)　dormitory　宿舍　기숙사　ký túc xá　3*
りようあんない(利用案内)　usage guide　利用指南　이용 안내　hướng dẫn sử dụng　18*
りょうがえ(両替)　exchange　兑换　환전　đổi tiền　5
りょうきん(料金)　postage　费用　요금　tiền phí　5
りようしゃカード(利用者カード)　user card　用户卡　이용자 카드　thẻ người sử dụng　18*
りょうしん(両親)　parents　父母　부모(님)　bố mẹ (của tôi)　11
りょうほう(両方)　both　两者　양쪽 / 모두　cả hai　8*
~りょうめ(~両目)　~ train car　第~节车厢　~번째 칸　toa thứ~　7
りょうり(料理)　dish　烹饪　요리　món ăn, nấu ăn　11
りょこう(旅行)　traveling, trip　旅行　여행　du lịch　17
りれきしょ(履歴書)　résumé, CV　简历　이력서　sơ yếu lý lịch　こ4
りんご　apple　苹果　사과　táo　8

れ

レシート　receipt　收据、账单　영수증　biên lai tính tiền　13*

レディースデー　Ladies Day　妇女日
　　레디스데이 / 여성 우대의 날　Lady day (ngày bán rẻ vé xem phim cho phụ nữ)　5*
レポート　report　报告　레포트　báo cáo　12
れんらくします（連絡します）
　　to contact　联系　연락하다　liên lạc　9*

ろ

ろんぶん（論文）　thesis　论文　논문　luận văn　12

わ

ワークマガジン　(name of a part-time job information magazine)　（临时工招聘信息杂志的名称）
　　（아르바이트 정보지의 이름）　(tập san thông tin việc làm thêm)　こ4
ワイン　wine　葡萄酒　와인　rượu vang　15
わかります　to understand　明白　알다　hiểu　7
わかりません
　　I don't know　不知道　모르다　không hiểu　3
わすれます（忘れます）
　　to forget　忘记　잊어버리다　quên　3
わすれます（忘れます）　to leave a thing behind
　　忘　잃어버리다　quên　9
わたくし　I　我　저　tôi　こ4
わたし　I　我　나 / 저　tôi　1
わたします（渡します）
　　hand over　交给　건네다　trao, đưa　16*
わらったりないたり（笑ったり泣いたり）
　　laughing and crying　又哭又笑　웃었다 울었다
　　hết cười lại khóc　15*
わりこみきゃく（割り込み客）
　　person jumping the queue　加塞儿的人
　　끼어든 손님　khách chen ngang　13
わりびきけん（割引券）　discount coupon　打折券
　　할인권　phiếu giảm giá　15*
わるい（悪い）　bad　不好　나쁘다　xấu　17
わるいけど（悪いけど）　I'm sorry, but...　麻烦你
　　미안하지만　Xin lỗi ...　19*

ん

〜んですが　(indicates an explanation)　是〜（说明情况）　〜는데요　chẳng là 〜, chuyện là 〜　9*
んですけど（〜んですけど）　(used when giving an explanation)　（将话题从前置语展开到本题）
　　〜는데요　chẳng là　6*

著者
　小池真理
　　元　北海道大学留学生センター　非常勤講師
　　元　早稲田大学日本語教育研究センター　非常勤講師
　　元　ACTFL認定OPI試験官
　中川道子
　　元　北海道大学留学生センター　非常勤講師
　宮崎聡子
　　元　北海道大学留学生センター　非常勤講師
　　現在　関西学院大学日本語教育センター　言語特別講師
　　元　ACTFL認定OPI試験官
　平塚真理
　　北海道大学高等教育推進機構国際教育研究部　非常勤講師

翻訳
　スリーエーネットワーク（英語）　鄒敏、徐前（中国語）
　姜蓮華、中村克哉（韓国語）　LÊ LỆ THỦY（ベトナム語）
　　　　　　　　　　　　　　　　レー　レ　トゥイ

イラスト
　内山洋見

装丁・本文デザイン
　山田武

改訂版　聞く・考える・話す
留学生のための初級にほんご会話

2007年1月13日　初版第1刷発行
2019年3月5日　改訂版第1刷発行
2025年1月22日　改訂版第3刷発行

著　者　小池真理　中川道子　宮崎聡子　平塚真理
発行者　藤嵜政子
発　行　株式会社スリーエーネットワーク
　　　　〒102-0083　東京都千代田区麹町3丁目4番
　　　　　　　　　　トラスティ麹町ビル2F
　　　　電話　営業　03(5275)2722
　　　　　　　編集　03(5275)2725
　　　　https://www.3anet.co.jp/
印　刷　倉敷印刷株式会社

ISBN978-4-88319-786-6 C0081

落丁・乱丁本はお取替えいたします。
本書の全部または一部を無断で複写複製（コピー）することは著作権法上での例外を除き、禁じられています。

改訂版

聞く・考える・話す
留学生のための
初級にほんご会話

[別冊]

● ロールプレイカード
● イラストカード

スリーエーネットワーク

1-1 A

時間　　：午後1時
場所　　：日本語の教室
状況　　：あなたはクラスメートに初めて会いました。
タスク　：自己紹介をしてください。

Time:　 1 p.m.
Place:　 A Japanese language classroom
Situation: It is your first encounter with a classmate.
Task:　 Greet him/her, and introduce yourself.

1-1 B

時間　　：午後1時
場所　　：日本語の教室
状況　　：あなたはクラスメートに初めて会いました。
タスク　：自己紹介をしてください。

Time:　 1 p.m.
Place:　 A Japanese language classroom
Situation: It is your first encounter with a classmate.
Task:　 Greet him/her, and introduce yourself.

1-2 A

時間　　：午後7時
場所　　：パーティー
状況　　：あなたは友だちと話しています。そこにあなたの指導教員が来ました。指導教員は友だちを知りません。
タスク　：指導教員にあいさつをして、友だちを紹介してください。

Time:　 7 p.m.
Place:　 A party
Situation: You are talking with a friend. Your supervisor approaches you. Your friend does not know your supervisor.
Task:　 Greet your supervisor, and introduce him/her to your friend.

1-2 B

時間　　：午後7時
場所　　：パーティー
状況　　：あなたは友だちと話しています。そこに知らない人が来ました。
タスク　：あいさつをしてください。

Time:　 7 p.m.
Place:　 A party
Situation: You are talking with a friend. A stranger approaches you.
Task:　 Greet him/her.

1-2 A

时间：下午7点
地点：在晚会上。
情况：你和朋友在说话。这时，你的指导老师来了。他不认识你的朋友。
任务：请向指导老师问好，并介绍你的朋友。

시간: 오후 7시
장소: 파티
상황: 여러분은 친구와 이야기하고 있습니다. 거기에 여러분의 지도 교원이 있습니다. 지도 교원은 친구분을 모릅니다.
과제: 지도 교원에게 인사를 하고, 친구를 소개하십시오.

Thời gian: 7:00 chiều
Địa điểm: Buổi tiệc
Tình huống: Bạn đang nói chuyện với bạn. Đúng lúc đó, giáo viên hướng dẫn của bạn đi đến. Giáo viên của bạn không biết người bạn của bạn.
Nhiệm vụ: Hãy chào hỏi giáo viên hướng dẫn và giới thiệu bạn của mình!

1-1 A

时间：下午1点
地点：在日语教室里
情况：你第一次见到同一班级的留学生。
任务：请自我介绍一下。

시간: 오후 1시
장소: 일본어 교실
상황: 여러분은 클래스메이트를 처음 만났습니다.
과제: 자기소개를 하십시오.

Thời gian: 1:00 chiều
Địa điểm: Phòng học tiếng Nhật
Tình huống: Lần đầu tiên bạn gặp bạn học cùng lớp
Nhiệm vụ: Hãy tự giới thiệu về mình!

1-2 B

时间：下午1点
地点：在日语教室里
情况：你和朋友在说话。这时，一个陌生人走过来。
任务：请跟他／她打招呼。

시간: 오후 1시
장소: 파티
상황: 여러분과 이야기하고 있습니다. 거기에 모르는 사람이 있습니다.
과제: 인사를 하십시오.

Thời gian: 7:00 chiều
Địa điểm: Buổi tiệc
Tình huống: Bạn đang nói chuyện với bạn. Đúng lúc đó, một người không quen biết đi đến.
Nhiệm vụ: Hãy chào hỏi người đó!

1-1 B

时间：下午7点
地点：在晚会上。
情况：你和朋友在说话。这时，一个陌生人走过来。
任务：请跟他／她打招呼。

시간: 오후 7시
장소: 파티
상황: 여러분은 친구와 이야기하고 있습니다. 거기에 모르는 사람이 있습니다.
과제: 인사를 하십시오.

Thời gian: 7:00 chiều
Địa điểm: Buổi tiệc
Tình huống: Bạn đang nói chuyện với bạn. Đúng lúc đó, một người không quen biết đi đến.
Nhiệm vụ: Hãy chào hỏi người đó!

2-2 A

場所　　：日本語の教室
状況　　：友だちが写真を見ています。あなたはその写真について知りたいです。
タスク　：友だちに聞いてください。

Place:　　A Japanese language classroom
Situation: Your friend is looking at a photo. You want to know about the photo.
Task:　　Ask him/her about it.

イラストカード 2. 写真

2-2 B

場所　　：日本語の教室
状況　　：あなたは写真を見ています。あなたの国で友だちといっしょに撮った写真です。
タスク　：友だちの質問に答えてください。

Place:　　A Japanese language classroom
Situation: You are looking at a photo. It's a photo taken in your country of you and friends.
Task:　　Answer your friend's questions.

イラストカード 2. 写真

2-1 A

場所　　：カフェ
状況　　：あなたは友だちとカフェに来ました。メニューを見ていますが、読めません。
タスク　：友だちに聞いてください。

Place:　　A café
Situation: You are in a café with a friend. You are looking at the menu, but you cannot read it.
Task:　　Ask your friend.

イラストカード 1. メニュー

2-1 B

場所　　：カフェ
状況　　：あなたは友だちとカフェに来ました。今メニューを見ています。
タスク　：友だちがあなたに話しかけます。答えてください。

Place:　　A café
Situation: You are in a café with a friend. You are looking at the menu. Your friend says something to you. Respond.
Task:

イラストカード 1. メニュー

2-2 A

地点：在日语教室里
情况：你的朋友在看照片。你想知道关于那张照片的事情。
任务：请问一下你的朋友。

장소: 일본어 교실
상황: 친구가 사진을 보고 있습니다. 여러분은 그 사진에 대하여 알고 싶습니다.
과제: 친구에게 물어보십시오.

Địa điểm: Phòng học tiếng Nhật
Tình huống: Người bạn xem ảnh. Bạn muốn biết về bức ảnh đó.
Nhiệm vụ: Bạn hãy hỏi bạn!

2-2 B

地点：在日语教室里
情况：你在看照片。那是你在自己的国家和朋友一起照的。
任务：请回答你的朋友的问题。

장소: 일본어 교실
상황: 여러분은 사진을 보고 있습니다. 여러분이 나라에서 친구와 같이 찍은 사진입니다.
과제: 친구의 질문에 대답하십시오.

Địa điểm: Phòng học tiếng Nhật
Tình huống: Bạn đang xem bức ảnh. Đây là tấm ảnh bạn đã chụp cùng với bạn bè ở trong nước.
Nhiệm vụ: Bạn hãy trả lời câu hỏi của bạn mình!

イラストカード 2. 写真 しゃしん

2-1 A

地点：在咖啡馆里
情况：你和朋友到了咖啡馆。你在看菜单，可是你看不懂。
任务：请问一下你的朋友。

장소: 카페
상황: 여러분은 친구와 카페에 있습니다. 메뉴를 보고 있지만 읽을 수 없습니다.
과제: 친구에게 물어보십시오.

Địa điểm: Quán cà phê
Tình huống: Bạn đến quán cà phê cùng với người bạn. Bạn xem menu nhưng không đọc được.
Nhiệm vụ: Hãy hỏi bạn mình!

2-1 B

地点：在咖啡馆里
情况：你和朋友到了咖啡馆。现在，你在看菜单。
任务：请回答他／她。

장소: 카페
상황: 여러분은 친구와 카페에 있습니다. 지금 메뉴를 보고 있습니다.
과제: 친구에게 답을 줄 것입니다. 대답하십시오.

Địa điểm: Quán cà phê
Tình huống: Bạn đến quán cà phê cùng với người bạn. Bây giờ bạn đang xem menu.
Nhiệm vụ: Người bạn nói với bạn. Bạn hãy trả lời!

イラストカード 1. メニュー

3-2 A

イラストカード 3. 地図

場所　　：駅の前
状況　　：あなたは本屋に行きたいと思っています。今地図を持って探しています。
タスク　：道を歩いている人に聞いてください。

Place: In front of a station
Situation: You want to go to a bookstore. You are looking for one on a map now.
Task: Ask someone on the street.

3-2 B

場所　　：駅の前
状況　　：あなたは歩いています。
タスク　：知らない人がそばにきて話しかけます。答えてください。

Place: In front of a station
Situation: You are walking on the street.
Task: A stranger approaches you and asks you a question. Answer him/her.

3-1 A

イラストカード 3. 地図

場所　　：駅の前
状況　　：あなたは円山公園に行きます。今地図を持って円山公園を探しています。
タスク　：道を歩いている人に円山公園がどこにあるか聞いてください。

Place: In front of a station
Situation: You are going to Maruyama-Kooen (Maruyama Park) and are looking for it on a map.
Task: Ask someone on the street the location of Maruyama-Kooen.

3-1 B

場所　　：駅の前
状況　　：あなたは歩いています。
タスク　：知らない人がそばにきて話しかけます。答えてください。

Place: In front of a station
Situation: You are walking on the street.
Task: A stranger approaches you and asks you a question. Answer him/her.

イラストカード 3. 地図

3-1 A

地点：在车站前
情况：你要去圆山公园。现在你拿着地图在找圆山公园。
任务：请问一下行人。

장소: 역 앞
상황: 여러분은 마루야마공원에 갑니다. 지금 지도를 가지고 마루야마공원이 어디에 있는지 물어보십시오.
과제: 길을 걷고 있는 사람에게 마루야마공원을 찾고 있습니다.

Địa điểm: Trước nhà ga
Tình huống: Bạn đi đến Công viên Maruyama. Bây giờ bạn đang cầm bản đồ để tìm Công viên Maruyama.
Nhiệm vụ: Hãy hỏi người đi bộ trên đường xem Công viên Maruyama nằm ở đâu!

3-1 B

地点：在车站前
情况：你正在走着。
任务：一个陌生人走到你跟前向你搭话。请回答他／她。

장소: 역 앞
상황: 여러분은 걷고 있습니다.
과제: 모르는 사람이 옆에 와서 말을 겁니다. 대답하십시오.

Địa điểm: Trước nhà ga
Tình huống: Bạn đang đi bộ
Nhiệm vụ: Một người không quen biết đến bên và hỏi bạn. Bạn hãy trả lời người ấy!

3-2 A

地点：在车站前
情况：你想去书店。现在你拿着地图在找。
任务：请问一下行人。

장소: 역 앞
상황: 여러분은 서점에 가고 싶습니다. 지금 지도를 가지고 찾고 있습니다.
과제: 길을 걷고 있는 사람에게 물어보십시오.

Địa điểm: Trước nhà ga
Tình huống: Bạn muốn đi đến hiệu sách. Bây giờ, bạn đang cầm bản đồ để tìm nó.
Nhiệm vụ: Hãy hỏi người đi bộ trên đường!

3-2 B

地点：在车站前
情况：你正在走着。
任务：一个陌生人走到你跟前向你搭话。请回答他／她。

장소: 역 앞
상황: 여러분은 걷고 있습니다.
과제: 모르는 사람이 옆에 와서 말을 겁니다. 대답하십시오.

Địa điểm: Trước nhà ga
Tình huống: Bạn đang đi bộ
Nhiệm vụ: Một người không quen biết đến bên và hỏi bạn. Bạn hãy trả lời người đó!

4-2 A

場所　：ケーキ屋
状況　：あなたはこれから友だちのアパートに行きます。ケーキを5つ買おうと思います。
タスク：店員に話してください。

Place: A cake shop
Situation: You are going to your friend's apartment. You want to buy some cakes for 5 people.
Task: Order some cakes from the salesclerk.

イラストカード 4A. ケーキショーケース

4-2 B

場所　：ケーキ屋
状況　：あなたは店員です。お客さんが来ました。答えてください。
タスク：お客さんが来ました。答えてください。

Place: A cake shop
Situation: You work in a cake shop.
Task: A customer approaches you and talks to you. Answer the customer.

イラストカード 4B. ケーキリスト

4-1 A, B

時間　：午後1時
場所　：レストラン
状況　：あなたは友だちと2人で昼ご飯を食べに来ました。席に座ってメニューを見ています。
タスク：食べ物と飲み物を注文してください。

Time: 1 p.m.
Place: A restaurant
Situation: You and your friend have come to a restaurant for lunch. You are looking at the menu.
Task: Look at the menu and tell the wait person what you want to order.

イラストカード 1. メニュー

4-1 C

時間　：午後1時
場所　：レストラン
状況　：あなたはレストランの店員です。お客さんが2人来て席に座ってメニューを見ています。
タスク：お客さんのところへ行って注文を聞いてください。

Time: 1 p.m.
Place: A restaurant
Situation: You are a waiter/waitress. Two customers are going to eat in the restaurant and are looking at the menu.
Task: Go up to them and take their order.

4-2 A

地点：在蛋糕店里。
情况：你现在要去朋友的公寓。你想买五个蛋糕。
任务：请跟店员说话。

장소: 제과점
상황: 지금부터 친구가 사는 다가구주택에 갑니다. 케이크를 5개 사려고 합니다.
과제: 점원에게 말하십시오.

Địa điểm: Cửa hàng bánh ga-tô
Tình huống: Sau đây bạn sẽ đến khu căn hộ của người bạn. Bạn định mua 5 cái bánh.
Nhiệm vụ: Bạn hãy nói với nhân viên cửa hàng!

イラストカード 4A. ケーキショーケース

4-2 B

地点：在蛋糕店里。
情况：你是蛋糕店员。有客人来了。请回答他／她。

장소: 제과점
상황: 여러분은 점원입니다. 손님이 왔습니다. 대답하십시오.

Địa điểm: Cửa hàng bánh ga-tô
Tình huống: Bạn là nhân viên cửa hàng. Khách đã đến. Bạn hãy trả lời khách!

イラストカード 4B. ケーキリスト

4-1 A, B

时间：下午1点
地点：在餐厅里
情况：你和朋友两个人来吃午饭。现在你们坐在位子上看菜单。
任务：请点食物和饮料。

시간: 오후 1시
장소: 레스토랑
상황: 여러분은 친구와 둘이서 점심을 먹으러 와 있습니다. 자리에 앉아서 메뉴를 보고 있습니다.
과제: 밥을 정각과 마실 것을 주문하십시오.

Thời gian: 1:00 chiều
Địa điểm: Nhà hàng
Tình huống: Bạn đến ăn trưa cùng với một người bạn. Bạn ngồi vào ghế và xem menu.
Nhiệm vụ: Bạn hãy gọi đồ ăn và đồ uống!

イラストカード 1. メニュー

4-1 C

时间：下午1点
地点：在餐厅里
情况：你是餐厅的服务员。有两个客人来了，他们坐在位子上在看菜单。
任务：到客人那儿，问他们要什么。

시간: 오후 1시
장소: 레스토랑
상황: 여러분은 레스토랑 점원입니다. 손님 2명이 와서 자리에 앉아 메뉴를 보고 있습니다.
과제: 손님에게 가서 주문을 받으십시오.

Thời gian: 1:00 chiều
Địa điểm: Nhà hàng
Tình huống: Bạn là nhân viên nhà hàng. Khách đến hai người, ngồi vào bàn và xem menu.
Nhiệm vụ: Bạn hãy đi đến chỗ khách và nghe họ gọi món!

5-2 A

場所　：郵便局
状況　：あなたは国に荷物を送りたいです。安い方法がいいです。
タスク：郵便局員に話してください。

Place: The post office
Situation: You would like to send a parcel to your country. You prefer the cheapest method.
Task: Talk to a post office clerk.

5-2 B

〈料金 charges〉

	航空便	船便
料金	￥2000	￥1200
時間	5日	10日

場所　：郵便局
状況　：あなたは郵便局員です。荷物を持った人が来ました。
タスク：答えてください。

Place: The post office
Situation: You are a post office clerk. A customer approaches you with a parcel and talks to you. Answer the customer.

5-1 A

時間　：午後3時半
場所　：遊園地のチケット売り場
状況　：あなたは、友だちと友だちの弟（高校生）と3人で遊園地に来ました。
タスク：チケットを買ってください。

Time: 3:30 p.m.
Place: An amusement park ticket booth
Situation: You, a friend, and the friend's younger brother (high-school student) have come to an amusement park.
Task: Buy tickets.

イラストカード 5A. 料金表

5-1 B

時間　：午後3時半
場所　：遊園地のチケット売り場
状況　：あなたは、遊園地のチケット売り場の係りです。
タスク：来園者が来ました。チケットを売ってください。

Time: 3:30 p.m.
Place: An amusement park ticket booth
Situation: You work in the ticket booth.
Task: Customers have come to the booth. Sell them tickets.

イラストカード 5B. 料金表

5-1 A

时间：下午3点半
地点：在游乐园的售票处
情况：你和朋友、朋友的弟弟（高中生）三个人来到游乐园。
任务：请买票。

시간: 오후 3시 반
장소: 유원지의 매표소
상황: 여러분은 친구와 그 친구의 남동생(고등학생)과 셋이서 유원지에 와 있습니다.
과제: 티켓을 사십시오.

Thời gian:　3:00 chiều
Địa điểm:　Quầy bán vé khu vui chơi giải trí
Tình huống:　Bạn đã đi ba người cùng với một người bạn và em trai của bạn (là học sinh cấp ba) đến khu vui chơi giải trí.
Nhiệm vụ:　Bạn hãy mua vé!

イラストカード　5A. 料金表（りょうきんひょう）

5-1 B

时间：下午3点半
地点：在游乐园的售票处
情况：你是游乐园的工作人员。
任务：有游客来了。请卖票。

시간: 오후 3시 반
장소: 유원지의 매표소
상황: 여러분은 유원지의 매표소 직원입니다.
과제: 손님이 왔습니다. 티켓을 파십시오.

Thời gian:　3:30 chiều
Địa điểm:　Quầy bán vé khu vui chơi giải trí
Tình huống:　Bạn là người làm ở quầy bán vé của khu vui chơi giải trí.
Nhiệm vụ:　Khách đã đến. Bạn hãy bán vé!

イラストカード　5B. 料金表（りょうきんひょう）

5-2 A

地点：在邮局里
情况：你想往国内寄包裹。便宜的方法比较好。
任务：请跟邮局的人说话。

장소: 우체국
상황: 여러분은 고국에 짐을 부치고 싶습니다. 싼 방법이 좋습니다.
과제: 우체국 직원에게 말하십시오.

Địa điểm:　Bưu điện
Tình huống:　Bạn muốn gửi đồ về nước. Có cách nào rẻ thì tốt.
Nhiệm vụ:　Bạn hãy nói chuyện với nhân viên bưu điện!

5-2 B

地点：在邮局里
情况：你是邮局的工作人员。
任务：有人拿着包裹过来。请回答他／她。

장소: 우체국
상황: 여러분은 우체국 직원입니다.
과제: 짐을 든 사람이 왔습니다. 대답하십시오.

Địa điểm:　Bưu điện
Tình huống:　Có khách mang đồ đã đến. Bạn hãy trả lời khách!

〈料金（りょうきん）　費用　요금　Cước phí〉

	航空便（こうくうびん）	船便（ふなびん）
料金（りょうきん）	¥2000	¥1200
時間（じかん）	5日（いつか）	10日（とおか）

6-2 A

時間 ：午後7時
場所 ：寮
状況 ：あなたは、今週の土曜日に日本語クラスの友だちと映画を見に行きたいです。
タスク：友だちを誘ってください。友だちが行くと言ったら、何時に、どこで会うか決めてください。

Time: 7 p.m.
Place: Your dormitory
Situation: You want to go to see a movie this Saturday with a friend in your Japanese class.
Task: Invite your friend. If he/she accepts your invitation, decide the time and place you will meet.

6-2 B

時間 ：午後7時
場所 ：寮
状況 ：あなたは今週の土曜日の午後4時に、国の友だちのうちに遊びに行こうと思っています。日本語クラスの友だちが来て話しかけます。答えてください。

Time: 7 p.m.
Place: Your dormitory
Situation: You have a plan to visit a friend from your country at 4 p.m. this Saturday. Your friend in your Japanese class approaches you and talks to you. Answer him/her.

イラストカード 6. チケット

6-1 A

場所 ：日本語の教室
状況 ：あなたはコンサートのチケットを2枚持っています。
タスク：友だちをコンサートに誘ってください。友だちが行くと言ったら、何時に、どこで会うか決めてください。

Place: A Japanese language classroom
Situation: You have two tickets for a concert.
Task: Invite your friend to the concert. If he/she accepts your invitation, decide the time and place you will meet.

6-1 B

場所 ：日本語の教室
状況 ：—
タスク：友だちがあなたに話しかけます。答えてください。

Place: A Japanese language classroom
Situation: —
Task: Your friend approaches you and talks to you. Answer him/her.

6-1 A

地点：在日语教室里
情况：你有两张音乐会的门票。
任务：邀请你的朋友一起去音乐会。要是对方同意，请决定几点，在哪儿会面。

장소: 일본어 교실
상황: 여러분은 콘서트 티켓을 2장 가지고 있습니다.
과제: 친구에게 콘서트에 가자고 권유하십시오. 가겠다고 하면, 몇 시에 어디에서 만날지를 정하십시오.

Địa điểm: Phòng học tiếng Nhật
Tình huống: Bạn có hai vé xem hòa nhạc.
Nhiệm vụ: Bạn hãy rủ bạn đi xem hòa nhạc. Nếu bạn của bạn nói sẽ đi thì bạn hãy quyết định hẹn gặp nhau ở đâu và lúc mấy giờ.

6-1 B

地点：在日语教室里
情况：你的朋友跟你搭话。
任务：—

장소: 일본어 교실
상황: 친구가 여러분에게 말을 겁니다.
과제: —

Địa điểm: Phòng học tiếng Nhật
Tình huống: —
Nhiệm vụ: Bạn của bạn nói chuyện với bạn. Bạn hãy trả lời!

イラストカード 6. チケット

6-2 A

时间：下午7点
地点：在宿舍里
情况：你这是期六想和日语班的朋友去看电影。
任务：邀请你的朋友。要是对方同意，请决定几点，在哪儿会面。

시간: 오후 7시
장소: 기숙사
상황: 여러분은 이번주 토요일에 일본어 클래스 친구와 영화를 보러 가고 싶습니다.
과제: 친구에게 권유하시고, 가겠다고 하면, 몇 시에 어디에서 만날지를 정하십시오.

Thời gian: 7:00 chiều
Địa điểm: Ký túc xá
Tình huống: Bạn muốn đi xem phim cùng với bạn lớp học tiếng Nhật vào thứ bảy tuần này.
Nhiệm vụ: Bạn hãy rủ bạn. Nếu bạn của bạn nói sẽ đi, bạn hãy quyết định hẹn gặp nhau ở đâu và vào lúc mấy giờ!

6-2 B

时间：下午7点
地点：在宿舍里
情况：这是期六下午4点，你想去本国朋友家玩儿。
任务：日语班同学过来跟你搭话。请回答他／她。

시간: 오후 7시
장소: 기숙사
상황: 여러분은 이번주 토요일 오후 4시에 같은 나라 친구 집에 놀러 가려고 합니다.
과제: 일본어 클래스 친구가 와서 말을 겁니다. 대답하십시오.

Thời gian: 7:00 chiều
Địa điểm: Ký túc xá
Tình huống: Bạn định đi đến chơi nhà một người bạn cùng nước vào bốn giờ chiều thứ bảy tuần này.
Nhiệm vụ: Bạn học lớp tiếng Nhật đến và nói chuyện. Bạn hãy trả lời!

7-2 A

場所　：スーパーマーケット
状況　：あなたは砂糖を買おうと思いますが、どこにあるかわかりません。
タスク：店の人に聞いてください。

Place:　A supermarket
Situation: You are looking for sugar ("satoo"), but you can't find it.
Task:　Ask a store clerk.

イラストカード **7A. スーパー店内（客）**

7-2 B

場所　：スーパーマーケット
状況　：あなたは店員です。
タスク：お客さんがあなたに話しかけます。答えてください。

Place:　A supermarket
Situation: You are working at a supermarket.
Task:　A customer approaches you and talks to you. Answer him/her.

イラストカード **7B. スーパー店内（店員）**

7-1 A

場所　：地下鉄の駅
状況　：あなたは地下鉄を降りて、区役所に行こうと思います。でも、どの出口から出るかわかりません。
タスク：知らない人に聞いてください。

Place:　A subway station
Situation: You have got off a train at a subway station. You are going to the ward office ("kuyaku-sho"), but you don't know which exit ("deguchi") you should take.
Task:　Ask someone in the station.

7-1 B

場所　：地下鉄の駅
状況　：あなたは歩いています。
タスク：知らない人があなたに話しかけます。答えてください。

出口	
A1	ポプラ病院
A2	区役所
A3	桜台公園

Place:　A subway station
Situation: You are walking in the subway station.
Task:　A stranger approaches you and talks to you. Answer him/her.

イラストカード 7A. スーパー店内(客)

7-2 A

地点：在超市里
情况：你想买砂糖，可是你不知道在哪儿。
任务：请问一下店员。

장소：슈퍼마켓
상황：여러분은 설탕을 사려고 하는데, 어디에 있는지 모릅니다.
과제：점원에게 사람에게 물어보십시오.

Địa điểm： Siêu thị
Tình huống： Bạn định mua đường nhưng không biết nó ở chỗ nào.
Nhiệm vụ： Hãy hỏi nhân viên siêu thị!

7-1 A

地点：在地铁站
情况：你下了地铁，想去区政府，可是你不知道应该从哪个出口出去。

장소：지하철 역
상황：여러분은 지하철에서 내려서 구청에 가려고 합니다. 하지만 어느 출구로 나가는지 모릅니다.
과제：사람에게 물어보십시오.

Địa điểm： Ga tàu điện ngầm
Tình huống： Bạn xuống tàu điện ngầm và định đi đến tòa thị chính. Thế nhưng, bạn không biết phải ra theo lối cửa nào.
Nhiệm vụ： Hãy hỏi một người không quen biết!

イラストカード 7B. スーパー店内(店員)

7-2 B

地点：在超市里
情况：你是店员。
任务：有顾客向你搭话。请回答他／她。

장소：슈퍼마켓
상황：여러분은 점원입니다.
과제：손님이 여러분에게 말을 겁니다. 대답하십시오.

Địa điểm： Siêu thị
Tình huống： Bạn là nhân viên.
Nhiệm vụ： Khách hàng nói với bạn. Hãy trả lời khách!

7-1 B

地点：在地铁站
情况：你正在走着。
任务：一个陌生人向你搭话。请回答他／她。

장소：지하철 역
상황：여러분은 걷고 있습니다.
과제：모르는 사람이 여러분에게 말을 겁니다. 대답하십시오.

Địa điểm： Ga tàu điện ngầm
Tình huống： Bạn đang đi bộ.
Nhiệm vụ： Một người không quen biết nói chuyện với bạn. Bạn hãy trả lời người đó!

出口(でぐち)	
A1	ポプラ病院(びょういん)
A2	区役所(くやくしょ)
A3	桜台公園(さくらだいこうえん)

8-1 A

時間 ：昼休み
場所 ：大学の言語センターのラウンジ
状況 ：あなたは友だちと話したいです。友だちはスマートフォンでよく動画を見ています。今も見ています。
タスク：話しかけてください。

Time: Lunch break
Place: The lounge of the university language center
Situation: You want to talk with your friend. He/She often watches videos on his/her smartphone. He/She is watching one now.
Task: Speak to your friend.

8-1 B

時間 ：昼休み
場所 ：大学の言語センターのラウンジ
状況 ：あなたはスマートフォンでよく動画を見ています。今も見ています。友だちが来て、あなたに話しかけます。答えてください。

Time: Lunch break
Place: The lounge of the university language center
Situation: You are watching a video on your smartphone now. You often watch them. Your friend approaches you and talks to you. Answer him/her.

8-2 A

時間 ：午後3時
場所 ：日本語の教室
状況 ：あなたは友だちと話したいです。友だちはよく図書館に行っています。今も図書館から借りた本を何冊か持っています。
タスク：話しかけてください。

Time: 3 p.m.
Place: A Japanese language classroom
Situation: You want to talk with your friend. He/She seems to often go to the library. He/She also has some books from the library now.
Task: Speak to your friend.

8-2 B

時間 ：午後3時
場所 ：日本語の教室
状況 ：あなたはよく図書館に行きます。今も図書館から借りた本を何冊か持っています。友だちが来て、あなたに話しかけます。答えてください。

Time: 3 p.m.
Place: A Japanese language classroom
Situation: You have some books from the library. You often go to the library. Your friend approaches you and talks to you. Answer your friend.

8-2 A

时间：下午3点
地点：在日语教室里
情况：你想跟朋友说话。你的朋友带着好几本从图书馆借来的书呢。
任务：请跟他／她搭话。

시간: 오후 3시
장소: 일본어 교실
상황: 여러분은 친구와 이야기하고 싶습니다. 친구는 도서관에 자주 갑니다. 지금도 도서관에서 빌린 책을 몇 권인가 들고 있습니다.
과제: 말을 거십시오.

Thời gian: 3:00 chiều
Địa điểm: Lớp học tiếng Nhật
Tình huống: Bạn muốn nói chuyện với bạn. Bạn của bạn rất hay đi đến thư viện. Bây giờ cũng đang cầm mấy cuốn sách mượn từ thư viện.
Nhiệm vụ: Hãy nói chuyện với bạn.

8-2 B

时间：下午3点
地点：在日语教室里
情况：你现在也拿着好几本从图书馆借来的书呢。你的朋友过来跟你搭话。请回答他／她。

시간: 오후 3시
장소: 일본어 교실
상황: 여러분은 도서관에 자주 갑니다. 지금도 도서관에서 빌린 책을 몇 권인가 들고 있습니다. 친구가 와서 여러분에게 말을 겁니다. 대답하십시오.

Thời gian: 3:00 chiều
Địa điểm: Phòng học tiếng Nhật
Tình huống: Bạn thường hay đi thư viện. Bây giờ cũng đang cầm mấy cuốn sách mượn từ thư viện.
Nhiệm vụ: Bạn của bạn đi đến và nói chuyện với bạn. Hãy trả lời bạn!

8-1 A

时间：午休时间
地点：在大学语言中心的休息室里
情况：你想跟朋友说话。你的朋友常用智能手机看视频，他／她此刻也在看。
任务：请跟他／她搭话。

시간: 점심 시간
장소: 대학교 언어센터 라운지
상황: 여러분은 친구와 이야기하고 싶습니다. 친구는 스마트폰으로 동영상을 자주 봅니다. 지금도 보고 있습니다.
과제: 말을 거십시오.

Thời gian: Giờ nghỉ trưa
Địa điểm: Phòng nghỉ của Trung tâm Ngôn ngữ trường đại học
Tình huống: Bạn muốn nói chuyện với bạn. Bạn của bạn lại là người hay xem phim trên smartphone và bây giờ cũng đang xem.
Nhiệm vụ: Hãy nói chuyện với bạn.

8-1 B

时间：午休时间
地点：在大学语言中心的休息室里
情况：你常用智能手机看视频，你此刻也在看。你的朋友来了，他／她跟你搭话。请回答他／她。

시간: 점심 시간
장소: 대학교 언어센터 라운지
상황: 여러분은 스마트폰으로 동영상을 자주 봅니다. 지금도 보고 있습니다. 친구가 와서 여러분에게 말을 겁니다. 대답하십시오.

Thời gian: Giờ nghỉ trưa
Địa điểm: Phòng nghỉ của Trung tâm Ngôn ngữ trường đại học
Tình huống: Bạn rất hay xem phim trên smartphone. Bây giờ cũng đang xem.
Nhiệm vụ: Bạn của bạn đi đến, nói chuyện với bạn. Bạn hãy trả lời!

9-2 A

時間 ： 午後6時
場所 ： 駅の事務室
状況 ： あなたはこの駅に午後5時50分に着きました。でも、地下鉄の中に携帯電話を忘れたことに気がつきました。
タスク ： 駅員に話してください。

Time: 6 p.m.
Place: A subway station office
Situation: You arrived at the station at 5:50 p.m., and then noticed you'd left your mobile phone on a subway train.
Task: Ask a subway station employee about it.

9-2 B

時間 ： 午後6時
場所 ： 駅の事務室
状況 ： あなたは駅員です。
タスク ： 人が来ました。答えてください。

Time: 6 p.m.
Place: A subway station office
Situation: You are a subway station employee. You are in the station office.
Task: A passenger comes to the office to talk to you. Answer him/her.

9-1 A

場所 ： 事務室
状況 ： あなたはきのう教室に青いファイルを忘れました。でも、教室にありません。
タスク ： 事務のの人に聞いてください。

Place: The school office
Situation: You left a blue file in the classroom yesterday. But it is not there now.
Task: Ask a staff member of your school office about it.

9-1 B

場所 ： 事務室
状況 ： あなたはここで働いています。青いファイルと黒いファイルの忘れ物があります。
タスク ： 学生が来ました。答えてください。

Place: The school office
Situation: You are a staff member of the school office. In the office there are two lost articles: a blue file and a black file. They have been left in a classroom.
Task: A student approaches you and asks some questions. Answer him/her.

9-1 A

时间：下午6点
地点：在办公室里
情况：昨天你把一个蓝色的文件夹忘在了教室里。可是，现在教室里没有。
任务：请问一下办公室的人。

장소: 사무실
상황: 여러분은 어제 교실에 파란 파일을 잊어버리고 있습니다. 그렇지만 교실에 없습니다.
과제: 사무실 직원에게 물어보십시오.

Địa điểm: Văn phòng
Tình huống: Bạn quên tệp tài liệu màu xanh ở trên lớp vào ngày hôm qua. Thế nhưng ở trên lớp lại không có.
Nhiệm vụ: Hãy hỏi người văn phòng!

9-1 B

地点：在办公室里
情况：你在办公室工作。办公室里有一个蓝色的文件夹和一个黑色的文件夹。
任务：有个学生来了。请回答他/她。

장소: 사무실
상황: 여러분은 여기에서 근무하고 있습니다. 사무실에 분실물인 파란 파일과 검은 파일이 있습니다.
과제: 학생이 왔습니다. 대답하십시오.

Địa điểm: Văn phòng
Tình huống: Bạn đang làm việc ở văn phòng. Ở văn phòng có tệp tài liệu màu xanh và tệp tài liệu màu đen.
Nhiệm vụ: Sinh viên đến. Bạn hãy trả lời!

9-2 A

时间：下午6点
地点：在车站办公室里
情况：你发现把手机忘在了地铁里。
任务：请告诉车站工作人员。

시간: 오후 6시
장소: 역 사무실
상황: 여러분은 이 역에 오후 5시 50분에 도착했습니다. 그렇지만 지하철 안에 휴대 전화를 두고 내린 것을 알았습니다.
과제: 역무원에게 말하십시오.

Thời gian: 6:00 chiều
Địa điểm: Văn phòng nhà ga
Tình huống: Bạn đến nhà ga này lúc 5:50 chiều. Nhưng bạn phát hiện ra rằng mình để quên chiếc điện thoại di động trên tàu điện ngầm.
Nhiệm vụ: Hãy nói chuyện với nhân viên nhà ga!

9-2 B

时间：下午6点
地点：在车站办公室里
情况：你是车站工作人员。
任务：有人过来了。请回答他/她。

시간: 오후 6시
장소: 역 사무실
상황: 여러분은 역무원입니다.
과제: 사람이 왔습니다. 대답하십시오.

Thời gian: 6:00 chiều
Địa điểm: Văn phòng nhà ga
Tình huống: Bạn là nhân viên nhà ga.
Nhiệm vụ: Có người đến. Bạn hãy trả lời!

10-2 A

場所（ばしょ）　：寮（りょう）
状況（じょうきょう）：あなたは外国料理（がいこくりょうり）のレストランへ行（い）こうと思（おも）っています。どんな料理（りょうり）がおいしいかわかりません。
タスク：その国（くに）の留学生（りゅうがくせい）の友（とも）だちに聞（き）いてください。

Place: Your dormitory
Situation: You are going to a restaurant where your friend's national dishes are served. You do not know which dishes are good.
Task: Ask your friend.

10-2 B

場所（ばしょ）　：寮（りょう）
状況（じょうきょう）：―
タスク：友（とも）だちがあなたに話（はな）しかけます。答（こた）えてください。

Place: Your dormitory
Situation: ―
Task: Your friend is speaking to you. Answer him/her.

10-1 A

場所（ばしょ）　：駅（えき）の前（まえ）
状況（じょうきょう）：あなたはポプラ病院（びょういん）に行（い）きたいです。でも、行（い）き方（かた）がよくわかりません。
タスク：知（し）らない人（ひと）に聞（き）いてください。

Place: In front of a station
Situation: You want to go to Popura Hospital but are not sure how to get there.
Task: Ask someone.

10-1 B

場所（ばしょ）　：駅（えき）の前（まえ）
状況（じょうきょう）：あなたは駅（えき）の前（まえ）を歩（ある）いています。
タスク：知（し）らない人（ひと）が話（はな）しかけます。答（こた）えてください。

Place: In front of a station
Situation: You're walking in front of the station.
Task: A stranger talks to you. Answer him/her.

イラストカード 3. 地図（ちず）

10-2 A

地点：在宿舍里
情况：你想去外国餐厅吃饭。你不知道什么菜好吃。
任务：请问一下那个国家的留学生朋友。

장소：기숙사
상황：여러분은 외국 요리 레스토랑에 가려고 합니다. 어떤 요리가 맛있는지 모릅니다.
과제：그 나라에서 온 유학생 친구에게 물어봅시다.

Địa điểm: Ký túc xá
Tình huống: Bạn định đi đến nhà hàng món ăn nước ngoài. Bạn không biết món nào ngon.
Nhiệm vụ: Hãy hỏi bạn là du học sinh của nước đấy!

10-2 B

地点：在宿舍里
情况：—
任务：你的朋友向你搭话。请回答他／她。

장소：기숙사
상황：—
과제：친구가 여러분에게 말을 걸을 겁니다. 대답하십시오.

Địa điểm: Ký túc xá
Tình huống: —
Nhiệm vụ: Bạn của bạn nói chuyện với bạn. Hãy trả lời bạn ấy!

10-1 A

地点：在车站前
情况：你想去白桦医院，但是你不知道怎么走。
任务：请问一下陌生人。

장소：역 앞
상황：여러분은 포푸라병원에 가고 싶습니다. 하지만 가는 방법을 잘 모릅니다.
과제：모르는 사람에게 물어봅시다.

Địa điểm: Trước nhà ga
Tình huống: Bạn muốn đi đến bệnh viện Popura. Thế nhưng bạn không biết cách đi.
Nhiệm vụ: Hãy hỏi một người không quen biết!

10-1 B

地点：在车站前
情况：你在车站前走着。
任务：一个陌生人向你搭话。请回答他／她。

장소：역 앞
상황：여러분은 역 앞을 걷고 있습니다.
과제：모르는 사람이 말을 걸을 겁니다. 대답하십시오.

Địa điểm: Trước nhà ga
Tình huống: Bạn đang đi bộ trước nhà ga
Nhiệm vụ: Một người không quen biết nói chuyện với bạn. Hãy trả lời bạn ấy!

11-2 A

時間 ：午後7時
場所 ：大学のパーティー
状況 ：友だちがおしゃれをしています。とてもすてきです。
タスク：友だちを褒めてください。

Time: 7 p.m.
Place: A party held by your university
Situation: Your friend is dressed up. He/she looks very nice.
Task: Compliment him/her.

11-2 B

時間 ：午後7時
場所 ：大学のパーティー
状況 ：あなたはおしゃれをしてパーティーに来ました。
タスク：友だちがあなたに話しかけます。答えてください。

Time: 7 p.m.
Place: A party held by your university
Situation: You are dressed up.
Task: Your friend is speaking to you. Answer him/her.

11-1 A

場所 ：友だちのアパート／寮
状況 ：友だちが作った料理を食べています。とてもおいしいです。
タスク：友だちを褒めてください。

Place: Your partner's apartment/dormitory
Situation: You are eating something your friend has cooked.
It is very delicious.
Task: Compliment him/her.

11-1 B

場所 ：あなたのアパート／寮
状況 ：あなたが作った料理を友だちと食べています。
タスク：友だちがあなたに話しかけます。答えてください。

Place: Your apartment/dormitory
Situation: You cooked something for your friend, and you are eating it with him/her.
Task: He/she is speaking to you. Answer him/her.

11-1 A

时间：下午7点
地点：在大学的聚会上。
情况：你的朋友打扮得很好，非常漂亮。
任务：夸奖一下你的朋友。

시간: 오후 7시
장소: 대학교 파티
상황: 친구가 모임을 내고 있습니다. 아주 멋집니다.
과제: 친구를 칭찬해 주십시오.

Thời gian: 7:00 chiều
Địa điểm: Bữa tiệc Trường đại học
Tình huống: Bạn của bạn ăn mặc diện. Trông rất đẹp.
Nhiệm vụ: Hãy khen bạn ấy!

11-2 A

地点：在朋友的公寓/宿舍里
情况：你吃着朋友做的菜。非常好吃。
任务：夸奖一下你的朋友。

장소: 친구의 다가구주택/기숙사
상황: 친구가 만든 요리를 먹고 있습니다. 너무 맛있습니다.
과제: 친구를 칭찬해 주십시오.

Địa điểm: Khu tập thể/Ký túc xá của người bạn
Tình huống: Bạn đang ăn món ăn mà người bạn nấu. Nó rất ngon.
Nhiệm vụ: Hãy khen bạn!

11-2 B

时间：下午7点
地点：在大学的聚会上。
情况：你打扮得很漂亮来参加聚会。
任务：你的朋友向你搭话。请回答他/她。

시간: 오후 7시
장소: 대학교 파티
상황: 여러분은 모임을 내고 파티에 있습니다.
과제: 친구가 여러분에게 말을 걸 것입니다. 대답하십시오.

Thời gian: 7:00 chiều
Địa điểm: Bữa tiệc Trường đại học
Tình huống: Bạn mặc diện đến buổi tiệc.
Nhiệm vụ: Bạn của bạn nói chuyện với bạn. Hãy trả lời bạn ấy!

11-1 B

地点：在朋友的公寓/宿舍里
情况：你和朋友吃着你做的菜。
任务：你的朋友向你搭话。请回答他/她。

장소: 여러분의 다가구주택/기숙사
상황: 여러분이 만든 요리를 친구와 먹고 있습니다.
과제: 친구가 여러분에게 말을 걸 것입니다. 대답하십시오.

Địa điểm: Nhà tập thể của người bạn/Ký túc xá
Tình huống: Bạn đang cùng bạn ăn món ăn mà bạn nấu.
Nhiệm vụ: Bạn của bạn nói chuyện với bạn. Hãy trả lời bạn ấy!

12-2 A

場所：日本語の教室
状況：あなたは先週友だちから授業のノートを借りました。きょう返す約束をしましたが、まだコピーをしていません。あしたその授業で小テストがあります。
タスク：友だちに謝って、いつ持って来るか言ってください。

Place: A Japanese language classroom
Situation: You borrowed class notes from a friend last week. You promised to return them today, but you have not copied them yet. You have a small test on the class notes' subject tomorrow.
Task: Apologize to your friend and tell him/her when you can bring them.

12-2 B

場所：日本語の教室
状況：あなたは先週友だちに授業のノートを貸しました。友だちはきょう返す約束をしました。あしたその授業で小テストがあります。
タスク：友だちがあなたに話しかけます。答えてください。

Place: A Japanese language classroom
Situation: You lent your class notes to a friend last week. He/she promised that he/she would bring them today. You have a small test on the class notes' subject tomorrow.
Task: Your friend is speaking to you. Answer him/her.

12-1 A

場所：日本語の教室
状況：あなたは会話クラスの宿題を出さなければなりませんが、きょう全部終わっていません。
タスク：先生に謝って、いつ持って来るか言ってください。

Place: A Japanese language classroom
Situation: You have to submit your conversation class homework today, but you have not finished it yet.
Task: Apologize to your Japanese language teacher and tell him/her when you can submit it.

12-1 B

場所：日本語の教室
状況：あなたは日本語の先生です。先週学生に会話クラスの宿題を与えました。きょうが締め切りです。
タスク：学生があなたに話しかけます。答えてください。

Place: A Japanese language classroom
Situation: You are a Japanese language teacher. You gave conversation class homework to your students last week. The deadline is today.
Task: A student approaches you. Answer him/her.

12-2 A

地点：在日语教室里
情况：你上周向朋友借了课堂笔记，约好今天还，可是你还没有复印。明天那节课有小测验。
任务：向你的朋友道歉，说明什么时候拿来还。

장소: 일본어 교실
상황: 여러분은 지난주에 친구에게서 수업 노트를 빌렸습니다. 오늘 돌려주기로 약속을 했는데, 아직 복사하지 않았습니다. 내일 그 수업에서 미니 테스트가 있습니다.
과제: 친구에게 사과하고, 언제 가지고 올지 말하십시오.

Địa điểm: Phòng học tiếng Nhật
Tình huống: Bạn mượn vở của bạn vở bài vào tuần trước. Bạn đã hẹn là hôm nay sẽ trả nhưng bạn vẫn chưa phô-tô xong. Ngày mai, trong giờ học đó có bài kiểm tra nhỏ.
Nhiệm vụ: Hãy xin lỗi bạn và nói khi nào sẽ mang vở đến cho bạn!

12-2 B

地点：在日语教室里
情况：你上周把课堂笔记借给了朋友，他/她约好今天还给你。明天那节课有小测验。
任务：你的朋友向你搭话，请回答他/她。

장소: 일본어 교실
상황: 여러분은 지난주에 친구에게 수업 노트를 빌려주었습니다. 친구는 오늘 돌려주기로 약속했습니다. 내일 그 수업에서 미니 테스트가 있습니다.
과제: 친구가 여러분에게 말을 겁니다. 대답하십시오.

Địa điểm: Phòng học tiếng Nhật
Tình huống: Bạn cho bạn mượn vở ghi bài vào tuần trước. Bạn của bạn hứa sẽ trả vào hôm nay. Ngày mai trong giờ đó sẽ có bài kiểm tra nhỏ.
Nhiệm vụ: Bạn của bạn nói chuyện với bạn. Hãy trả lời bạn ấy!

12-1 A

地点：在日语教室里
情况：今天你必须交会话课的作业，可是你还没有全部做完。
任务：向老师道歉，说明什么时候拿来交。

장소: 일본어 교실
상황: 여러분은 오늘 회화 수업 숙제를 제출해야 하는데, 아직 다 끝나지 않았습니다.
과제: 선생님께 사과하고, 언제 가지고 올지 말하십시오.

Địa điểm: Phòng học tiếng Nhật
Tình huống: Hôm nay bạn phải nộp bài tập của lớp hội thoại mà bạn vẫn chưa làm xong hết.
Nhiệm vụ: Hãy xin lỗi và nói khi nào sẽ mang đến nộp!

12-1 B

地点：在日语教室里
情况：你是日语老师。上周你给学生留了会话作业。今天是截止日期。
任务：有个学生跟你说话，请回答他/她。

장소: 일본어 교실
상황: 여러분은 일본어 선생님입니다. 지난주 학생에게 회화 수업 숙제를 냈습니다. 오늘이 마감일입니다.
과제: 학생이 여러분에게 말을 겁니다. 대답하십시오.

Địa điểm: Phòng học tiếng Nhật
Tình huống: Bạn là giáo viên tiếng Nhật. Tuần trước bạn đã giao bài tập về nhà lớp hội thoại cho sinh viên. Hôm nay là hạn nộp bài.
Nhiệm vụ: Sinh viên thưa chuyện với bạn. Bạn hãy trả lời!

13-2 A

時間　：深夜1時
場所　：あなたのアパート／寮
状況　：隣の部屋の声が大きいです。あなたは寝られません。
タスク：隣の部屋へ行って、話してください。

Time: 1 a.m.
Place: Your apartment/dormitory
Situation: The voice of the person in the room next door is very loud. You can't sleep.
Task: Go next door and talk to the person.

13-2 B

時間　：深夜1時
場所　：あなたのアパート／寮
状況　：あなたはヘッドフォンをして音楽を聞きながら歌っています。
タスク：誰かが来ました。話してください。

Time: 1 a.m.
Place: Your apartment/dormitory
Situation: You have headphones on and are singing along to music.
Task: Someone has come to your room. Answer him/her.

13-1 A

場所　：映画館
状況　：あなたはL-21の席のチケットを持っています。でも、誰かがL-21の席に座っています。
タスク：話してください。

Place: A movie theater
Situation: You have a ticket for seat No. L-21. But someone is sitting in No. L-21.
Task: Tell him/her about it.

イラストカード 8A. チケット

13-1 B

場所　：映画館
状況　：あなたはM-21の席のチケットを持っています。今席に座ってプログラムを読んでいます。知らない人が来て、あなたに話しかけます。
タスク：答えてください。

Place: A movie theater
Situation: You have a ticket for seat No. M-21. You are seated and reading a program. A stranger approaches you and talks to you. Answer him/her.

イラストカード 8B. チケット

13-1 A

时间：凌晨 1 点
地点：在你的公寓／宿舍里
情况：你隔壁的音乐声很大。你无法入睡。
任务：到隔壁房间去告诉那个人。

시간: 밤 1시
장소: 여러분의 단가구주택／기숙사
상황: 옆방 음악소리가 큼니다. 여러분은 잠을 잘 수 없습니다.
과제: 옆방에 가서 말하십시오.

Thời gian: 1:00 đêm
Địa điểm: Khu tập thể/Ký túc xá của bạn
Tình huống: Tiếng nói chuyện của phòng bên to. Bạn không thể ngủ được.
Nhiệm vụ: Bạn hãy sang phòng bên và nói chuyện!

13-2 B

时间：凌晨 1 点
地点：在你的公寓／宿舍里
情况：有人来了。你带着耳机一边听音乐，一边唱歌。
任务：请眼他／她说话。

시간: 밤 1시
장소: 여러분의 단가구주택／기숙사
상황: 여러분은 헤드폰을 끼고 음악을 들으면서 노래를 부르고 있습니다. 누군가가 왔습니다.
과제: 대답하십시오.

Thời gian: 1:00 đêm
Địa điểm: Khu tập thể/Ký túc xá của bạn
Tình huống: Bạn đang vừa đeo tai nghe nghe nhạc vừa hát. Một ai đó đã đến. Hãy nói chuyện!

イラストカード 8A. チケット

13-1 B

地点：在电影院里
情况：你有 L-21 座位的票。可是，有人已坐在 L-21 的座位上了。
任务：请眼他／她说话。

장소: 영화관
상황: 여러분은 L-21 좌석표를 가지고 있습니다. 하지만 누군가가 L-12 좌석에 앉아 있습니다.
과제: 말하십시오.

Địa điểm: Rạp chiếu phim
Tình huống: Bạn có vé số chỗ ngồi là L-21. Nhưng ai đó đã ngồi vào chỗ L-21.
Nhiệm vụ: Hãy nói với người đó!

13-2 B

地点：在电影院里
情况：你有 M-21 座位的票。现在你坐在位子上看节目单。一位陌生人来了，他／她向你搭话。
任务：请回答他／她。

장소: 영화관
상황: 여러분은 M-21 좌석표를 가지고 있습니다. 지금 좌석에 앉아서 프로그램을 읽고 있습니다. 모르는 사람이 와서 여러분에게 말을 걸 것입니다. 대답하십시오.

Địa điểm: Rạp chiếu phim
Tình huống: Bạn có vé số chỗ ngồi là M-21. Bây giờ bạn đang ngồi vào chỗ và đọc chương trình. Một người không quen biết đến và nói chuyện với bạn. Hãy trả lời người đó!

イラストカード 8B. チケット

14-2 A

時間：午後5時半
場所：ホームステイの家の台所
状況：ホームステイの家族が晩ご飯の準備をしています。
タスク：手伝いを申し出てください。

Time: 5:30 p.m.
Place: The kitchen in your homestay family's house
Situation: A member of your homestay family is preparing dinner.
Task: Offer to help.

14-2 B

時間：午後5時半
場所：あなたの家の台所
状況：留学生がホームステイに来ています。今あなたは晩ご飯の準備をしています。
タスク：留学生があなたに話しかけます。答えてください。

Time: 5:30 p.m.
Place: The kitchen in your house
Situation: A foreign student is staying with your family as part of a homestay program. You are preparing dinner now.
Task: He/she talks to you. Answer him/her.

14-1 A

時間：午前10時
場所：会議室
状況：11時からここでミーティングがあります。先輩が机やいすを並べています。
タスク：手伝いを申し出てください。

Time: 10 a.m.
Place: A meeting room
Situation: A meeting is taking place here from 11 a.m. A senior student is arranging desks and chairs for the meeting.
Task: Offer to help.

14-1 B

時間：午前10時
場所：会議室
状況：11時からここでミーティングがあります。あなたは机やいすを並べています。そして資料を15枚コピーします。
タスク：後輩が来て、あなたに話しかけます。答えてください。

Time: 10 a.m.
Place: A meeting room
Situation: A meeting is taking place here from 11 a.m. You are arranging desks and chairs for the meeting. And you have to make 15 copies of a document.
Task: A junior student approaches you and talks to you. Answer him/her.

14-2 A

时间：下午 5 点半
地点：在寄宿家庭的厨房里
情况：寄宿家庭的人在准备晚饭。
任务：提出帮忙。

시간: 오후 5 시 반
장소: 홈스테이 집의 주방
상황: 홈스테이 가족이 저녁 준비를 하고 있습니다.
과제: 돕겠다고 자청하십시오.

Thời gian: 5:30 chiều
Địa điểm: Bếp nhà gia đình homestay
Tình huống: Gia đình homestay đang chuẩn bị làm cơm tối.
Nhiệm vụ: Hãy đề nghị để giúp đỡ!

14-2 B

时间：下午 5 点半
地点：在自家的厨房里
情况：有个留学生来你家寄宿。现在你在准备晚饭。
任务：留学生问你搭话。请回答他／她。

시간: 오후 5 시 반
장소: 여러분 집의 주방
상황: 유학생이 홈스테이로 와 있습니다. 지금 여러분은 저녁 준비를 하고 있습니다.
과제: 유학생이 여러분에게 말을 겁니다. 대답하십시오.

Thời gian: 5:30 chiều
Địa điểm: Bếp nhà bạn
Tình huống: Một du học sinh đang đến ở homestay nhà bạn. Bây giờ bạn đang chuẩn bị cơm tối.
Nhiệm vụ: Du học sinh nói chuyện với bạn. Hãy trả lời!

14-1 A

时间：上午 10 点
地点：在会议室里
情况：从 11 点开始在这儿有个会议。你的学长在摆放桌椅。
任务：提出帮忙。

시간: 오전 10 시
장소: 회의실
상황: 11 시부터 여기에서 회의가 있습니다. 선배가 책상과 의자를 배열하고 있습니다.
과제: 돕겠다고 자청하십시오.

Thời gian: 10:00 sáng
Địa điểm: Phòng hội trường
Tình huống: Từ 11 giờ ở đây sẽ có cuộc họp. Các anh chị khóa trên đang kê bàn ghế.
Nhiệm vụ: Hãy đề nghị để giúp đỡ họ!

14-1 B

时间：上午 10 点
地点：在会议室里
情况：从 11 点开始在这儿有个会议。你在摆放桌椅，之后还要复印 15 份资料。
任务：低年级同学来了，他／她跟你搭话。请回答他／她。

시간: 오전 10 시
장소: 회의실
상황: 11 시부터 여기에서 회의가 있습니다. 여러분은 책상과 의자를 배열하고 있습니다. 그리고 자료를 15 장 복사합니다.
과제: 후배가 와서 여러분에게 말을 겁니다. 대답하십시오.

Thời gian: 10:00 sáng
Địa điểm: Phòng hội trường
Tình huống: Từ 11 giờ ở đây sẽ có cuộc họp. Bạn đang kê bàn ghế. Và sẽ còn photocopy 15 tờ tài liệu nữa.
Nhiệm vụ: Sinh viên khóa dưới đến và nói chuyện với bạn. Bạn hãy trả lời!

15-1 A

時間　：昼休み
場所　：日本語の教室
状況　：日本語のクラスが終わりました。あなたは昼ごはんを食べに行きます。
タスク：友だちを誘ってください。食堂へ昼ごはんを食べに行きます。

Time: Lunch break
Place: A Japanese language classroom
Situation: Japanese language class has just finished and you are going to a school cafeteria to have lunch.
Task: Ask a friend to have lunch with you now.

15-1 B

時間　：昼休み
場所　：日本語の教室
状況　：日本語のクラスが終わりました。あなたは昼休みに銀行に行かなければなりません。
タスク：友だちがあなたに話しかけます。答えてください。

Time: Lunch break
Place: A Japanese language classroom
Situation: Japanese language class has just finished You have to go to the bank during lunch break.
Task: A friend approaches you and talks to you. Answer him/her.

15-2 A

〈上映時間 Showing Times〉
① 10:00 ～ 12:00
② 14:00 ～ 16:00
③ 18:00 ～ 20:00

場所　：日本語の教室
状況　：あなたは、今週の土曜日に映画に行こうと思います。
タスク：友だちを誘ってください。友だちがいっしょに行くときは、会う時間と場所を決めてください。

Place: A Japanese language classroom
Situation: You are going to see a movie this Saturday. Invite a friend to go with you.
Task: If he/she accepts your invitation, decide the time and place to meet.

15-2 B

場所　：日本語の教室
状況　：あなたは今週の土曜日にコンサートに行く予定です。コンサートは18時に始まります。
タスク：友だちがあなたに話しかけます。答えてください。

Place: A Japanese language classroom
Situation: You have a plan to go to a concert this Saturday. It starts at 6 p.m. Your friend approaches you and talks to you. Answer him/her.

15-2 A

地点：在日语教室里
情况：你想本周六去看电影。朋友要一起去的时候，决定见面时间、地点。
任务：邀请你的朋友。

上映時間(じょうえいじかん)
① 10:00～12:00
② 14:00～16:00
③ 18:00～20:00

장소: 일본어 교실
상황: 여러분은 이번주 토요일에 영화를 보러 가려고 합니다. 친구가 같이 가자고 권유하십시오.
과제: 친구에게 같이 가자고 권유하십시오. 만날 시간과 장소를 정하십시오.

Địa điểm: Phòng học tiếng Nhật
Tình huống: Bạn định đi xem phim vào thứ bảy tuần này.
Nhiệm vụ: Hãy rủ bạn cùng đi! Khi bạn đi, hãy quyết định thời gian và địa điểm gặp nhau!

Thời gian chiếu phim
① 10:00～12:00
② 14:00～16:00
③ 18:00～20:00

15-2 B

地点：在日语教室里
情况：你预定本周六去听音乐会。音乐会下午6点开始。
任务：你的朋友向你搭话，请回答他／她。

장소: 일본어 교실
상황: 여러분은 이번주 토요일에 콘서트에 갈 예정입니다. 콘서트는 오후 6시에 시작됩니다.
과제: 친구가 여러분에게 말을 걸 겁니다. 대답하십시오.

Địa điểm: Phòng học tiếng Nhật
Tình huống: Bạn dự định đi xem hòa nhạc vào thứ bảy tuần này. Buổi hòa nhạc bắt đầu lúc 18:00.
Nhiệm vụ: Bạn của bạn nói chuyện với bạn. Hãy trả lời!

15-1 A

时间：午休时间
地点：在日语教室里
情况：日语课结束了。你去食堂吃午饭。
任务：邀请你的朋友一起去。

시간: 점심 시간
장소: 일본어 교실
상황: 일본어 수업이 끝났습니다. 식당에 점심을 먹으러 갑니다.
과제: 친구에게 같이 가자고 권유하십시오.

Thời gian: Giờ nghỉ trưa
Địa điểm: Phòng học tiếng Nhật
Tình huống: Lớp học tiếng Nhật đã kết thúc. Bạn đi đến nhà ăn để ăn trưa.
Nhiệm vụ: Hãy rủ bạn!

15-1 B

时间：午休时间
地点：在日语教室里
情况：你在午休时间必须去一趟银行。
任务：你的朋友向你搭话，请回答他／她。

시간: 점심 시간
장소: 일본어 교실
상황: 일본어 수업이 끝났습니다. 여러분은 점심 시간에 은행에 가야 합니다.
과제: 친구가 여러분에게 말을 걸 겁니다. 대답하십시오.

Thời gian: Giờ nghỉ trưa
Địa điểm: Phòng học tiếng Nhật
Tình huống: Lớp học tiếng Nhật đã kết thúc. Vào giờ nghỉ trưa bạn phải đi đến ngân hàng.
Nhiệm vụ: Bạn của bạn nói chuyện với bạn. Hãy trả lời bạn ấy!

16-2 A

時間　　：午後2時半
場所　　：先生の研究室の前
状況　　：あなたは、午後3時から日本語の先生と発表について相談する約束をしました。でも体の具合が悪いので、帰りたいです。
タスク　：先生に家に帰る許可をもらって、約束の日を変えてくれるように頼んでください。

Time: 2:30 p.m.
Place: In front of your teacher's office
Situation: You have a 3 o'clock appointment with your teacher to talk about a presentation. However, you feel ill and want to go home.
Task: Ask your teacher for permission to go home and to change the appointment to another day.

16-2 B

時間　　：午後2時半
場所　　：あなたの研究室
状況　　：あなたは、日本語教師です。午後3時から学生と学生の発表について相談する約束をしました。あなたはあしたから3日間出張に行きます。
タスク　：今その学生が来て、あなたに話しかけます。答えてください。

Time: 2:30 p.m.
Place: In your office
Situation: You are a Japanese language teacher. You have a 3 o'clock appointment with a student to discuss his/her presentation. Tomorrow you must go on a business trip for three days.
Task: The student has come to your office now. He/she talks to you. Answer him/her.

16-1 A

時間　　：昼休み
場所　　：日本語の教室
状況　　：あなたは先週友だちに本を借りました。きょう返す約束をしました。でも、持ってくるのを忘れました。あした返したいです。
タスク　：友だちに話しかけてください。

Time: Lunch break
Place: A Japanese language classroom
Situation: You borrowed your friend's book last week, and you promised to return it today. But you forgot to bring it. You want to return it tomorrow.
Task: Tell your friend.

16-1 B

時間　　：昼休み
場所　　：日本語の教室
状況　　：あなたは先週友だちに本を貸しました。友だちはきょう返すと言いました。あなたはその本をあした他の友だちに貸す約束をしました。
タスク　：友だちがあなたに話しかけます。答えてください。

Time: Lunch break
Place: A Japanese language classroom
Situation: You lent your book to your friend last week. He/she said that he/she would return it to you today. You said to another friend that you would lend it to him tomorrow.
Task: Your friend approaches you and talks to you. Answer him/her.

16-2 A

时间：下午 2 点半
地点：在老师的研究室前
情况：你本来约好了从下午 3 点开始和日语老师谈关于发表的事情。但是，你身体不舒服，想回家。
任务：向老师请假回家，并拜托老师另约一个日子谈。

시간: 오후 2시 반
장소: 선생님의 연구실 앞
상황: 여러분은 오후 3시부터 일본어 선생님과 발표에 대하여 이야기할 약속을 했습니다. 그렇지만 몸 컨디션이 안 좋아서 집에 가고 싶습니다.
과제: 선생님께 집에 가겠다고 부탁하고 날짜를 바꾸어 의논할 약속을 해주십시오.

Thời gian: 2:30 chiều
Địa điểm: Trước phòng nghiên cứu của giáo viên
Tình huống: Bạn đã hứa sẽ bàn bạc với thầy/cô giáo tiếng Nhật về bài phát biểu của bạn từ 3 giờ chiều. Thế nhưng bạn không được khỏe và muốn về nhà.
Nhiệm vụ: Hãy xin phép thầy/cô giáo cho mình về nhà và nhờ thầy/cô giáo đổi cho ngày hẹn khác!

16-2 B

时间：下午 2 点半
地点：在你的研究室里
情况：你是日语老师。约好了下午 3 点和学生谈关于学生发表的事情。你从明天起要出差三天。
任务：现在，那个学生来了，向你搭话。请回答他/她。

시간: 오후 2시 반
장소: 여러분의 연구실입니다.
상황: 여러분은 일본어 교사입니다. 오후 3시부터 학생과 그 학생의 발표에 대하여 이야기할 약속을 했습니다. 여러분은 내일부터 3일간 출장을 갈 겁니다.
과제: 지금 그 학생이 와서 여러분에게 말을 겁니다. 대답하십시오.

Thời gian: 2:30 chiều
Địa điểm: Phòng nghiên cứu của bạn
Tình huống: Bạn là giáo viên tiếng Nhật. Bạn hứa với sinh viên sẽ bàn về bài phát biểu của sinh viên từ 3:00 chiều. Bắt đầu từ ngày mai, bạn sẽ đi công tác 3 ngày.
Nhiệm vụ: Bây giờ sinh viên đó đến, nói chuyện với bạn. Hãy trả lời!

16-1 A

时间：午休时间
地点：在上周向朋友借了书。约好了今天还。
情况：你上周向朋友借了书。约好了今天还，可是你忘了带来。所以，想明天还。
任务：告诉你的朋友。

시간: 점심 시간
장소: 일본어 교실
상황: 여러분은 지난주 친구에게 책을 빌렸습니다. 오늘 돌려주기로 약속을 했지만 잊어버리고 안 가져 왔습니다. 내일 돌려주고 싶습니다.
과제: 친구에게 말하십시오.

Thời gian: Giờ nghỉ trưa
Địa điểm: Phòng học tiếng Nhật
Tình huống: Bạn mượn sách của bạn vào tuần trước. Bạn hứa sẽ trả lại bạn vào hôm nay. Bạn muốn trả vào ngày mai.
Nhiệm vụ: Hãy nói chuyện với bạn!

16-1 B

时间：午休时间
地点：在日语教室里
情况：你上周把书借给了朋友。那个朋友说今天还。你约好了明天把那本书借给别的朋友。
任务：你的朋友向你搭话。请回答他/她。

시간: 점심 시간
장소: 일본어 교실
상황: 여러분은 지난주 친구에게 책을 빌려주었습니다. 친구는 오늘 돌려주겠다고 했습니다. 여러분은 그 책을 내일 다른 친구에게 빌려주기로 약속을 했습니다.
과제: 친구가 여러분에게 말을 겁니다. 대답하십시오.

Thời gian: Giờ nghỉ trưa
Địa điểm: Phòng học tiếng Nhật
Tình huống: Bạn mượn sách của bạn vào tuần trước. Bạn hứa với một người bạn mượn quyển sách ấy vào ngày mai. Bạn của bạn nói rằng sẽ trả lại bạn vào hôm nay. Bạn khác là sẽ cho bạn ấy mượn quyển sách ấy vào ngày mai.
Nhiệm vụ: Bạn của bạn nói chuyện với bạn. Hãy trả lời!

17-2 A

時間　　：午後6時
場所　　：友だちの部屋
状況　　：きょう友だちが病気でクラスを休みました。友だちに漢字クラスのプリントを渡して、体の具合を聞いて来ました。
タスク：友だちにプリントを渡して、体の具合を聞いてください。

Time: 6 p.m.
Place: Your friend's room
Situation: Your friend was absent from class today because of sickness. You have brought him/her a handout from kanji class.
Task: Give him/her the handout and ask how he/she is.

17-2 B

時間　　：午後6時
場所　　：あなたの部屋
状況　　：きょうあなたはかぜをひいて熱があるので、クラスを休みました。だ2、3日休まなければなりません。きのう作文の宿題をしました。友だちがあなたの部屋に来て、話しかけます。答えてください。そして、友だちに作文の宿題を先生に出すように頼んでください。
タスク：

Time: 6 p.m.
Place: Your room
Situation: You have a cold and a fever. Today you could not attend Japanese class. It seems it will take a few days for you to get well. You did your composition homework last night.
Task: Your friend has come to your room to talk to you. Answer him/her and ask him/her to submit your homework to the teacher.

17-1 A

時間　　：午後6時
場所　　：友だちの部屋
状況　　：友だちは病気で寝ています。お見舞いに来ました。
タスク：友だちの体の具合を聞いて、手伝いを申し出てください。

Time: 6 p.m.
Place: Your friend's room
Situation: Your friend is sick in bed. You are visiting him/her.
Task: Ask how he/she is and offer some help.

17-1 B

時間　　：午後6時
場所　　：あなたの部屋
状況　　：あなたは病気で寝ています。友だちがお見舞いに来ました。
タスク：話してください。

Time: 6 p.m.
Place: Your room
Situation: You are sick in bed. Your friend has come to your room.
Task: Answer him/her.

17-2 A

时间：下午6点
地点：在朋友的房间里
情况：今天你的朋友病请假。你给朋友把汉字课的复印资料带回来了。
任务：交给你的朋友复印资料，并问一下他/她的身体状况。

시간: 오후 6시
장소: 친구의 방
상황: 오늘 친구가 병으로 학교를 쉬었습니다. 친구에게 한자 수업 프린트를 가지고 왔습니다.
과제: 친구에게 프린트를 전해주고, 몸 상태가 어떤지 물어보십시오.

Thời gian: 6:00 chiều
Địa điểm: Phòng của người bạn
Tình huống: Hôm nay bạn của bạn nghỉ học vì lý do ốm. Bạn mang cho bạn bài tập phát tay của giờ học chữ Hán.
Nhiệm vụ: Hãy đưa bài tập phát tay cho bạn và hỏi thăm tình hình sức khỏe của bạn!

17-2 B

时间：下午6点
地点：在你的房间里
情况：今天你因为感冒发烧向学校请了丁假。还要休息2、3天。昨天你做了作文作业。请回答他/她，并请朋友帮忙把作业交给老师。
任务：你的朋友来到你的房间，跟你说话。

시간: 오후 6시
장소: 여러분의 방
상황: 여러분은 오늘 감기에 걸려 열이 있어서 학교를 쉬었습니다. 2, 3일 더 쉬어야 합니다. 친구가 여러분의 방에 외서 말을 겁니다.
과제: 대답하십시오. 그리고 친구에게 작문 숙제를 선생님께 제출해 달라고 부탁하십시오.

Thời gian: 6:00 chiều
Địa điểm: Phòng của bạn
Tình huống: Hôm qua, bạn bị cảm và sốt nên đã nghỉ học. Bạn vẫn phải nghỉ 2, 3 ngày nữa. Hôm qua, bạn đã làm bài tập làm văn. Bạn của bạn đến phòng bạn và nói chuyện. Hãy trả lời bạn ấy! Và hãy nhờ bạn ấy nộp bài tập làm văn cho thầy giáo hộ.

17-1 A

时间：下午6点
地点：在朋友的房间里
情况：你的朋友因为生病在休息。你来探望他/她。
任务：问一下朋友的身体状况，并提出帮忙。

시간: 오후 6시
장소: 친구의 방
상황: 친구가 몸 상태에 대해 누워서 쉬고 있습니다. 문병을 왔습니다.
과제: 친구에게 몸 상태에 대해 물어보고 도와주겠다고 자청하십시오.

Thời gian: 6:00 chiều
Địa điểm: Phòng của người bạn
Tình huống: Bạn của bạn đang ốm nằm giường. Bạn đến thăm.
Nhiệm vụ: Hãy hỏi thăm tình hình sức khỏe của bạn và đề nghị để giúp đỡ.

17-1 B

时间：下午6点
地点：在你的房间里
情况：你因为生病在休息。你的朋友来探望你。
任务：请跟他/她说话。

시간: 오후 6시
장소: 여러분의 방
상황: 여러분은 병으로 누워 있습니다. 친구가 문병을 왔습니다.
과제: 말하십시오.

Thời gian: 6:00 chiều
Địa điểm: Phòng của bạn
Tình huống: Bạn đang ốm nằm giường. Bạn của bạn đến thăm.
Nhiệm vụ: Hãy nói chuyện!

18-2 A

場所：旅行会社
状況：あなたは来週の土曜日にバスツアーに行きたいです。日帰りで 5,000 円ぐらいのツアーがいいです。
タスク：旅行会社の人に話してください。

Place: A travel agency
Situation: You want to go on a package tour by bus next Saturday. You would like to join a one-day trip costing around 5,000 yen.
Task: Ask a clerk in the travel agency.

18-2 B

バスツアー Package tours by bus
日帰り旅行 昼ご飯付き
One-day trips including lunch
 1. 桜台公園 4,500 円
 2. 梅の湖 5,500 円
1泊2日 朝ご飯、晩ご飯付き
Two-day trips including 2 meals
 1. 湯の原市 8,000 円
 2. 寺山市 8,500 円

場所：旅行会社
状況：あなたはここの社員です。お客さんが来ました。バスツアーについて話してください。
タスク：

Place: A travel agency
Situation: You work at a travel agency. A customer comes to your office.
Task: Answer the customer.

イラストカード 10. バスツアーパンフレット

18-1 A

場所：事務室
状況：あなたはホームステイに申し込みたいです。
タスク：事務の人に話してください。

Place: An office
Situation: You want to apply for a homestay.
Task: Talk to a person in the office.

18-1 B

ホームステイプログラム Homestay program
 1. 夏休み Summer Vacation
    夏祭り参加 1泊2日
    Joining summer festival: 2-day stay
    費用 charge: 2,000 円
 2. 冬休み Winter Vacation
    お正月体験 2泊3日
    Experiencing New Year: 3-day stay
    費用 charge: 3,000 円

場所：事務室
状況：あなたはここで働いています。
タスク：学生が来てあなたに話しかけます。答えてください。

Place: An office
Situation: You are working at the office. A student approaches you and talks to you. Answer him/her.
Task:

イラストカード 9. ホームステイプログラムパンフレット

18-2 A

地点：在旅行社。
情况：你想参加下周六的巴士旅行团。你觉得5000日元左右的一日游比较好。
任务：请告诉旅行社的人。

장소: 여행사
상황: 여러분은 다음주 토요일에 버스 여행을 가고 싶습니다. 당일치기로 5,000 엔 정도의 여행이 좋습니다.
과제: 여행사 사람에게 말합시다.

Địa điểm: Công ty du lịch
Tình huống: Bạn muốn đi du lịch trọn gói bằng xe buýt vào thứ bảy tuần sau. Đi trong ngày với tour khoảng 5000 yên thì tốt.
Nhiệm vụ: Bạn hãy nói chuyện với người của công ty du lịch!

18-2 B

地点：在旅行社。
情况：你是这儿的工作人员。
任务：有个顾客来了。请告诉他/她有关巴士旅行团的事。

장소: 여행사
상황: 여러분은 여기에서 일하고 있습니다. 버스 여행에 대해서 손님이 있어서 이야기합시다.
과제: 손님에게 버스 여행에 대해서 이야기하십시오.

Địa điểm: Công ty du lịch
Tình huống: Bạn là nhân viên của công ty du lịch này.
Nhiệm vụ: Có khách đến. Hãy nói về dịch vụ du lịch trọn gói bằng xe buýt.

バスツアー Du lịch bằng xe buýt

日帰り旅行　昼ご飯付き
一日游 包午饭 당일치기 여행 점심 제공
Du lịch bằng xe buýt.

1. 桜台公園　4,500円　2. 梅の湖　5,500円
1泊2日　朝ご飯と、晩ご飯付き
宿2日游 包早饭、晚饭 1박 2일 아침, 저녁 제공
2 ngày 1 đêm có ăn sáng, ăn tối

1. 湯の原市　8,000円　2. 寺山市　8,500円

イラストカード　10. バスツアーパンフレット

18-1 A

地点：在办公室里。
情况：你想申请寄宿家庭。
任务：请向办事员询问。

장소: 사무실
상황: 여러분은 홈스테이를 신청하고 싶습니다.
과제: 사무실 직원에게 말합시다.

Địa điểm: Văn phòng
Tình huống: Bạn muốn đăng ký đi homestay.
Nhiệm vụ: Bạn hãy nói chuyện với người của văn phòng!

18-1 B

地点：在办公室里。
情况：你在这儿工作。
任务：有个学生来向你搭话。请回答他／她。

장소: 사무실
상황: 여러분은 여기에서 일하고 있습니다. 학생이 와서 여러분에게 이야기하고 있습니다. 대답하십시오.

Địa điểm: Văn phòng
Tình huống: Bạn đang làm việc ở đây.
Nhiệm vụ: Sinh viên đến nói chuyện với bạn. Bạn hãy trả lời!

ホームステイプログラム Chương trình Homestay
홈스테이 프로그램

1. 夏休み　夏祭り参加　1泊2日　費用2,000円
暑假 夏祭参加 1박 2일 여름방학 여름축제 참가
Nghỉ hè　Tham gia Lễ hội mùa hè　Chi phí: 2000円

2. 冬休み　正月体験　2泊3日　費用3,000円
寒假 新年活动体验 2박 3일 겨울방학 정월행사 체험
Nghỉ đông　Trải nghiệm Tết　Chi phí: 3,000円

イラストカード　9. ホームステイプログラムパンフレット

19-1 A

時間（じかん） ：昼休（ひるやす）み
場所（ばしょ） ：研究室（けんきゅうしつ）
状況（じょうきょう）：あなたはホームステイの家族（かぞく）に日本語（にほんご）で手紙（てがみ）を書（か）きました。先輩（せんぱい）にその手紙（てがみ）をチェックしてもらいたいです。

タスク：先輩（せんぱい）に頼（たの）んでください。

Time: Lunch break
Place: A study room
Situation: You wrote a letter to your homestay family in Japanese. You would like to ask your senior to check it.
Task: Ask him/her.

19-1 B

時間（じかん） ：昼休（ひるやす）み
場所（ばしょ） ：研究室（けんきゅうしつ）
状況（じょうきょう）：あなたは宿題（しゅくだい）をしています。その宿題（しゅくだい）は午後（ごご）のクラスで先生（せんせい）に出（だ）さなければなりません。

タスク：後輩（こうはい）が来（き）て、あなたに話（はな）しかけます。答（こた）えてください。

Time: Lunch break
Place: A study room
Situation: You are doing your homework, which you need to submit in the afternoon class.
Task: Your junior approaches you and talks to you. Answer him/her.

19-2 A

時間（じかん） ：午前（ごぜん）8時（じ）
場所（ばしょ） ：寮（りょう）
状況（じょうきょう）：あなたは昨晩（さくばん）からおなかが痛（いた）いので、病院（びょういん）に行（い）きたいです。でも、日本語（にほんご）が上手（じょうず）じゃありません。

タスク：先輩（せんぱい）にいっしょに行（い）ってくれるように頼（たの）んでください。

Time: 8:00 a.m.
Place: Your dormitory
Situation: You've had a stomachache since last night and want to go to a hospital, but you are not good at Japanese.
Task: Ask a senior student to go with you.

19-2 B

時間（じかん） ：午前（ごぜん）8時（じ）
場所（ばしょ） ：寮（りょう）
状況（じょうきょう）：あなたはきょう9時（じ）から10時半（じはん）までと午後（ごご）、授業（じゅぎょう）があります。

タスク：後輩（こうはい）が来（き）て、あなたに話（はな）しかけます。答（こた）えてください。

Time: 8:00 a.m.
Place: Your dormitory
Situation: Today you have classes from 9 till 10:30 in the morning and all afternoon.
Task: A junior student approaches you and talks to you. Answer him/her.

19-1 A

时间：午休时间
地点：在研究室里
情况：你给昨天寄宿的日本人家写了封信。你想请学长帮你检查检查这封信。

시간: 점심 시간
장소: 연구실
상황: 여러분은 홈스테이 가족에게 일본어로 편지를 썼습니다. 선배에게 그 편지를 체크 받고 싶습니다.
과제: 부탁하십시오.

Thời gian: Giờ nghỉ trưa.
Địa điểm: Phòng nghiên cứu
Tình huống: Bạn đã viết thư cho gia đình homestay bằng tiếng Nhật. Bạn muốn nhờ anh chị khóa trên kiểm tra hộ bức thư đó.
Nhiệm vụ: Bạn hãy nhờ!

19-1 B

时间：午休时间
地点：在研究室里
情况：你在做作业。那个作业必须要在下午的课上交给老师。
任务：低年级同学过来跟你搭话。请回答他／她。

시간: 점심 시간
장소: 연구실
상황: 여러분은 숙제를 하고 있습니다. 그 숙제는 오후 수업에 선생님께 제출해야 합니다.
과제: 후배가 와서 여러분에게 말을 겁니다. 대답하십시오.

Thời gian: Giờ nghỉ trưa
Địa điểm: Phòng nghiên cứu
Tình huống: Bạn đang làm bài tập về nhà. Bài tập về nhà đó bạn phải nộp cho thầy giáo vào giờ học buổi chiều trên lớp.
Nhiệm vụ: Một bạn sinh viên khóa dưới đến nói chuyện với bạn. Bạn hãy trả lời!

19-2 A

时间：上午8点
地点：在宿舍里
情况：你从昨天晚上开始肚子疼，想去医院。但是，日语说不好。
任务：拜托你的学长和你一起去。

시간: 오전 8시
장소: 기숙사
상황: 여러분은 어젯밤부터 배가 아파서 병원에 가고 싶습니다. 그렇지만 일본어를 잘 못합니다.
과제: 선배에게 같이 가 달라고 부탁하십시오.

Thời gian: 8:00 sáng.
Địa điểm: Kí túc xá
Tình huống: Vì bạn bị đau bụng từ tối hôm qua, vì vậy bạn muốn đi đến bệnh viện. Thế nhưng bạn không giỏi tiếng Nhật
Nhiệm vụ: Bạn hãy nhờ anh chị khóa trên đi cùng mình!

19-2 B

时间：上午 8 点
地点：在宿舍里
情况：低年级同学今天上午从 9 点到 10 点半和下午都有课。
任务：低年级同学过来跟你搭话。请回答他／她。

시간: 오전 8시
장소: 기숙사
상황: 후배분은 오늘 9시부터 10시 반까지와 오후에 수업이 있습니다.
과제: 후배가 여러분에게 말을 겁니다. 대답하십시오.

Thời gian: 8:00 sáng
Địa điểm: Ký túc xá
Tình huống: Hôm nay bạn có giờ học từ 9:00 đến 10:00 và buổi chiều.
Nhiệm vụ: Một bạn sinh viên khóa dưới đến nói chuyện với bạn. Bạn hãy trả lời!

20-2 A

時間　　：昼休み
場所　　：日本語の教室
状況　　：あなたは友だちの国に遊びに行きたいです。でも、いつ、どこへ行ったらいいか、また何を見たらいいか、何を食べたらいいかなどわかりません。

タスク：友だちに聞いてください。

Time: Lunch time
Place: A Japanese language classroom
Situation: You want to go to your classmate's country. But you don't know when to go, where to go, or what to see or eat, etc.
Task: Ask him/her.

20-2 B

時間　　：昼休み
場所　　：日本語の教室
状況　　：あなたは休憩しています。
タスク：友だちがあなたに話しかけます。答えてください。

Time: Lunch time
Place: A Japanese language classroom
Situation: You are taking a rest.
Task: Your classmate approaches you and talks to you. Answer him/her.

20-1 A

時間　　：昼休み
場所　　：日本語の教室
状況　　：あなたの国から友だちが遊びに来ました。あなたは今住んでいる町を案内したいです。でも、どこを案内したらいいかわかりません。

タスク：友だちに聞いてください。

Time: Lunch time
Place: A Japanese language classroom
Situation: A friend from your country is visiting you. You want to show him/her round your town in Japan, but you don't know where to take him/her.
Task: Ask for your classmate's advice.

20-1 B

時間　　：昼休み
場所　　：日本語の教室
状況　　：あなたは本を読んでいます。
タスク：友だちがあなたに話しかけます。答えてください。

Time: Lunch time
Place: A Japanese language classroom
Situation: You are reading a book.
Task: Your classmate approaches you and talks to you. Answer him/her.

20-2 A

时间：午休时间
地点：在日语教室里
情况：你想去朋友的国家玩儿。可是你不知道什么时候，去哪儿，看什么，吃什么好。
任务：请问一下你的朋友。

시간: 점심 시간
장소: 일본어 교실
상황: 여러분은 친구의 나라에 놀러 가고 싶습니다. 하지만 언제 어디에 가면 좋을지, 무엇을 먹으면 좋을지, 보면 좋을지, 무엇을 먹으면 좋을지 모릅니다.
과제: 친구에게 물어보십시오.

Thời gian: Giờ nghỉ trưa.
Địa điểm: Phòng học tiếng nhật.
Tình huống: Bạn muốn đến đất nước của bạn chơi. Thế nhưng bạn không biết đi vào khi nào, đi đâu thì tốt, thêm vào đó là xem cái gì, ăn món gì thì tốt.
Nhiệm vụ: Bạn hãy hỏi bạn của mình!

20-2 B

时间：午休时间
地点：在日语教室里
情况：你在休息。
任务：你的朋友跟你说话。请回答他／她。

시간: 점심 시간
장소: 일본어 교실
상황: 여러분은 쉬고 있습니다.
과제: 친구가 여러분에게 말을 걸 겁니다. 대답하십시오.

Thời gian: Giờ nghỉ trưa.
Địa điểm: Phòng học tiếng nhật.
Tình huống: Bạn đang nghỉ ngơi.
Nhiệm vụ: Bạn của bạn nói chuyện với bạn. Bạn hãy trả lời!

20-1 A

时间：午休时间
地点：在日语教室里
情况：你的朋友从你的国家来玩儿。你想陪他转转你现在居住的城市。可是你不知道陪他去哪儿好。
任务：请问一下你的朋友。

시간: 점심 시간
장소: 일본어 교실
상황: 여러분의 나라에서 친구가 놀러 와 있습니다. 여러분은 지금 살고 있는 동네를 안내하고 싶습니다. 하지만 어디를 안내해야 할지 모릅니다.
과제: 친구에게 물어보십시오.

Thời gian: Giờ nghỉ trưa.
Địa điểm: Phòng học tiếng nhật.
Tình huống: Bạn của bạn từ nước sang chơi. Bạn muốn giới thiệu thị trấn mà bạn đang sống. Thế nhưng bạn đang không biết giới thiệu chỗ nào thì tốt.
Nhiệm vụ: Bạn hãy hỏi bạn của mình.

20-1 B

时间：午休时间
地点：在日语教室里
情况：你在看书。
任务：你的朋友跟你说话。请回答他／她。

시간: 점심 시간
장소: 일본어 교실
상황: 여러분은 책을 읽고 있습니다.
과제: 친구가 여러분에게 말을 걸 겁니다. 대답하십시오.

Thời gian: Giờ nghỉ trưa.
Địa điểm: Phòng học tiếng nhật.
Tình huống: Bạn đang đọc sách.
Nhiệm vụ: Bạn của bạn nói chuyện với bạn. Bạn hãy trả lời!

イラストカード **1. メニュー**
第2課、第4課用

🌿🌿🌿🌿 メニュー 🌿🌿🌿🌿

コーヒー	ホット	……¥400	カレー	チキン	……¥780
	アイス	……¥400		ビーフ	……¥850
紅茶 _{こうちゃ}	ホット	……¥400	サンドイッチ	卵 _{たまご}	……¥650
	アイス	……¥400		野菜 _{やさい}	……¥650
オレンジジュース		……¥480	スパゲッティ		……¥800
アップルジュース		……¥480	ピザ		……¥880
トマトジュース		……¥480	アイスクリーム	バニラ	……¥400
コーラ		……¥380		チョコ	……¥400
				まっちゃ	……¥400

イラストカード **2. 写真**
第2課用

イラストカード 3. 地図

第3課、第10課用

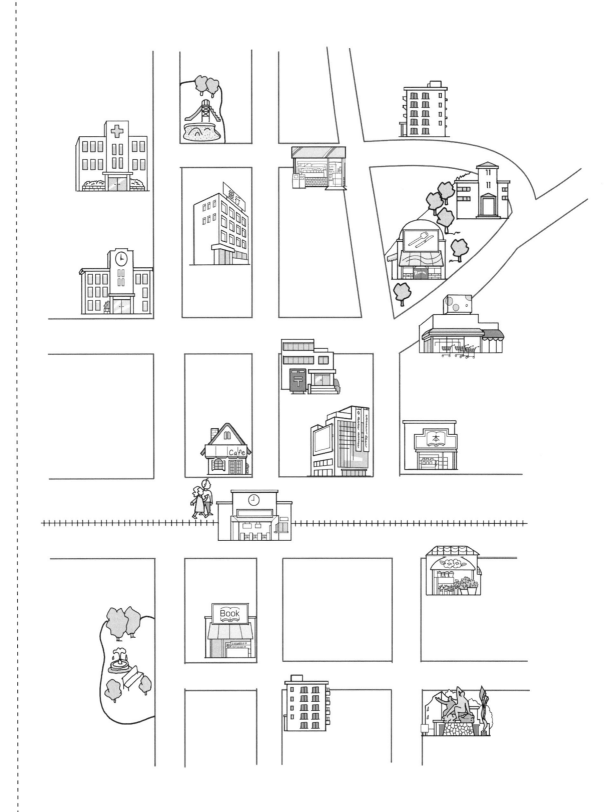

イラストカード **4A. ケーキショーケース**

第4課用

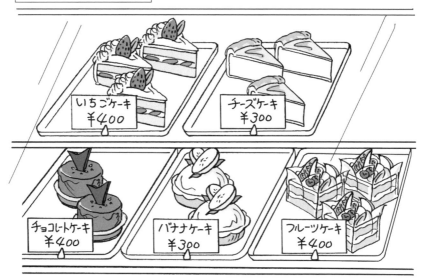

イラストカード **4B. ケーキリスト**

第4課用

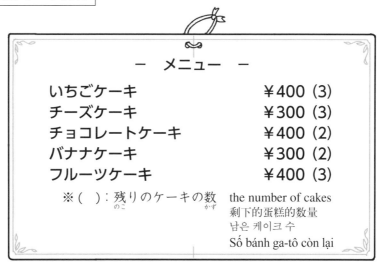

イラストカード

第18課用（練習A-2）

ホームステイの申し込み用紙

1. 名前	
2. 国籍	
3. 住所	
4. 電話番号	
5. 食べられない物	
6. 希望する場所	

イラストカード 5A. 料金表

第5課用

	1 Day パスポート	ナイトパスポート 17：00〜
大人 （おとな）	4700 円（えん）	2700 円（えん）
中高生（ちゅうこうせい） 12〜17歳（さい）	3700 円（えん）	2000 円（えん）
子ども（こ） 3〜11歳（さい）	2500 円（えん）	1500 円（えん）

イラストカード 5B. 料金表

第5課用

	1 Day パスポート 1-Day Passport 一日畅游票 1 Day 패스포트 Vé một ngày	ナイトパスポート 17：00〜 Night Passport 晚间畅游票 나이트 패스포트 Vé buổi tối
大人（おとな） Adult 成人 어른 Người lớn	4700 円（えん）	2700 円（えん）
中高生（ちゅうこうせい） 12〜17歳（さい） Student 中学生 중고생 Học sinh cấp II, cấp III	3700 円（えん）	2000 円（えん）
子ども（こ） 3〜11歳（さい） Child 儿童 어린이 Trẻ em	2500 円（えん）	1500 円（えん）

イラストカード **6. チケット**

第6課用

ジャズ コンサート

日時：　　月　　日（日曜日）

時間：6：30 p.m.

場所：クラークホール

￥

ジャズ コンサート

日時：　　月　　日（日曜日）

時間：6：30 p.m.

場所：クラークホール

￥

イラストカード **7A. スーパー店内（客）**

第7課用

イラストカード **7B. スーパー店内（店員）**

第7課用

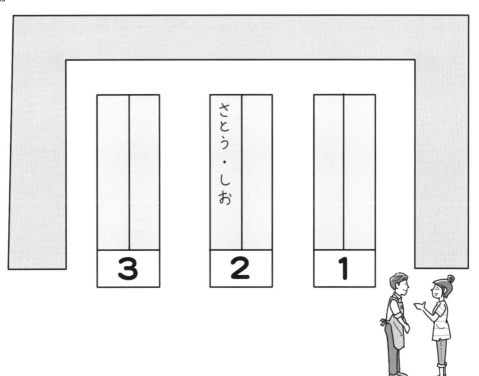

イラストカード **8A. チケット**
第13課用

イラストカード **8B. チケット**
第13課用

イラストカード 9. ホームステイプログラムパンフレット

第18課用

ホームステイプログラム

1. 夏休み　夏祭り参加　1泊2日

   費用：2,000円

2. 冬休み　お正月体験　2泊3日

   費用：3,000円

イラストカード 10. バスツアーパンフレット

第18課用

バスツアー

　　日帰り旅行　昼ご飯付き
1. 桜台公園　　4,500円
2. 梅の湖　　　5,500円

　　1泊2日　朝ご飯・晩ご飯付き
1. 湯の原市　　8,000円
2. 寺山市　　　8,500円